EDYAH RAMOS

EN ESTO PENSAD

Un año de reflexiones para
mantenerte enfocada en Dios

ESPAÑOL
BRENTWOOD, TENNESSEE

En esto pensad: Un año de reflexiones para mantenerte enfocada en Dios

Copyright © 2023 por Edyah Ramos
Todos los derechos reservados.
Derechos internacionales registrados.

B&H Publishing Group
Brentwood, TN 37027

Diseño de portada: Kristen Ingebretson
Ilustraciones: Jallo/Shutterstock.
Ilustraciones del interior: Derina Kristina, Lora Oblovatna, Brita Seifert, and Robusta, Shutterstock.

Clasificación Decimal Dewey: 242.2
Clasifíquese: LITERATURA DEVOCIONAL \ MEDITACIONES \ EVANGELIO

ISBN: 978-1-0877-5676-9

Impreso en China
1 2 3 4 5 * 26 25 24 23

Por lo demás, hermanos, todo lo que es verdadero, todo lo honesto, todo lo justo, todo lo puro, todo lo amable, todo lo que es de buen nombre; si hay virtud alguna, si algo digno de alabanza, EN ESTO PENSAD.

Filipenses 4:8

> *Pero el Señor es eternamente misericordioso;*
> *él les hace justicia a quienes le honran, y*
> *también a sus hijos y descendientes, a quienes*
> *cumplen con su pacto y no se olvidan de sus*
> *mandamientos, sino que los ponen en práctica.*

SALMO 103:17-18

Es común hablar y querer las bendiciones de Dios. No creo que exista una persona que desee vivir en la miseria. Sin embargo, en ocasiones nos acercamos a la Palabra de Dios con nuestra propia agenda de buscar bendiciones, como si fuera un tesoro escondido. Aunque sí hay promesas y son verdaderas, tendemos a ignorar las verdades que rodean esas promesas. Es frecuente que nuestro enfoque se incline a creer las promesas de Dios, a escribir pasajes motivacionales para encontrar esperanza en días nublados, y nos enfocamos en lo que Dios puede ofrecer.

Sin embargo, pocas veces notamos que la Biblia tiene un inmenso énfasis en la obediencia, la cual va de la mano de la bendición. Podemos ver que este pasaje habla sobre los que «cumplen [...] no se olvidan [y] ponen en práctica» Su Palabra. ¡Hablemos de acción! Esa obediencia viene ligada directamente a nuestra identidad como hijas de Dios. Recordemos que, aunque no seamos descendientes biológicas, a través del sacrificio de Jesús hemos sido adoptadas en Su familia. Eso significa que la única razón por la que nos podemos acercar confiadas a Dios, ser llamadas Sus hijas y recibir esas promesas es porque Jesús nos redimió mediante Su sacrificio.

Quiero desafiarte a que medites en todos aquellos pasajes a los cuales sueles correr, o que te traen esperanza, y que busques el contexto detrás de ellos. ¡Seamos intencionales en llevar vidas sometidas en obediencia a Dios! No busquemos únicamente Sus beneficios, ignorando el gran milagro y sacrificio que ya ha hecho por nosotras, sino que busquemos a Dios en integridad.

> *Pero entre ustedes no debe ser así. Más bien, aquel de ustedes que quiera hacerse grande será su servidor, y aquel de ustedes que quiera ser el primero, será su esclavo. Porque ni siquiera el Hijo del Hombre vino para ser servido, sino para servir y para dar su vida en rescate por muchos.*

MARCOS 10:43-45

Es demasiado evidente que la manera en que el mundo opera es contraria a la manera de Dios. Estamos en tiempos en los que nuestra cultura, en nombre del amor propio, ha exaltado y promovido el egoísmo y el egocentrismo. Por todas partes podemos escuchar, ver o leer algún mensaje que te dice que tienes que estar en la cima, que no importa perder a la gente, que te des tu lugar, que sepas tu valor y la manera en la que debes ser tratada. Es una cultura que te invita a colocarte antes que cualquier otra persona. Pero, como hijas de Dios, somos llamadas a vivir a la luz de la verdad de Dios, aun si esta se opone a la voz popular de nuestro alrededor.

Jesús es a quien debemos imitar y Él es el mayor ejemplo de humildad y servicio. Me encanta cómo este pasaje nos dice que ni siquiera Él vino a ser servido sino a servir y dar Su vida por los demás, siendo Él el único que realmente merece ser servido. Debemos reflejar esa humildad y servicio en obediencia a Cristo, aun si ante los ojos del mundo eso nos hace ver débiles o inferiores. Dejemos de correr tras la aprobación del mundo y recordemos que ahora Cristo vive en nosotras y nuestras vidas son para Su gloria.

Te animo a que examines toda aquella información que te viene persiguiendo y bombardeando en tu día a día y que puedas llevar todo a la Biblia, priorizando lo que ella dice. Para poder vivir la verdadera vida cristiana es necesario despojarnos de la cultura y abrazar las Escrituras.

*Si permanecen en mí, y mis palabras permanecen
en ustedes, pidan todo lo que quieran,
y se les concederá.*

JUAN 15:7

Pasajes como estos tienden a ser leídos de esta manera: «Pidan todo lo que quieran, y se les concederá», ignorando por completo lo que rodea estas palabras. Esto lo escuchamos dentro de la iglesia, creyentes exhortando a otros creyentes, al igual que creyentes tratando de convencer a inconversos de pedirle a Dios con la promesa de que lo recibirán porque así lo dice en la Biblia. Si somos sinceras, todas en algún momento hemos ido con esa mentalidad a pedirle a Dios algo en específico, y terminamos frustradas, enojadas o decepcionadas cuando no lo recibimos. Hay personas que hasta «pierden su fe» porque no vieron el resultado de su oración.

Si ponemos atención, cada pasaje que nos habla de pedir y recibir tiene algún tipo de instrucción, resultado o razón, y siempre va atado a glorificar al Padre, a la obediencia y a buscar Su voluntad.

Así como lo dice aquí, si permanecemos en Él y en Su Palabra, entonces, y solo entonces, podremos pedir y se nos concederá. Cuando permanecemos en Dios y en lo que dice la Biblia, nuestras peticiones terminan siendo a la luz de Su Palabra y de Su voluntad; por lo tanto, se nos concederá. El pedido no viene de un lugar de egoísmo o beneficio propio, sino de adoración y deseo de ver el reino de Dios establecido en la tierra.

Quiero desafiarte a que, en esos momentos que tienes peticiones y las presentes delante de Dios, lo hagas con humildad y agradecimiento, y no como demanda. Sin importar tus anhelos y deseos, somételos a la obediencia y la voluntad del Señor.

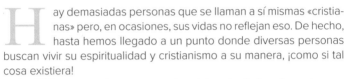
Hay demasiadas personas que se llaman a sí mismas «cristianas» pero, en ocasiones, sus vidas no reflejan eso. De hecho, hasta hemos llegado a un punto donde diversas personas buscan vivir su espiritualidad y cristianismo a su manera, ¡como si tal cosa existiera!

La Biblia es muy clara en que solo existen dos lados, dos extremos y dos destinos. No existe ese concepto de «a mi manera»; vivimos en obediencia o desobediencia a Dios. Si somos obedientes a Dios, entonces somos llamadas amigas de Dios, somos Sus hijas, y es la respuesta a la salvación que hemos recibido. Por otro lado, si vivimos en desobediencia, aunque nos llamemos cristianas, entonces realmente somos enemigas de Dios y no lo hemos conocido. ¡Si queremos ser amigas de Jesús, debemos ser obedientes! No te limites a tener mucho conocimiento de Su Palabra, o a hacer cosas «cristianas», porque de nada sirve si no vives una vida en obediencia.

Quiero recalcar que vivir en obediencia no es sinónimo de perfección, de que nunca fallemos y de que jamás volvamos a pecar, sino que buscamos obedecer a Dios y aun en nuestras fallas y luchas deseamos huir del pecado y obedecer al Padre. Es una vida que ya no busca vivir a la luz de la sociedad sino a la luz de la Biblia.

Me encantaría que pudieras tomar unos minutos para reflexionar en tu vida y analizar si vives una vida en obediencia. Esto no es para desalentarte o desmotivarte, sino para que puedas ser consciente del estado en que se encuentra tu vida y atender aquellas áreas que desesperadamente necesitan ser renovadas por Jesús.

En primer lugar, les he enseñado lo mismo que yo recibí: Que, conforme a las Escrituras, Cristo murió por nuestros pecados; que también, conforme a las Escrituras, fue sepultado y resucitó al tercer día.

1 CORINTIOS 15:3-4

¿Qué es el evangelio? Estos pasajes lo describen tal cual. Nuestra fe cristiana se basa en la muerte y resurrección de Jesús, y muchas veces es de lo que menos hablamos pero, ¡esas son las buenas nuevas de salvación! En este pasaje, vemos cómo Pablo enfatiza que él recibió esa noticia y es exactamente lo mismo que les ha enseñado y compartido. No existe ninguna nueva revelación o algún otro tema que merezca mayor enfoque que predicar a Cristo.

Si ponemos atención, vemos cómo el evangelio lo respalda diciendo que sucedió conforme a las Escrituras. ¿Por qué? Recordemos que el Antiguo Testamento apunta a Cristo. Hay cientos de profecías, escritas cientos de años antes de que Jesús viniera a la tierra y que fueron cumplidas en Su venida y Su vida aquí. Es crucial que como creyentes entendamos el valor y el peso del evangelio porque tendemos a olvidarlo. Podemos llegar a pensar que es algo que solo los no creyentes necesitan, pero lo cierto es que es de suma importancia para nuestro diario vivir.

Sin el sacrificio de Jesús, seguiríamos en enemistad con Dios, sin poder acercarnos a Él y sin esperanza alguna. Sin la cruz, seguiríamos cargando con nuestra culpa y vergüenza y no podríamos ser libres del pecado para tener una vida diferente. El evangelio es para todos los días y es la verdad que debemos llevar a las personas de nuestro alrededor. Quiero desafiarte a que en estos próximos días le compartas el evangelio a una persona. Sé que esto a veces nos puede llenar de nervios, pero somos llamadas a hacer discípulos y dar a conocer a Cristo.

> *Por lo demás, hermanos, piensen en todo lo que*
> *es verdadero, en todo lo honesto, en todo lo justo,*
> *en todo lo puro, en todo lo amable, en todo lo*
> *que es digno de alabanza; si hay en ello alguna*
> *virtud, si hay algo que admirar, piensen en ello.*

FILIPENSES 4:8

Nuestros pensamientos son importantísimos. Puedo confesar que una de las batallas más grandes que he tenido ha sido conmigo misma a causa de mis pensamientos. Ya que constantemente estamos pensando en recuerdos, conversaciones, pendientes, escenarios pasados o ficticios, al igual que procesamos nuestras emociones y situaciones, creemos que es totalmente normal juguetear con todo lo que se nos viene a la mente.

Sin embargo, pasajes como estos nos confrontan con nuestra humanidad y nos retan a alinearnos a Cristo y Su Palabra. Recordemos que, antes de tomar decisiones, primero las pensamos y después se vuelven acciones, por lo tanto, debemos tener cuidado con aquello que pensamos.

Si lo analizamos, cada ansiedad, preocupación, tentación, miedo, inseguridad y realmente todo lo negativo con lo que lidiamos tiene mucho que ver con nuestro modo de pensar. No niego que es real la lucha que tenemos en nuestra mente, esta es la razón por la que Dios mismo nos ha dado indicaciones de todo aquello que debemos pensar.

Quiero retarte a que cada vez que te encuentres perdida en tus pensamientos, te detengas y compares lo que estás pensando con todo aquello que describe este pasaje. Si lo que está en tu mente no es bueno, recto, justo, verdadero, etc., entonces ¡detente! Ya que es difícil dejar de pensar en algo aun cuando quieres hacerlo, comienza a leer y meditar en esta porción de las Escrituras, escríbela en un lugar cerca si es necesario, y pídele a Dios que te ayude a someter tus pensamientos a Su Palabra.

Si alguno de ustedes requiere de sabiduría, pídasela a Dios, y él se la dará, pues Dios se la da a todos en abundancia y sin hacer ningún reproche.

SANTIAGO 1:5

La Biblia nos dice en diversas ocasiones que pidamos y recibiremos, pero esto siempre va alineado a que pidamos según la voluntad de Dios. No se trata de pedir desde nuestra humanidad, pecado y egoísmo, ¡sino pedir para glorificar a Dios! La vida cristiana no es fácil. Llevar vidas en santidad que honren y glorifiquen a Dios es un reto personal. Tenemos debilidades y en ocasiones quedamos cortas de virtudes que nos ayuden en nuestro caminar. Lo maravilloso de Dios es que ¡Él lo sabe! Y no solo eso, sino que nos dice que, si nos falta algo, se lo pidamos a Él.

Para ser sincera, en ocasiones he batallado con mi disciplina de leer la Palabra y orar ¡y también eso le he pedido a Dios! Tal cual, he orado: «Padre dame hambre por tu Palabra, ayúdame en mi debilidad, enséñame a buscarte cada día y que no pueda andar por mi vida sin tener mi intimidad contigo». Tenemos un Dios presente, que escucha y que nos ayuda en cada paso.

Si notas que en tu vida falta paciencia, servicio, sabiduría, humildad y demás virtudes, no te cargues intentando lograrlo por ti sola, porque no podrás. La misma Biblia nos enseña que toda buena dádiva viene de Dios. Todo el fruto que comienza a suceder en nuestras vidas toda vez que comenzamos nuestro caminar con Cristo, es obra del Espíritu Santo y no algo que brote de nuestra naturaleza. Por lo tanto, te quiero desafiar a que no veas tus faltas como el fin del mundo, sino como una oportunidad para pedirle a Dios aquello que te haga falta y que puedas ver cómo obra en tu vida a través de Su Espíritu.

Día 7

Procura que nunca se aparte de tus labios este libro de la ley. Medita en él de día y de noche, para que actúes de acuerdo con todo lo que está escrito en él. Así harás que prospere tu camino, y todo te saldrá bien.

JOSUÉ 1:8

No sé si eres como yo, pero me encanta tener lo que llamo «sistemas». Son diferentes rutinas y hábitos que me gusta incorporar en mi día a día para ser más eficiente con mi tiempo, productividad, cuidado personal y espiritual. Incluso podemos ver con respecto a esto que también se nos habla del amor propio y de cómo cuidarnos mejor en lo físico y mental.

Aunque nada de lo mencionado es malo en sí mismo, como hijas de Dios debemos entender que todo lo presente es pasajero y que lo espiritual es eterno. Por lo tanto, debemos enfocarnos más en Dios y Su reino que en lo terrenal.

Más que cualquier rutina, cuidado o sistema, debemos priorizar el conocer, estudiar y aplicar la Palabra de Dios. Es mediante ella que podemos conocer más de nuestro Creador, recibir dirección y el alimento espiritual que tanto necesitamos.

Nuestra vida como cristianas no tiene pausas o temporadas, es continua y está presente en todas las áreas de nuestras vidas. Podemos leer en este pasaje que la Palabra nunca debe apartarse de nuestra boca, al igual que debemos meditar de día y de noche en ella. Pero no se queda únicamente en esas indicaciones, sino que nos da un «para qué», una razón, y dice que haciendo esto podemos actuar de acuerdo con lo que está escrito. ¿Cómo podríamos obedecer e imitar a Cristo sin saber primero cómo? La Biblia es el libro de vida que nos revela nuestro caminar, y es mediante las Escrituras que Dios habla a nuestras vidas.

Sé que a veces tenemos temporadas muy ocupadas, pero es necesario hacer tiempo para las cosas de Dios. Sé intencional con tus tiempos y busca maneras prácticas de tener la Palabra de Dios presente en todo tiempo.

David se angustió porque todo el pueblo quería apedrearlo, pues les dolía haber perdido a sus hijas y a sus hijos, pero halló fuerzas en el Señor su Dios.

1 SAMUEL 30:6

Está de más decirte que la vida no es perfecta o fácil. En algún momento u otro llegan las dificultades, desilusiones y retos. Aunque todo esto es inevitable, al tener a Dios en nuestras vidas tenemos una esperanza que el mundo no tiene y podemos enfrentar cada situación de una manera distinta.

Me encanta estudiar sobre la vida de David porque, a pesar de que usualmente escuchamos todo lo bueno y admirable de él, fue alguien roto, con faltas, consecuencias, tenía enemigos, sufrió pérdidas, y realmente su vida estuvo lejos de ser perfecta. Pero, a pesar de todo el caos que vivió, siempre había una constante: su fe en Dios.

Un claro ejemplo es este pasaje, en el que aun angustiado ante las amenazas del pueblo y habiendo sufrido una gran pérdida, no se quedó hundido en su dolor; no dejó que la amargura y la desilusión se apoderaran de su vida sino que encontró fuerzas en Dios.

A veces tenemos un concepto erróneo al pensar que nuestra vida sería perfecta y libre de dolor si realmente Dios estuviera con nosotras, o si realmente nos amara. Tendemos a cuestionar a Dios dependiendo de qué tan bien o mal nos vaya en la vida. Es importante entender que vivimos en un mundo caído, donde el pecado ha modificado todo; y aunque ya tenemos una victoria en Cristo Jesús, en esta tierra continuamos viviendo las consecuencias del pecado. Lo que ha cambiado es que, ante el dolor y la dificultad de la vida, podemos encontrar seguridad, paz y dirección en nuestro Dios. No intentemos lidiar con las situaciones recurriendo a soluciones temporales que solo logran dar alivio por unos instantes, para después desaparecer. ¡En Dios lo encontramos todo! Quiero retarte a que tomes unos minutos y pienses: ¿Adónde corres cuando todo empieza a caerse en pedazos? ¿Corres de Dios o corres hacia Dios?

Si mi pueblo, sobre el cual se invoca mi nombre,
se humilla y ora, y busca mi rostro, y se aparta
de sus malos caminos, yo lo escucharé desde los
cielos, perdonaré sus pecados y sanaré su tierra.

2 CRÓNICAS 7:14

Este fue uno de los primeros pasajes que llegué a memorizar cuando comencé mi caminar con el Señor, y continúa teniendo el mismo impacto de cuando lo leí por primera vez. Apunta a esa necesidad de arrepentimiento y cambio en acciones. Es fácil querer el perdón de Dios y que se nos libre de consecuencias, pero a veces no queremos el método para llegar a eso.

En nuestra humanidad podemos llegar a ser soberbias y pensar que la manera en que estamos viviendo es la correcta, y cegarnos totalmente hacia maneras de vivir contrarias a la Palabra de Dios.

Tenemos un Dios grande en misericordia y con un amor inigualable, pero Él es santo y justo y espera nuestro arrepentimiento. A primera vista, cuando leemos la palabra «arrepentimiento», tal vez no suena tan bonito y puede llegar a intimidarnos un poco; pero entender lo que significa e implica, ¡trae esperanza!

Hay tantas áreas rotas en nuestra vida que nos llevan a creer que de verdad necesitamos un Salvador; voltear a ver nuestra necesidad ¡debe abrumarnos! Es demasiado para arreglarlo con nuestras propias manos. Pero cuando nos arrepentimos, buscamos a Dios con integridad y cambiamos la manera en la que vivimos por una de obediencia, entonces Dios hace lo más difícil: perdonar y restaurar nuestras vidas.

Hay personas que quieren mejorarse a sí mismas y hacer el trabajo sucio con sus propias manos, para entonces poder acercarse a Cristo. Pero esa mentalidad está equivocada. Te quiero retar a que, si tiendes a hacer eso, recuerdes que Él es el Salvador que necesitamos y el único que puede restaurar lo más roto y perdido en nosotras. ¡Recuerda correr hacia Cristo cuando veas tu insuficiencia!

Mi Señor, mi fortaleza; ¡yo te amo! Mi Señor y
Dios, tú eres mi roca, mi defensor, ¡mi libertador!
Tú eres mi fuerza y mi escudo, mi poderosa
salvación, mi alto refugio. ¡En ti confío!

SALMO 18:1-2

¿Quién es Dios para ti? La respuesta debería ser: TODO. Él es suficiente, sacia todas las áreas y es merecedor de todo nuestro amor y devoción. Entre las diversas razones por las que admiro los salmos, una de las principales es ver la manera en que los autores comprendían de alguna manera la magnitud de Dios. Sin importar la situación o razón de lo que escribían, todo apunta a la suficiencia de Dios. Se puede leer la profundidad de dependencia, confianza, devoción, amor, alabanza al Señor y todo aquello de lo que es digno.

Además de comprender quién es Dios, es importante ver lo que Él es para nosotras. ¿Cuántas veces nos hemos llegado a sentir desamparadas, como si Dios no nos viera ni escuchara? Genuinamente creo que esos pensamientos y emociones llegan porque no hemos entendido quién es Dios, y justamente este tipo de pasajes nos lleva a un nuevo entendimiento de cómo debemos ver a Dios en cada área de nuestras vidas.

Si eres alguien que constantemente está distraída por el mundo y tiendes a olvidar lo que Dios es para ti, te quiero retar a que leas un salmo todas las noches antes de dormirte. No solo se trata de leer por leer, sino que al llegar a palabras como las que acabamos de leer, las podamos meditar, procesar y levantar en alabanza como una proclamación de la grandeza de Dios. Así que te desafío a comenzar este hábito que seguro te llevará a una relación más profunda con tu Padre celestial.

*El hierro se pule con el hierro, y el hombre
se pule en el trato con su prójimo.*

PROVERBIOS 27:17

La Biblia en varias ocasiones menciona la importancia de ser sabias con las amistades que elegimos y con las personas de las que decidimos rodearnos. Debemos notar que, si está escrito en la Palabra de Dios, entonces es suficientemente importante como para prestar atención a la aplicación en nuestras vidas.

Aunque en nuestra sociedad hay dichos que hablan sobre el impacto de las amistades, tales como: «Dime con quién andas y te diré quién eres», o «El que se junta con lobos a aullar se enseña», con el paso de los años hemos querido quitarles valor a estas frases para poder ser libres de juntarnos con quienes queramos. Aunque no se trata de hacer acepción de personas ni de irse al extremo de escondernos en nuestras casas, es una realidad que quienes forman parte de nuestra vida nos impactan para bien o para mal.

Este pasaje nos dice que una persona puede ser pulida con el trato de otra persona, ¡eso es maravilloso! Me encantaría que tomaras unos minutos para meditar en aquellas personas de las que te rodeas. Con esto no me refiero a cada persona conocida sino a aquellas personas en las que inviertes tu tiempo, con las que haces planes para salir, con quienes abres tu corazón y son de tu círculo de confianza. Ahora, ¿esas personas aman a Dios? Cuando nos rodeamos de personas que aman a Dios y buscan vivir para Él, eso nos va a influenciar, nos va a desafiar, nos llevará a crear comunidad y a apoyarnos y corregirnos en aquellas áreas en las que tal vez somos débiles. Si no tienes a personas de buena influencia a tu alrededor que te acerquen a Cristo, ¡pídeselas a Dios!

Pero tú, cuando ores, entra en tu aposento, y con la puerta cerrada ora a tu Padre que está en secreto, y tu Padre que ve en lo secreto te recompensará en público.

MATEO 6:6

En ocasiones, podemos leer este pasaje de una manera un tanto superficial, enfocándonos en que el acto de orar no sea en público. Pero de lo que realmente habla este pasaje y a lo que apunta es al corazón detrás de la acción.

Desde un punto de vista muy general, en este pasaje Jesús da estas instrucciones sobre el dar, la oración y el ayuno, y hace un énfasis en la privacidad. Esto no porque debamos vivir una fe oculta y que nadie se dé cuenta de lo que hacemos, sino porque el corazón humano es tan perverso que aun los actos más buenos los puede corromper para sus propios deseos pecaminosos.

Muchas veces, podemos hacer algo por una convicción de deber cristiano (cosas buenas), pero las razones de hacerlo son equivocadas. Buscamos reconocimiento, que alguien nos vea, nos mueve el orgullo, etc. Aunque una vida cristiana sí da fruto y tiene una evidencia visible a los demás, la mayor parte de tu vida cristiana es la vivida en la intimidad cuando nadie te ve.

Es importante caminar en humildad y no gloriarnos. Veamos la vida de los fariseos que, en muchas ocasiones, vivían de una manera digna de admirar, hacían cosas que los llevaban a sentirse orgullosos de sí mismos y como si estuvieran haciendo lo mejor de lo mejor. Pero fueron esas mismas personas a las cuales Jesús confrontó porque sus corazones estaban alejados de Dios y sus buenas acciones eran influenciadas por deseos de pecado. Tomando esto en cuenta, te quiero retar a que tomes unos minutos para analizar la manera en la que vives, pregúntate qué estás haciendo y para quién lo haces. Si notas que la actitud pecaminosa del orgullo está divagando en tu corazón, corre en arrepentimiento al Padre.

El amor jamás dejará de existir. En cambio,
las profecías se acabarán, las lenguas dejarán de
hablarse, y el conocimiento llegará a su fin...
Y ahora permanecen la fe, la esperanza y el amor.
Pero el más importante de todos es el amor.

1 CORINTIOS 13:8, 13

El mundo habla demasiado sobre el amor. Sin embargo, el concepto de amor que la sociedad refleja está basado en el egoísmo, en el «yo primero», y también es una clase de amor que en algún momento desaparece porque «se termina». El amor es hermoso y diseñado por Dios, y por lo mismo es importante estudiarlo, entenderlo y vivirlo desde una perspectiva bíblica y no cultural.

Aunque este capítulo en particular de la Escritura es bastante popular para hablar del amor, no es hasta que se lee en contexto y a la luz del libro entero que se logra entender el peso de lo que significa. La razón por la que Pablo llega a este punto de hablarles sobre la importancia del amor es porque los creyentes de la iglesia de Corinto vivían de una manera egoísta y buscaban tener ciertos dones espirituales para su propio beneficio, y negaban lo más importante que es el amor.

La clase de amor de la cual Dios habla y que Él nos demuestra es un amor que nunca deja de existir. Nos dice que es lo más importante. Ver el amor desde esa perspectiva nos llevará a una plenitud al entender que ya somos amadas por Dios, y dejaremos de poner nuestro valor en los lugares equivocados. Asimismo, nos llevará a amar a las personas con esta misma clase de amor y no con uno egoísta y temporal. ¡Busquemos alinearnos al amor bíblico y no al amor que el mundo profesa tener!

Amados, no crean a todo espíritu, sino pongan a prueba los espíritus, para ver si son de Dios. Porque muchos falsos profetas han salido por el mundo. Pero ésta es la mejor manera de reconocer al Espíritu de Dios: Todo espíritu que confiesa que Jesucristo ha venido en carne, es de Dios; y todo espíritu que no confiesa a Jesús, no es de Dios. Éste es el espíritu del anticristo, el cual ustedes han oído que viene, y que ya está en el mundo.

1 JUAN 4:1-3

La información es algo que sobra hoy en día. Está al alcance de la mayoría de las personas con tan solo un clic. No solo eso, sino que también se ha facilitado el acceso a ella y poder compartirla. Ahora cualquier persona puede compartir su opinión y punto de vista respecto a cualquier tema.

Esto trae consigo un reto enorme: discernir todo lo que alimentará nuestra mente. Aunque esto aplica a cualquier tema, uno muy peligroso y con el cual debemos tener cuidado es cuando se habla de Dios y Su Palabra.

Sin importar el pastor, la iglesia, la organización, el *influencer* o el libro que comparta mensajes de Dios, nunca debemos tomar las cosas como un absoluto, sino que debemos siempre llevar todo a la luz de la Palabra para ver si las cosas son como las dicen.

Es evidente que se han levantado nuevas voces y movimientos que tratan de modificar o desacreditar la Biblia; se nos dan supuestas nuevas interpretaciones a la luz de los avances de la sociedad, pero eso no significa que debemos seguirlos ciegamente.

La Palabra de Dios nos advierte que no creamos todo sino que lo pongamos a prueba. Y no solo eso, sino que también nos da un margen de referencia: el evangelio. Toda nuestra fe cristiana se construye o derrumba en la muerte y resurrección de Cristo, esto siempre debe ser nuestra ancla y enfoque en cada área de nuestras vidas.

Toda la Escritura es inspirada por Dios, y útil para enseñar, para redargüir, para corregir, para instruir en justicia, a fin de que el hombre de Dios sea perfecto, enteramente preparado para toda buena obra.

2 TIMOTEO 3:16-17

En nuestra naturaleza pecaminosa buscaremos constantemente tapar y justificar nuestro pecado. Permitimos que nuestro orgullo diga que nuestra opinión y perspectiva son las correctas y rijan lo que hacemos y cómo vivimos. Esto nos puede llevar al gran error de querer seleccionar únicamente aquellas partes de la Biblia que nos suenan convenientes y que no demandan obediencia al confrontar nuestro pecado.

De igual manera, vivimos en tiempos donde la sociedad quiere vendernos la mentira de que la Biblia es un libro anticuado, basado en otros tiempos y atorado culturalmente. De hecho, existe un movimiento de supuestos cristianos que creen que el cristianismo debería progresar con los tiempos, pero tales cosas van en contra de lo que dice la Palabra de Dios.

Este pasaje nos lo dice muy claro: toda la Escritura es inspirada por Dios. Y el Dios que tenemos no cambia con la cultura ni los tiempos, se mantiene fiel a quien dice ser y Su Palabra no cambia. Debemos entender que, como creyentes, nos sometemos a Dios y a lo que Él ha establecido, aun si esto se ve anticuado a la luz de nuestra sociedad.

No existe otra verdad más que la de la Palabra de nuestro Creador y Salvador. La tentación de ir tras nuevas ideologías siempre estará presente, pero debemos ser intencionales en nuestra búsqueda por Dios. Quiero retarte a que analices a la luz de la Biblia toda la información que venga a ti.

*Por eso, amados hermanos míos, todos
ustedes deben estar dispuestos a oír, pero ser
lentos para hablar y para enojarse.*

SANTIAGO 1:19

Una vez que hemos sido redimidas por medio del sacrificio de Jesús, también hemos muerto a nuestra naturaleza. Cristo nos hace libres de tener que vivir dominadas por el pecado y nos da el Espíritu Santo para que more en nosotras y nos capacite. Con esto en mente, es crucial entender que ya no debemos vivir y reaccionar como solíamos hacerlo o como lo hacen los de nuestro alrededor, sino buscando imitar a Cristo y obedecerlo.

En nuestra naturaleza, es normal reaccionar al instante a todo tipo de situaciones, sea de manera positiva o negativa. Nuestras emociones y pensamientos en ocasiones toman control de nosotras y terminamos reaccionando de maneras que no honran a Dios.

Este pasaje nos habla de refrenar nuestra lengua y emociones cuando nos enojamos. No es que nunca nos podemos enojar, sino que no nos dejemos llevar por el enojo. Las redes sociales han abierto otro mundo que tiene muchos beneficios, pero también ha creado una cultura de «tengo derecho a expresar mi opinión aun si te ofende», y esto ha trascendido las pantallas. Ya nadie reacciona con humildad y prudencia porque eso se ha catalogado como debilidad.

En las Escrituras podemos ver cómo con regularidad se nos habla de prudencia, gracia, humildad, amor, dominio propio, y todas las características derivadas de Dios que son tan opuestas al mundo. Pero recordemos que hemos sido compradas a precio de sangre, y esto no para continuar viviendo en muerte sino en vida.

Quiero desafiarte a que en tu diario vivir, sin importar la reacción de los que te rodean, recuerdes reflejar el carácter de Cristo, incluso cuando el mundo te incite a actuar con egoísmo y enojo.

Pues si yo, el Señor y el Maestro, les he lavado los pies,
también ustedes deben lavarse los pies unos a otros.
Porque les he puesto el ejemplo, para que lo mismo que
yo he hecho con ustedes, también ustedes lo hagan.

JUAN 13:14-15

¡Qué grande es el ejemplo que nos ha dejado Jesús! Ese ejemplo es el que debemos imitar y lo que debemos recordar cuando nos cuesta morir a nosotras mismas. Lo cierto es que vivimos en un mundo demasiado egoísta, y parece que esto se ha intensificado con el paso del tiempo. Esto no solo ha moldeado nuestra cultura sino también los ideales y las creencias de cada individuo.

El egoísmo del mundo se puede volver una tentación al momento de caminar a la luz de la Biblia, porque algo que Cristo mismo modeló (la humildad y el servicio) es lo mismo que el mundo ha connotado como debilidad e incluso falta de amor propio. Se nos insta a que nosotras debemos estar en primer lugar, a que no nos detengamos por nadie más. El servicio se ve como una posición en la cual no te quieres encontrar, y se nos muestran como deseables ideales llenos de ego, donde el centro es el «yo».

Esta es una de las razones por las cuales el mensaje de «autocuidado» y valoración puede llegar a ser altamente peligroso, porque lleva al humano a verse a sí mismo como el centro del universo en lugar de voltear a ver a Cristo y caminar como Él lo hizo.

Quiero desafiarte a que resistas la tentación del egoísmo y huyas de buscar la aprobación del mundo. Sin importar lo que nuestra sociedad determine, tú y yo caminamos en obediencia porque Cristo lo hizo primero. Recordemos que nuestra obediencia no debería ser influenciada por el comportamiento de los demás. Cada vez que estés por actuar con egoísmo, pregúntate: «¿Qué haría Jesús?».

Éste es mi mandamiento: Que se amen unos a otros, como yo los he amado. Nadie tiene mayor amor que éste, que es el poner su vida por sus amigos.

JUAN 15:12-13

Antes de entrar en detalles sobre este pasaje, te quiero desafiar a que no pierdas de vista la frase «como yo los he amado». Si fallamos en ver esas palabras tan importantes, nos desviamos totalmente en el resto del pasaje.

Estamos familiarizadas con el concepto de amarnos unos a otros o de amar a los demás como a nosotras mismas; sin embargo, cuando no leemos esto a luz de la Biblia, llegamos a interpretar estas cuestiones conforme a nuestra sociedad. La clase de amor de la que el mundo habla es un amor egoísta, temporal, basado en emociones y conveniencias.

Por otro lado, el amor que Cristo nos ha demostrado es un amor que no busca lo suyo, que sirve, sacrifica aun su vida por los demás. ¡Así somos llamadas a amar! Una y otra vez, Jesús dio instrucciones de cómo vivir y se puso a sí mismo como el ejemplo a seguir.

Es crucial que nunca perdamos de vista cuando Jesús se pone como ejemplo, porque de esa manera no nos limitaremos a nuestras maneras pecaminosas de vivir. Me refiero a que es fácil decir: «Si esa persona me trata así, pues yo también», «No se ha ganado mi amor/perdón/respeto», «Me cae muy mal; por eso no le hablo», y podría decir muchas cosas más que todas bien sabemos que en algún momento u otro hemos pensado. Pero, cuando tenemos claro que amamos como Jesús nos ha amado a nosotras, entonces ya no actuamos en respuesta a las personas, sino en respuesta al sacrificio de Jesús en la cruz.

Te quiero retar a que tu amor por los demás no sea un amor a la luz del mundo, sino a la luz del evangelio. Que en esos momentos donde es difícil amar a las personas recuerdes la clase de amor que Jesús ha demostrado por ti.

¡Hombre! El Señor te ha dado a conocer lo que es bueno, y lo que él espera de ti, y que no es otra cosa que hacer justicia, amar la misericordia, y humillarte ante tu Dios.

MIQUEAS 6:8

¿Alguna vez has dicho que no sabes lo que Dios espera de ti? Sinceramente, creo que tendemos a pensar demasiado y a complicar lo que Dios espera de nosotras. Sin embargo, Su Palabra es clara al momento de señalar lo que Él busca de nosotras.

En ocasiones, nos enfocamos demasiado en acciones y decisiones específicas, como servir en la alabanza o hacer un grupo de estudio. Estas cosas no son malas, pero deberían ser un fruto, no la meta. Hay acciones buenas que pueden venir de un corazón perverso, y eso es en lo que se fija Dios. Por eso este pasaje nos menciona tres posturas: actuar con justicia, amar la misericordia y caminar en humildad.

Cuando se vive a la luz de la Palabra, todo lo demás se desenvuelve a partir de ahí. Debemos buscar seguir este principio, ya que es lo que Dios espera, y de eso vendrá el fruto en nuestras acciones. Creo firmemente que cuando buscas alinearte con las Escrituras en tu diario vivir puedes ver con más claridad lo que viene de Dios, lo que lo honra y lo que es Su voluntad, porque estás siendo guiada por Su Palabra.

Aunque no tiene nada de malo tener un plan y metas específicas, quiero desafiarte a que tu prioridad día a día sea imitar a Cristo desde tu corazón, tu carácter, tus pensamientos y tus actitudes, ya que ahí es donde sucede nuestra santificación. Cuando empezamos a vivir una vida alineada a Dios, el fruto es inevitable. Enfócate en tu obediencia a Cristo y eso marcará tu camino.

Digo, pues: Vivan según el Espíritu, y no satisfagan los deseos de la carne. Porque el deseo de la carne se opone al Espíritu y el del Espíritu se opone a la carne; y éstos se oponen entre sí para que ustedes no hagan lo que quisieran hacer.

GÁLATAS 5:16-17

Aun después de ser salvas, recibir una vida nueva y ser llamadas hijas de Dios, seguimos siendo humanas que viven en un mundo caído y lleno de pecado. Por lo tanto, la tentación sigue presente y nuestra carne no es indiferente. A pesar de que nuestra humanidad no desaparece con nuestra salvación, no se trata de justificar nuestro pecado y faltas diciendo: «Todos pecamos». La Biblia nos habla un sinfín de veces sobre estar en una lucha con la carne y en una guerra espiritual. Aunque, en efecto, todas seguimos fallando, no nos quedamos atoradas en ese pecado sino que buscamos ser más como Cristo y dejar ese pecado atrás.

Es importante crear el hábito de analizar lo que hacemos y la manera en la que vivimos para no acostumbrarnos a nuestro pecado. A veces vemos el pecado como una lista exacta de acciones, o al escuchar «los deseos de la carne» pensamos de una manera un tanto superficial. Por eso es importante pedirle constantemente al Espíritu Santo que revele todo aquello en nuestros corazones y vidas que nos aleja de Él.

A veces podemos llevar vidas que creemos son buenas y hasta nos podemos privar de hacer ciertas actividades, pero aun así podemos estar viviendo con corazones guiados totalmente por el pecado y alejados de Dios. Esta también es una de las razones por las que es importante estar constantemente leyendo la Palabra, porque nos muestra la manera en que debemos vivir y nos confronta con nuestro pecado para llevarnos al arrepentimiento y así cambiar nuestra manera de vivir. Te quiero retar a que seas intencional incluso al momento de orar y que transformes el arrepentimiento en una parte de tu día a día. No tengas miedo de reconocer que hay áreas en ti en las que debes trabajar, ¡justamente de eso se trata la santificación!

Y él les respondió: «No les toca a ustedes saber el tiempo ni el momento, que son del dominio del Padre».

HECHOS 1:7

Es difícil aceptar y procesar que no tenemos el control de nada. A veces quisiéramos bajar a Dios a nuestro nivel y pedirle explicaciones de las cosas que suceden y de las que están por venir. En nuestra humanidad pecaminosa ejercemos nuestro egoísmo al sentirnos merecedoras de todo, pero olvidamos que Dios es el Creador y nosotras la creación.

La realidad es que ni a ti ni a mí nos corresponde conocer los planes ni el tiempo de Dios. Nos toca descansar en que Dios es soberano por sobre todo. Comprendo que puede costarnos soltar las riendas, pero de verdad que trae una completa paz y descanso.

Te lo puedo compartir desde mi experiencia, ya que desde pequeña lucho con querer tener control de absolutamente todas las cosas hasta un punto obsesivo. Aunque es un tema que Dios sigue trabajando en mí, de repente noto cómo me obsesiono con crear sistemas de productividad, tener mi agenda y calendarios sincronizados, y aunque todo esto parece algo positivo, lo cierto es que a veces tiene un trasfondo de querer tener el control.

Pero ¿qué sucede cuando no sabemos lo que viene? ¿Qué sucede cuando los planes fallan? Muchas de las ansiedades con las que lidiamos tienen que ver con esa falta de control en nuestras vidas, el futuro, la percepción de la gente, y realmente todo lo que nos hace sentir fuera de control.

Te quiero retar a que, ante tus preguntas de la vida, seas intencional en recordar que Dios tiene el control, que no siempre tendrás las respuestas que quieres y que Él es soberano por encima de todo. No hay nada mejor que poder tener paz en medio del caos porque confías en Aquel que sí tiene el control.

Y a todos les decía: «Si alguno quiere seguirme, niéguese a sí mismo, tome su cruz cada día, y sígame».

LUCAS 9:23

L as voces a nuestro alrededor nos dicen que construyamos nuestro propio camino, que hagamos lo que nos hace felices, que desechemos todo lo que no aporta a nuestra vida, y un sinfín de ideas que parecen positivas y tientan nuestro corazón a tomar esos caminos.

Como hijas de Dios, debemos tener en claro que vivir para Cristo nunca se verá en la práctica como la vida que el resto del mundo lleva; son cosas opuestas. Creo que este pasaje puede servir como una brújula en la dirección en la que debemos caminar.

Vemos que estas palabras de Jesús tienen un tipo de cláusula. Aquellas mujeres que buscan seguirlo deben hacer dos cosas: negarse a sí mismas y tomar su cruz. No solo eso, sino que el pasaje dice «cada día». Es fácil dejar nuestra salvación relegada al día que hicimos la oración de fe, o dejar el cristianismo para los domingos o las actividades de la iglesia, pero aquí vemos cómo seguir a Cristo es algo de todos los días.

Una verdadera fe en Cristo y una verdadera salvación transforman la manera en la que vives. Es imposible ser rescatadas del pecado, de una condenación eterna y una enemistad con Dios, y querer seguir viviendo en pecado. Al ser redimidas y seguir a Cristo ya no buscamos nuestros intereses, lo que queremos, lo que nos conviene, sino que morimos a todo aquello que no vaya conforme a la voluntad de Dios. Ya no caminamos a la luz del mundo sino a la luz de Su Palabra.

Quiero desafiarte a que medites en este pasaje, y que hagas de esto un lema en tu vida. Me encanta que el pasaje nos dice que es algo que debemos hacer todos los días, porque constantemente lo olvidamos. Si un día dejamos de meditar en la obra redentora de Cristo, poco a poco nos empezamos a desenfocar. Haz una prioridad buscar, obedecer y seguir a Dios cada día de tu vida.

*Porque todo el que invoque el nombre del Señor
será salvo. Ahora bien, ¿cómo invocarán a aquel
en el cual no han creído? ¿Y cómo creerán en
aquel de quien no han oído? ¿Y cómo oirán si
no hay quien les predique? ¿Y cómo predicarán
si no son enviados? Como está escrito: «¡Cuán
hermosa es la llegada de los que anuncian la
paz, de los que anuncian buenas nuevas!».*

ROMANOS 10:13-15

Con regularidad escuchamos a personas de diferentes edades que buscan su propósito, lo que Dios les ha encomendado y para qué están en esta tierra. Incluso hay personas que creen que están en esta tierra para cumplir sus sueños y más grandes anhelos pero, ¿es esto así?

A pesar de que hay mucho que no sabemos y que Dios no nos dice en Su Palabra, lo cierto es que nos ha indicado con claridad nuestra gran misión como cristianas: ¡predicar el evangelio! Esto no significa que cada creyente debe ser un pastor, pero predicar el evangelio es una labor de cada cristiano. Esto se puede llevar a cabo en el diario vivir, al hablarles a tus amistades, compañeros de escuela o trabajo, familia, personas a tu alrededor o en otro país.

Tal como lo dice este pasaje, hay una necesidad de ir y contar las buenas nuevas. No podemos esperar que el mundo conozca de Cristo si no estamos dispuestas a hablar de Él o, peor aún, si esperamos que alguien más lo haga, como si no fuera un llamado para nosotras también.

Aunque tengamos diversos dones y talentos, y Dios nos ponga en distintas áreas en esta vida, la misión de predicar el evangelio y hacer discípulos no cambia. Hay que ser intencionales para hablar de Jesús cada vez que podamos. Sé que es difícil e intimidante en ocasiones, pero entre más lo hagamos, iremos aprendiendo a hacerlo mejor cada vez. No te quedes de brazos cruzados ni pierdas la oportunidad de vivir con propósito cada día de tu vida.

No busquemos únicamente los beneficios de Dios al ignorar el gran milagro y sacrificio que ya ha hecho por nosotras, *sino* BUSQUEMOS A DIOS EN INTEGRIDAD.

Pero él me ha dicho: «Con mi gracia tienes más que suficiente, porque mi poder se perfecciona en la debilidad». Por eso, con mucho gusto habré de jactarme en mis debilidades, para que el poder de Cristo repose en mí. Por eso, por amor a Cristo me gozo en las debilidades, en las afrentas, en las necesidades, en las persecuciones y en las angustias; porque mi debilidad es mi fuerza.

2 CORINTIOS 12:9-10

¿Has notado qué cansado es querer siempre tener todo bajo control, ser fuerte, cumplir con todo y con todos? El pecado trajo consigo la idea de que podemos solas, o que deberíamos poder solas. La cultura aplaude a aquellas personas con vidas perfectas, productivas, sin problemas, pero nada de eso es real.

En ocasiones vivimos drenadas por intentar alcanzar a los demás y hacer todo como si fuéramos autosuficientes. Con esto me pongo en primer lugar en la fila; es con lo que batallo con frecuencia. Me gusta sentir que puedo, que no necesito a nadie, que puedo encontrar la manera y que soy capaz de cumplir con todo. Pero siempre llega ese momento en que me doy cuenta de que no puedo, y veo que estoy abrumada y que no soy tan fuerte como quisiera.

¡No creas que todo son malas noticias! Hay una profunda transformación en nuestras vidas cuando entendemos la suficiencia de Cristo. Como creyentes, debemos vivir dependiendo de Dios constantemente, al punto de que en los momentos de mayor adversidad podamos encontrar la mayor fortaleza, no en nosotras sino en Cristo.

Quiero retarte a que, cuando te encuentres en momentos complicados, no actúes en tus fuerzas, sino que corras a Dios en oración y humildad dependiendo conscientemente de Él. No hay mayor paz que saber que no hace falta que podamos solas, sino que dependemos totalmente de un Dios bueno y soberano.

Por tanto, si traes tu ofrenda al altar, y allí te acuerdas de que tu hermano tiene algo contra ti, deja allí tu ofrenda delante del altar, y ve y reconcíliate primero con tu hermano, y después de eso vuelve y presenta tu ofrenda.

MATEO 5:23-24

L a Palabra de Dios enfatiza la importancia del perdón y el amor al prójimo. De hecho, la manera en que nos relacionamos con las personas a nuestro alrededor refleja nuestro carácter y lo que realmente hay en nuestros corazones. Jesús mismo dijo que las personas sabrían que somos Sus discípulos si amamos como Él ama.

Es difícil vivir en ese amor, perdón y armonía con cada persona que nos rodea, porque hay pecado en nosotras y también en las personas que nos rodean. A veces nos podemos quedar tan atoradas en nuestras emociones, en la ofensa y en las faltas que hemos recibido, que olvidamos aquellos mandatos que Dios nos ha dado en Su Palabra.

A pesar de que es difícil tratar con ciertas personas, aun en esas relaciones somos llamadas a amar y caminar en humildad. En ocasiones estamos atentas a lo que los demás nos hicieron, pero somos poco conscientes de todo aquello que también nosotras causamos en la vida de alguien más.

Podríamos estar viviendo una vida aparentemente buena y sana, pero nuestro corazón está lleno de rencor, falta de perdón, enojo y amargura. Por eso mismo me encanta este pasaje, porque por encima de acciones buenas, Jesús nos habla de que primeramente debemos sanar esas relaciones con nuestros hermanos en Cristo. Parte de tener una comunidad e iglesia sana es poder reconciliarnos ante la ofensa.

Que en tu vida sea una prioridad no solo hacer acciones buenas sino también amar con el amor de Cristo a los que te rodean. Esto implica extender gracia, perdonar, pedir perdón y servir en humildad.

> *Por lo tanto, ofrezcamos siempre a Dios, por*
> *medio de Jesús, un sacrificio de alabanza, es decir,*
> *el fruto de labios que confiesen su nombre.*

HEBREOS 13:15

Hace unos años, recuerdo haber leído sobre crear el hábito de bendecir y alabar a Dios durante el día. Sin importar si estaba en casa, en la escuela o en el trabajo, debía tomar unos segundos para exaltar a Dios. Esto para mantener a Dios como el centro de mis pensamientos y para no olvidar quién es Él y quién soy yo.

Alabarlo no se limita únicamente a la música, sino que podemos alabarlo en todo tiempo. La importancia de hacer esto es que nos ayuda a mantener el enfoque en la grandeza de Dios y en lo que ha hecho por nosotras. Cuando fallamos en recordar que Dios es Dios, comenzamos a querer bajarlo a nuestro nivel y nos volvemos demandantes.

¿Cuántas veces hemos escuchado a personas que «dejan de creer» o se van de la iglesia porque Dios no hizo algo que querían? Ese es uno de muchos ejemplos que reflejan con cuánta rapidez olvidamos lo que ya ha hecho.

Para empezar, el hecho de que sea Dios lo hace merecedor de toda nuestra alabanza. Él es grande, majestuoso, incomparable, Rey de reyes y Señor de señores. Además, mediante el sacrificio de Jesús, nos ha rescatado de la muerte y del pecado. ¡Ese es el mayor milagro que experimentamos en nuestras vidas! Entender Su grandeza y lo que ha hecho por nosotras nos debería llevar a querer proclamar Su nombre y darlo a conocer.

Que sea una prioridad en tu vida estar constantemente alabando a Dios y meditando en lo que ha hecho por ti. Si nuestro diario vivir está lleno de Él y de Su Palabra, asegurémonos de no distraernos y perder el enfoque.

Ninguno tenga en poco tu juventud, sino sé ejemplo de los creyentes en palabra, conducta, amor, espíritu, fe y pureza.

1 TIMOTEO 4:12

¡Me encanta este pasaje! En ocasiones nos subestimamos por nuestra edad o por la etapa en que estamos en nuestras vidas. Sin embargo, predomina en la Biblia el hecho de que estos factores son irrelevantes para Dios. Quiero compartirte esto por dos razones que a menudo suceden en un determinado momento.

Por un lado, queremos quitarnos la responsabilidad de reflejar a Cristo y dejársela únicamente a los más adultos, líderes y pastores. Cuando algo nos desafía o intimida, es fácil poner la carga sobre otras personas y excusarnos por nuestra edad, temporada o falta de experiencia. A veces hasta llegamos a abrazar nuestras faltas con la idea de que tenemos que vivir la vida y que así aprendemos. Pero apenas nos volvemos cristianas, morimos a nuestra vieja vida.

Por otro lado, debido a nuestra edad, sentimos límites de poder ser usadas por Dios y no entendemos que también nosotras podemos estudiar la Palabra y ser ejemplo para los creyentes en general. Esto no significa que nos vamos a volver autoridad de alguien o que debemos tomar actitudes prepotentes y criticar a todos, sino que no debemos dejarnos cohibir por nuestra juventud para ser ejemplo en palabra, conducta, amor, espíritu, fe y pureza.

Seamos jóvenes, no tan jóvenes, casadas o solteras, podemos ser ejemplo para los otros creyentes. No pongamos excusas ni pospongamos el mandato de vivir conforme a la voluntad de Dios al dejarlo para un tiempo más conveniente.

Recordemos que, al fin y al cabo, rendiremos cuentas por nuestras propias acciones, no por las de los demás. Haz una prioridad el reflejar el carácter de Cristo desde ahora. No esperes el «momento correcto» después, porque el momento indicado es ahora.

El mundo hace diversas promesas de éxito, felicidad, plenitud y conocimiento, pero son promesas vacías que siempre fallan, porque son insuficientes. Se centran en nuestra capacidad de poder alcanzar lo que queremos, como si no hubiera faltas en nosotras. Un ejemplo claro tiene que ver con el conocimiento: se nos promete que podemos alcanzar la verdad, el conocimiento absoluto, y hasta que somos capaces de escribir nuestra propia verdad. ¡Qué gran mentira!

Al ser seres creados, no tenemos mayor conocimiento que el Creador mismo. Si queremos obtener conocimiento y sabiduría, no lo encontraremos buscando en nosotras ni a nuestro alrededor, sino en Dios. Me encanta lo que señala este pasaje al decirnos que el «principio» de la sabiduría es el temor a Dios. Con «temor» no se refiere a miedo, sino a reverencia, respeto, a temerle a Dios al punto de querer obedecerlo por sobre todas las cosas.

Las Escrituras son claras en decir que todo empieza y termina en Dios mismo, por lo tanto, nuestra mirada y devoción deben estar en Él únicamente. Es triste ver a creyentes que viven buscando respuestas en todo, menos en la Palabra de Dios. Lo cierto es que, aunque es un libro que fue escrito hace mucho tiempo, es palabra viva, palabra de Dios.

Quiero desafiarte a que, antes de ser sabia en tu propia opinión o en el conocimiento que el mundo te quiere ofrecer, recuerdes que ya no vives como el mundo lo hace, porque has sido comprada a precio de sangre. Entender esto nos ayuda a mantenernos firmes. Para los que no creen, buscar la sabiduría de Dios y vivir en obediencia a Cristo se ve como una locura, por lo que es posible que enfrentemos burla y crítica. Pero si nuestro enfoque es Cristo, estaremos firmes.

Hijo mío, si recibes mis palabras y en tu mente
guardas mis mandamientos, si tu oído está atento
a la sabiduría e inclinas tu corazón a la prudencia,
si pides la ayuda de la inteligencia y llamas a gritos
a la prudencia, si la buscas como a la plata y la
rebuscas como a un tesoro, entonces sabrás lo que es
temer al Señor, y hallarás el conocimiento de Dios.

PROVERBIOS 2:1-5

Una vez más encontramos esta expresión de «temer» a Dios, al igual que el concepto de «conocimiento» según la Palabra de Dios y no el mundo. En varias ocasiones, en la Palabra de Dios encontramos versículos condicionales. Si ponemos atención, este pasaje dice una y otra vez «si» proseguido por una acción, para decir que, si haces ciertas cosas, entonces obtendrás determinado resultado.

Lo importante de notar y estudiar este tipo de «cláusulas» es que, en muchas ocasiones, queremos los resultados que leemos en la Palabra pero ignoramos por completo los mandamientos que Dios ha establecido para nosotras. No podemos vivir como el resto del mundo y añorar tener los resultados que tiene una persona que vive en devoción a Dios. No podemos estar buscando sabiduría en el mundo y esperar encontrar la sabiduría de Dios.

Te quiero retar a que te tomes unos minutos para meditar en este pasaje y hacer una lista de lo que dice que debes hacer. Pon esa lista en un lugar visible que te pueda ayudar a recordar lo que realmente debes perseguir. Quiero desafiarte a que dejes de vivir como el mundo y a buscar lo que busca, y que te aferres tanto a la Palabra de Dios que se refleje en tu manera de vivir.

> *Confía en el Señor de todo corazón, y no te apoyes en tu propia prudencia. Reconócelo en todos tus caminos, y él enderezará tus sendas.*

PROVERBIOS 3:5-6

¿Cuántas veces has hecho planes sin consultar a Dios? Siendo sincera, he cometido ese error más veces de lo que me gustaría admitir, y de vez en cuando, lo sigo haciendo. Creo que por separar lo que pensamos que tiene que ver con Dios y lo que no, fallamos en reconocer que Dios es Dios siempre y por sobre todas las cosas, y nosotras somos Su creación. Como hijas de Dios deberíamos actuar en humildad y buscar la dirección del Dios omnipotente, el Creador de absolutamente todas las cosas, de Aquel que nos ha creado para sí mismo.

Es fácil hacer nuestro propio camino, pero muchas veces nuestro propio conocimiento lo único que hace es alejarnos de Dios y llevarnos a la destrucción. Si no somos humildes al reconocer nuestra necesidad de Él, terminaremos siendo guiadas por nuestras emociones y pasiones pecaminosas.

Es entendible que sueñes despierta, que hagas listas de metas por lograr, que quieras planear tu carrera, trabajo, familia y demás. No se trata de que ya no lo hagas, sino que en humildad te sometas en obediencia a Dios, creyendo que Él sabe los planes que tiene para ti, que tu vida es para Su gloria y que tu mayor deseo debería ser cumplir Su voluntad.

Quiero retarte a que cada vez que llegue una idea a tu cabeza, que estés a punto de tomar una decisión o planear tu futuro, primero lleves eso a Dios, lo sometas en oración a Su voluntad y permitas que Él sea quien dirija tus pasos. Es tiempo de dejar de buscar tomar las riendas de tu vida y en humildad rendir tus planes, ideas y expectativas a Dios. Experimenta ese descanso al depender de Él y confiar en Su soberanía, y no en tu conocimiento y capacidad limitados.

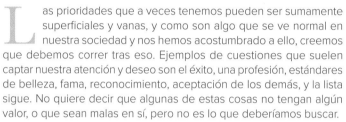

En primer lugar, adquiere sabiduría; sobre todas las cosas, adquiere inteligencia.

PROVERBIOS 4:7

L as prioridades que a veces tenemos pueden ser sumamente superficiales y vanas, y como son algo que se ve normal en nuestra sociedad y nos hemos acostumbrado a ello, creemos que debemos correr tras eso. Ejemplos de cuestiones que suelen captar nuestra atención y deseo son el éxito, una profesión, estándares de belleza, fama, reconocimiento, aceptación de los demás, y la lista sigue. No quiere decir que algunas de estas cosas no tengan algún valor, o que sean malas en sí, pero no es lo que deberíamos buscar.

Todo lo que hay en esta tierra es pasajero, y no sé si ya lo has notado en tu vida, pero el tiempo pasa demasiado rápido, la gente viene y va, las temporadas cambian y nada es muy constante. Aun los estándares de nuestra sociedad, que en ocasiones anhelamos tanto cumplir, cambian con regularidad y sin aviso.

Lo que este mundo valora y atesora no es lo mismo que Dios valora y atesora. Este mundo está regido por el pecado y, en consecuencia, busca los placeres de la carne. Pero Dios deja en claro lo que sí tiene valor para Él: la sabiduría y la inteligencia. Como hemos visto en los días anteriores, lo que la Palabra de Dios menciona acerca de la sabiduría y la inteligencia no tienen nada que ver con el conocimiento superficial y temporal del ser humano.

Te quiero animar a que día a día recuerdes que tu vida es por Dios y para Dios; por lo tanto, la tienes que vivir con una mente enfocada en la eternidad. Para poder vivir de esa manera y realmente cumplir con el propósito de Dios en nuestras vidas, debemos perseguir lo que tiene valor para Él.

¡Bendito sea tu manantial! ¡Alégrate con la mujer de tu juventud, con esa cervatilla amada y graciosa! ¡Sáciate de sus caricias en todo tiempo! ¡Recréate siempre con su amor!

PROVERBIOS 5:18-19

Como mujeres, uno de nuestros mayores anhelos es el amor. Estamos diseñadas de esa manera, y desde niñas soñamos con el príncipe azul. Este es un anhelo que no solo tenemos las hijas de Dios sino que es algo altamente hablado y buscado por el ser humano en general.

El problema es que la manera en que el mundo y la sociedad ven el amor no tiene nada que ver con cómo Dios lo ve. El concepto y los ideales que el mundo ha creado vienen totalmente del pecado, por lo tanto, son insuficientes y erróneos. Este mundo nos vende una idea increíblemente distorsionada de lo que es el amor y la sexualidad. A través de películas, series, música y redes sociales, nos venden una idea de cómo se debe vivir.

Por eso es importante que conozcamos lo que Dios sí dice en Su Palabra para no dejarnos engañar. Todo el capítulo 5 de Proverbios habla sobre las relaciones, sobre la pureza y la impureza, y da consejo sabio sobre lo que hay que hacer y lo que hay que evitar. Recordemos que el amor y la sexualidad fueron creados por Dios de una manera muy específica y, sobre todo, buena. Es necesario que permitamos que la Palabra de Dios renueve nuestras mentes para poder conocer ese diseño de Dios.

Te invito a que leas todo este capítulo de Proverbios, que aunque parece dirigirse solo al hombre, puede enseñarnos mucho también como mujeres. Conozcamos el diseño de Dios para no conformarnos con la basura que el mundo nos ofrece, y así poder vivir bajo la luz de la verdad de nuestro Creador.

Hay seis, y hasta siete cosas que el Señor detesta con
toda el alma: Los ojos altivos, la lengua mentirosa,
las manos que derraman sangre inocente, la mente
que maquina planes inicuos, los pies que se apresuran
a hacer el mal, el testigo falso que propaga mentiras,
y el que siembra discordia entre hermanos.

PROVERBIOS 6:16-19

He notado que a veces se ve y habla de Dios como si Él fuera tolerante ante el pecado. Se enfatizan mucho las frases: «Dios es amor» y «Dios te ama tal como eres», y se falla en hablar también de Su santidad y justicia. Es más fácil hablarles a personas de un Dios que las ama, que de uno que las llama al arrepentimiento.

Hasta llegamos a justificar nuestros errores bajo la excusa de nuestra humanidad e insuficiencia y usamos mal el concepto de la gracia para no tener que esforzarnos hacia la santidad. ¡Qué equivocadas estamos! Tenemos un Dios santo que detesta el pecado. Aunque claro, somos humanos y fallamos, estamos en una lucha contra el pecado.

En el momento que creemos en el sacrificio de Cristo, somos libres del pecado. Esto no significa que ya no batallemos con el pecado, sino que este ya no tiene poder sobre nosotras. Es decir, ya no tenemos que vivir siendo dominadas por el pecado sino que Dios, mediante Su Espíritu, nos capacita y fortalece para resistir el pecado.

Te quiero desafiar a que no ignores aquello que Dios odia solo porque el mundo (y en ocasiones, hasta la iglesia) ha hecho aceptable. Tú y yo rendimos y rendiremos cuentas ante un Dios justo y santo, no ante el hombre; entonces busquemos la santidad y obediencia a Dios. Estudiemos las Escrituras y que ellas sean nuestra guía de lo que realmente debemos vivir y hacer.

> *Obedece mis mandamientos y enseñanzas; cuídalos*
> *como las niñas de tus ojos, y vivirás. Átalos alrededor*
> *de tus dedos; anótalos en la pizarra de tu corazón.*

Nuestra salvación y reconciliación con el Padre no se quedan en un solo día ni se limitan a los domingos; son algo que continúa a través de toda nuestra vida. Esto no puede suceder independiente a las Escrituras, porque es mediante ellas que conocemos más de Dios y la manera en que debemos vivir.

Es fácil memorizar canciones, diálogos de películas, interesarnos por sabernos arreglar el cabello o maquillarnos, y ponemos atención a estas cosas, le damos prioridad a lo que nos hace sentir bien respecto de nosotras mismas. Sin embargo, no le damos el mismo énfasis a atesorar los mandamientos y enseñanzas de Dios que son para vida. Esto no significa que nos ganamos la vida eterna con nuestras buenas acciones y obediencia, sino que una fe genuina en Cristo nos llevará a perseguir las cosas de Cristo.

Sé que estamos en una lucha constante por mantener nuestro enfoque en Dios porque hay distracciones por todas partes, por eso día a día debemos pasar tiempo con Dios en oración y en Su Palabra. Por esta razón, en este pasaje se da el mandato de obedecer y cuidar las enseñanzas como algo preciado, al igual que tenerlas bien presentes.

Por lo mismo que hay miles de distracciones, debemos ser aún más intencionales en establecer disciplinas prácticas que nos ayuden a estar constantemente meditando y recordando la Palabra de Dios. Hacer esto nos ayudará a que Su Palabra esté fresca y a tenerla a nuestro alcance para cada situación.

¿Qué es el temor bíblico? Es aborrecer, detestar o despreciar el mal en obediencia y sometimiento a Dios. Como se dijo anteriormente, temer a Dios no es tenerle miedo sino reverencia, la que nos lleva a actuar en obediencia. Como creyentes e hijas de Dios debemos buscar imitarlo a Él. Es fácil ponernos la etiqueta de «cristianas», pero no es suficiente. Aunque nuestra salvación no es por obras, las obras son un reflejo de nuestra salvación.

Si queremos vidas que honren y glorifiquen a Dios, entonces debemos buscar vivir en santidad, y eso solo se puede obtener obedeciendo Sus mandatos. Al igual que, como lo dice Su Palabra, el temor a Dios es el principio de la sabiduría. No hay nada bueno ni de provecho que podamos obtener fuera de Él.

Quizá te preguntes cómo podemos vivir vidas en santidad si constantemente luchamos contra el pecado. Logramos esto al entender que somos dependientes de Dios, que es Él quien nos capacita y que lo necesitamos día a día.

Si leemos con cuidado este pasaje, podemos notar que habla sobre la soberbia y la arrogancia. Estas actitudes son lo contrario a la humildad, que nos lleva a reconocer que necesitamos a Dios más que cualquier otra cosa. Si reconocemos que no podemos solas, ahí realmente descansamos en la suficiencia de Dios y ya no buscamos apoyarnos en nuestras fuerzas, sino que reconocemos esa necesidad y buscamos vivir en dependencia del Señor.

Que en tu vida sea una prioridad caminar en humildad sometiéndote a Dios. Aborrece lo que Él aborrece y ama lo que Él ama. Si nuestra forma de vivir demuestra lo contrario, no importa si decimos las palabras correctas. Reflexiona sobre tu propia vida y ve si refleja la fe que profesas.

No reprendas al blasfemo, y no te aborrecerá; corrige al sabio, y te amará. Dale al sabio, y se hará más sabio; enseña al justo, y aumentará su saber.

PROVERBIOS 9:8-9

Te invito a que leas este versículo tres veces. Lentamente. Analízalo. ¿Qué dice?

La razón por la que te digo esto es porque hace un par de años me di cuenta de algo: no me gusta estar equivocada. Creo que a nadie le gusta saber que lo que dice, piensa o hace es incorrecto; por lo tanto, tendemos a ponernos a la defensiva al momento que se nos corrige o se nos da un consejo.

Por muchos años viví así, hasta que me di cuenta de que el sabio ama la corrección. Alguien sabio reconoce que no lo sabe todo y que puede encontrar sabiduría en el consejo de otros. Una persona sabia actúa en humildad y está dispuesta a obedecer. Me encanta cómo leer las Escrituras nos puede confrontar con nuestro pecado para poder salir de él y seguir adelante.

En ocasiones, es fácil decir: «Es que soy así», pero esa es la peor mentalidad que podríamos tener. Claro que somos creación de Dios; pero también es cierto que tenemos una naturaleza pecaminosa al nacer en esta tierra. Por lo tanto, debemos hacer morir ese pecado y entender que estamos en un proceso de santificación, lo que significa que vamos siendo renovadas día a día hasta parecernos más a nuestro Salvador.

Te quiero invitar a que siempre tengas un corazón abierto a estar equivocada y una disposición a aprender. No me refiero a que tomemos todo tipo de enseñanzas, sino a reconocer que no sabemos todo y que, si recibimos corrección a la luz de la Palabra de Dios, debemos estar dispuestas a aceptar y entender que es para nuestro bien. Quizá nos dolerá el orgullo y nuestra carne, pero el fruto será dulce.

Como jóvenes (y las no tanto), creemos saber qué es lo mejor, y eso nos puede llevar a la arrogancia. Es cierto que los tiempos cambian, que las generaciones pasadas estaban equivocadas respecto a algunas cosas o no tenían tanta información como tenemos hoy, pero eso no significa que lo sabemos todo. Dios ha puesto autoridades a nuestro alrededor para instruirnos, comenzando con nuestros padres. La Palabra nos habla de las autoridades aun dentro de la iglesia. Habla de la sabiduría que se encuentra en el consejo de otros y de la humildad necesaria para escuchar y recibir corrección. Dios mismo nos ha dejado Su Palabra para instruirnos.

Si intentamos siempre estar en lo correcto y ponemos esa responsabilidad sobre nosotras de saberlo todo, solo terminaremos cansadas y frustradas ante las incógnitas de la vida o al cometer algún error. Ha traído paz a mi corazón entender que no sé todo y que Dios no me pide que lo sepa todo. En general, en la vida y en nuestro caminar con Dios aprendemos día a día como parte de nuestra jornada.

Actuar con soberbia es algo que nos resulta muy natural y está muy ligado a lo que leíamos en el pasaje de ayer. Una persona sabia acepta la corrección. Una persona necia la aborrece y eso la lleva a perder el camino. En nuestra naturaleza pecaminosa que constantemente lucha contra el pecado, es necesario actuar con humildad y vivir en comunidad, rodeadas de personas que, en el amor de Cristo, nos puedan corregir cuando estamos actuando incorrectamente.

Te quiero retar a que busques el consejo de personas sabias a tu alrededor y a que no te resistas a la corrección. Cuando te enfrentes a la corrección, no lo hagas teniendo de compañero a tu orgullo, sino medita y reflexiona lo que se te ha dicho a la luz de la Palabra; quizás hay más verdad de lo que te imaginas.

E sta vida se acabará. No sabemos en qué día moriremos, pero podemos tener por certeza que ese día llegará. Por eso hablamos de que esta tierra y todos los placeres que hay en ella son pasajeros, porque el día de su fin ya está escrito. Con esa realidad, como creyentes somos llamadas a vivir con la mira en las cosas eternas y no aferradas a esta vida.

La Palabra de Dios nos habla sobre «el día de la ira», donde la ira de Dios será derramada contra toda iniquidad y pecado; el día del juicio. Esto es algo en lo que no nos gusta pensar mucho porque nos incomoda, incluso puede causar algún tipo de miedo. Sin embargo, creo que es importante hablarlo porque nos ayuda a tener la perspectiva correcta.

La realidad es que este mundo está más enfocado en la vida presente que en la vida venidera, pero la vida presente es pasajera y la venidera es eterna. Por eso este pasaje nos dice que de nada sirven las riquezas cuando venga el juicio. De nada sirve todo lo vano, superficial y temporal que este mundo ofrece. Pero la justicia de Dios por medio de Jesucristo nos libra de la muerte. Esa debe ser nuestra prioridad; ese debe ser nuestro enfoque.

Algo que he estado intentando implementar últimamente es recordar el sacrificio de Jesús todos los días. Pienso en todo lo que me falta, en lo incapaz que soy de salvarme, y en lo maravilloso que es obtener la gracia de Dios por medio de Jesús. Pensar en eso me devuelve mi enfoque a lo eterno. Te quiero desafiar a lo mismo, a que no dejes la salvación de Cristo en algo pasado sino que consideres lo relevante y valiosa que es para tu diario vivir.

El necio piensa que va por buen camino,
pero el sabio presta atención al consejo.

PROVERBIOS 12:15

El mundo grita: «Crea tu propia historia. Haz lo que te hace feliz. Sigue tu corazón», entre otras ideas que se centran en nuestra propia opinión y pensamiento. Se nos habla de vivir sin considerar demasiado lo que las demás personas puedan pensar. Pero un corazón humilde, tal cual nos llama Dios a tener, reconoce que no lo sabe todo, que se equivoca y que su conocimiento es limitado.

Algo que me encanta y que trae descanso a mi corazón es que Dios nos confronta con la verdad de que no sabemos todo y que tenemos límites y debilidades; que Él nos da soluciones, nos muestra el camino y cómo actuar. Nos revela nuestra necesidad humana para que entendamos nuestra necesidad de Él y el valor de Su Palabra.

Recordemos que, como hijas de Dios, ya no vivimos para nosotras. Nuestra prioridad y enfoque no deberían estar en cumplir nuestros sueños, metas y expectativas sino en cumplir con la Gran Comisión y dar a conocer a Cristo. Dejemos de vivir a la luz del mundo, ¡no nos dejemos llevar por la corriente! Si siempre pensamos que estamos en lo correcto, no podremos realmente crecer y seguir los caminos de Dios. A veces cuestionamos el propósito que Dios tiene para nuestras vidas, pero para conocerlo, debemos dejar de ser necias en nuestra forma de pensar.

Quiero retarte a que, en lugar de trazar tu plan de vida perfecta, en humildad sometas tus planes principalmente a la Palabra de Dios, pero también busca consejo de personas temerosas de Dios. No fuimos diseñadas para caminar solas, y hay un valor impresionante en el consejo de los demás y en la vida en comunidad.

> *El que cuida su boca se cuida a sí mismo;*
> *el que habla mucho tendrá problemas.*
>
> PROVERBIOS 13:3

Prudencia, prudencia, prudencia. Sé que, como mujeres, tendemos a hablar más, nos encanta el chisme. Podemos pasar horas conversando con nuestras amigas, y ahora, con el poder de las redes sociales, nos sentimos en ocasiones con una motivación extra para dar nuestra opinión. Aunque tenemos el privilegio de poder hablar, comunicarnos y expresarnos libremente, aun esto, por ser hijas de Dios, se debe hacer a la luz de la Palabra.

Si entendemos que toda nuestra vida es para gloria y honra de Dios, también debemos entender que eso incluye nuestras palabras y conversaciones. Lo cierto es que hay crítica, odio, juicio y chisme, entre otras cosas que se han apoderado aun de las creyentes. Reconozco que, en ocasiones, puedo percatarme de que la crítica y el chisme están secuestrando mis conversaciones y es cuando corro a arrepentirme y alinearme con Dios.

Es indispensable que aprendamos a ser prudentes con nuestras conversaciones. Hay que pensar antes de hablar. Una vez que las palabras salen de nuestra boca, no hay vuelta atrás, y tristemente las malas conversaciones amargan nuestros corazones y lastiman a los demás. Por eso debe ser una prioridad en nuestras vidas el vivir en comunión con Dios, pasar tiempo en oración y en Su Palabra, porque solo así conocemos cómo debe ser nuestro carácter y comprendemos que necesitamos de Él para poder obedecerlo.

Recordemos que somos llamadas a ser sabias, prudentes, a refrenar nuestra lengua y tener dominio propio. Que tengamos el derecho o la posibilidad de expresar algo no significa que debamos hacerlo. ¡Busquemos honrar a Dios con nuestras palabras! La próxima vez que esté por salir un comentario de tu boca, pregúntate: ¿Esto honra a Dios?

Decir las palabras correctas es fácil; hablar palabrería que nos haga ver más espirituales es algo que cualquier persona puede hacer. Lo difícil es realmente vivir, hacer y caminar conforme a lo que profesamos creer. Tristemente, hoy en día podemos ver a diversas personas proclamar que creen en Dios y que lo aman, pero viven vidas totalmente alejadas de Él.

Una cosa es decir que amamos a Dios, y otra muy diferente es tener convicción y vivir una vida que da frutos de acuerdo con nuestra salvación. Un énfasis en la Palabra de Dios es constantemente la obediencia. Aunque la salvación es por gracia únicamente y no hay manera de ganarla mediante buenas obras, una fe genuina nos lleva a vidas que la reflejan.

A veces nos comparamos con otras personas. Me refiero a que podemos ver vidas de personas aparentemente cristianas, que hacen una que otra acción como orar o hablar de Dios en algún contexto, pero viven para sus propios placeres, y pensamos que si ellas pueden vivir así, entonces nosotras también. Lo cierto es que debemos compararnos nada más y nada menos que con Dios mismo, y lo podemos hacer mediante Su Palabra.

Quizá pienses: «Bueno, pero Dios es amor y es bueno»; pero también es justo y santo y detesta el pecado. No creamos por un segundo que podemos vivir vidas deliberadamente en pecado y desobediencia y estar en paz con Dios.

Busquemos obedecerlo en cada área de nuestras vidas; y en esos momentos y áreas de debilidad corramos a Dios buscando Su ayuda. No te conformes con vivir como viven los de tu alrededor. Busca a la luz de la Biblia lo que Dios espera de ti y vive bajo esa verdad.

La respuesta amable calma la ira; la respuesta grosera aumenta el enojo.

PROVERBIOS 15:1

Desde el primer día que leí este pasaje, se ha vuelto un constante referente en mi vida de cómo debo reaccionar ante el enojo. Antes de continuar, quiero clarificar que enojarnos no está mal, es una emoción como todas las demás. El problema es cuando dejamos que esa emoción tome control de cómo nos comportamos. En medio de argumentos y enojos, es fácil dejarnos llevar por la ira y ofender, gritar, pelear y reaccionar de maneras que no reflejan a Cristo. Este pasaje es muy claro en la manera que debemos actuar y la respuesta positiva que esto tiene.

Primero, dice que la respuesta amable calma la ira. Sé que cuando alguien te habla con una actitud errónea, te está ofendiendo o criticando, es difícil responder con amabilidad. Nuestra carne quiere brincar a defendernos y también decirle de todo a la otra persona. Incluso nos excusamos detrás del pensamiento: «Se lo merece» o «El respeto se gana». Lo que sucede es que, en este mundo, la prudencia y el no devolver mal por mal se consideran una debilidad, pero recordemos que hemos sido libres de este mundo y el pecado para poder vivir en obediencia.

Después, el pasaje enseña que la respuesta grosera aumenta el enojo. No sé si alguna vez has aplicado este pasaje, pero es totalmente cierto. Cuando reaccionamos de manera amable, es como si le apagaras el fuego a la otra persona, pero cuando también te pones a su nivel, todo se sale de control.

Cuando estamos en medio de una discusión, a veces nuestra mentalidad es querer ganar, pero nuestro deseo debería ser honrar a Cristo. Así que te quiero desafiar a que tengas este pasaje presente siempre y no actúes según los demás te traten, sino en obediencia a Dios. Si es algo con lo que batallas, ¡llévalo a Dios en oración!

Del corazón del hombre surgen los planes, pero del Señor proviene la respuesta de la lengua. Según el hombre, todo camino es limpio, pero el Señor pondera los espíritus. Encomienda al Señor tus acciones, y tus pensamientos serán afirmados.

PROVERBIOS 16:1-3

En forma habitual, escuchamos sobre la voluntad de Dios. Se nos dice que nos sometamos a Su voluntad, que vivamos conforme a ella, pero ¿cómo podemos saber cuál es Su voluntad? Aunque la respuesta más corta y directa es leer la Palabra y buscar que lo que hacemos se alinee a lo que ella dice, en ocasiones tenemos ciertos sueños y planes de los que la Biblia no habla específicamente, y ahí nos atoramos. Pero aun dentro de esas dudas, encontramos respuesta en la Palabra de Dios.

Podemos notar que en este pasaje hay un contraste entre el hombre y Dios. Nos lleva a fijar nuestra mirada en nuestro Creador y entender que Él es quien tiene todo poder y autoridad. En diversas ocasiones, se nos olvida consultar a Dios cuando estamos soñando y haciendo planes para nuestras vidas. ¡Esto no debe ser así! La realidad es que tú y yo podemos planear todo lo que queramos pero, a final de cuentas, se trata de los planes de Dios y Su voluntad.

Reconozco que, al ser una persona soñadora, he tenido dificultad con esto, porque me es muy fácil sacar mi libreta y comenzar a hacer planes de lo que quiero y cómo lo puedo lograr. Algo que tengo que hacer con regularidad es contemplar lo que dice este pasaje y en humildad someter mis planes a los de Dios y permitir que sea Él quien guíe cada aspecto de mi vida.

Te quiero retar a que lleves cada anhelo de tu corazón en oración a Dios. Exprésale lo que quieres y sientes; pídele que reafirme tus pasos. Es decir, que si estás caminando en dirección opuesta o si lo que pides no es Su voluntad, entonces te redireccione hacia donde debes caminar.

El comienzo de un conflicto pronto se vuelve un río desbordado; es mejor controlarlo, antes de que se desborde.

PROVERBIOS 17:14

Como leímos hace un par de días, los conflictos son inevitables, tanto porque vivimos en un mundo caído por el pecado, como porque somos individuos con perspectivas diferentes. Aunque esto es una realidad, también en la Palabra de Dios podemos encontrar consejos de cómo enfrentar esos momentos y cómo actuar de manera sabia y prudente.

En cuanto veamos venir un conflicto, no le echemos más leña al fuego, no aportemos a que se desborde, no actuemos en orgullo y conforme a nuestra carne. Desde un principio, corramos a Dios buscando Su guía y pidamos sabiduría para enfrentar eso. Procura correr a Dios antes de luchar en tus fuerzas. Dios es el único que nos puede mostrar nuestro pecado y traer convicción a la vida de los demás. Luchar con nuestras fuerzas es infructífero y frustrante.

Un consejo práctico es que, cuando te encuentres ante el conflicto, aléjate de la situación y ponte a orar, pídele a Dios que te capacite en tus debilidades para poder actuar de manera obediente a Su Palabra. Aquí podemos notar que aun en las dificultades que pasamos en nuestra humanidad, somos dependientes de Dios.

¡No olvides que la Biblia es tu guía de vida! No hay situación o reto para los cuales no puedas encontrar dirección y descanso en ella. Si perdemos de vista esta verdad, creeremos que hay situaciones que debemos enfrentar con nuestras fuerzas; pero sin Dios, eso siempre nos llevará en una mala dirección.

Vive cada día enfocada en someterte en obediencia a Dios. Busca cada día vivir una vida que traiga gloria y honra a Dios. Muchas veces, es en esos pequeños detalles que nuestro carácter es evidenciado y revela lo que hay en nosotras. Es ahí donde nuestra convicción se pone a prueba.

*El orgullo humano es presagio del fracaso;
la humildad es preludio de la gloria.*

PROVERBIOS 18:12

L a humildad es una característica prominente de Cristo y está constantemente presente en la Biblia, tanto en el Antiguo como en el Nuevo Testamento. Es una característica que debe ser importante para nosotras porque afecta cómo actuamos y reaccionamos ante la vida. Cuando actuamos con humildad, agradamos al Padre, y cuando actuamos con orgullo, no. El concepto suena como algo bueno. Dudo que una verdadera creyente no esté de acuerdo con que debemos actuar con humildad; sin embargo, es más fácil decirlo que vivirlo. Se opone a nuestro orgullo humano, y aunque unas luchamos más que otras, no es una tarea fácil. Especialmente batallamos porque los diversos movimientos e ideales que se han levantado en nuestros tiempos nacen desde el orgullo humano.

Lo cierto es que las luchas que tenemos son de todos los días en todas las áreas de nuestra vida, tanto externas como internas. Por eso la Palabra de Dios nos habla de estar siempre atentas, de mantenernos firmes y de ponernos la armadura. Nos da advertencias e indicaciones de vivir plantadas y dependientes de Él y de fijarnos en la eternidad.

Está de más decirte que el estándar de vida de una cristiana es contrario al del mundo, pero a veces se nos olvida e imitamos más al mundo que a Cristo. Quiero desafiarte a que examines tu vida, tu corazón, la manera en la que vives y te relacionas con otros, y que seas sincera a la hora de reconocer si el orgullo tiene un lugar prominente en tu vida.

Esto no es para llevarnos a una condenación sino a poder confesar delante de Dios nuestro pecado y pedirle ayuda en nuestra debilidad. Si estamos ciegas a nuestro pecado, no podremos ser intencionales en agradar a Dios. Coloca hoy mismo como prioridad alinearte a la Palabra todos los días de tu vida.

La pereza te lleva a un sueño profundo;
pasarás hambre si eres negligente.

PROVERBIOS 19:15

No sé si lo has notado, pero a veces tendemos a sobreespiritualizar todo. A lo que me refiero es que para todo le echamos la culpa a Dios o al diablo. Aunque sí existe el enemigo que está buscando a quien devorar, y tenemos un Dios soberano que tiene control sobre todas las cosas, eso no nos quita la responsabilidad de nuestras acciones.

En Proverbios, una y otra vez vemos que se habla sobre el necio, el sabio, la diligencia, la pereza y otros diversos contrastes en el carácter de una persona. Se explican los diferentes resultados de cada uno de una manera práctica a nuestras vidas. Es aquí donde podemos darnos cuenta de que nuestras acciones tienen consecuencias. Por supuesto, creemos en la gracia de Dios y en que podemos descansar en Él, pero eso no significa que podemos vivir como queramos.

Al momento de recibir nueva vida en Cristo, todo se modifica. Nuestra manera de trabajar, vivir, relacionarnos, pensar, sentir: todo comienza a ser transformado mediante el Espíritu Santo. Por lo tanto, si estamos siendo regidas por la pereza, el desánimo o la deshonestidad, ¡algo anda mal!

Si no estudiamos, no podemos decir que por culpa del diablo reprobamos. Si gastamos más de lo que tenemos, no podemos culpar a Dios por nuestras deudas. Es la simple causa y efecto de lo que hemos decidido hacer. Esto no significa que si actuamos a la luz de las Escrituras toda nuestra vida va a ser perfecta y libre de aflicción. No se trata de la vida que podemos obtener en esta tierra, sino de vivir de una manera que glorifica a Dios.

Entre más pasamos tiempo con el Señor, más nos parecemos a Él. Está bien darnos cuenta de nuestros errores para poder corregirlos y seguir adelante. Quiero retarte a que, sin importar en qué temporada estés o en qué luchas te encuentres, corras a Dios y Su Palabra.

> *Abundan el oro y las piedras preciosas, pero
> los labios prudentes son una joya.*
>
> PROVERBIOS 20:15

Mantener nuestra mirada en las cosas de Dios, en lo eterno, y buscar adquirir lo que tiene un verdadero valor a la luz de la Palabra, como la prudencia, nos ayudará a no ser deslumbradas por todo lo pasajero. Es triste ver a mujeres de Dios que se desviven por conocer y obtener la belleza de esta tierra, pero tienen poca belleza bíblica.

Vivimos en un mundo y en una sociedad consumistas. Siempre se quiere más, y nunca nada es suficiente. Sin embargo, todo lo que se adquiere es vano y pasajero, realmente no sirve de nada, no hay provecho alguno en estas cosas, y mucho menos si lo llevamos a lo eterno. Tristemente, hemos sobrevalorado todo aquello que no tiene ningún valor verdadero.

Es común que, como mujeres, valoremos la belleza física en todos los aspectos, desde cómo nos vemos hasta lo externo que nos puede dar la belleza deseada. Y aunque la belleza terrenal en sí no tiene nada de malo, creo que hemos caído en una trampa que nos ha distraído demasiado de ver y perseguir lo que realmente tiene valor. Si queremos ser verdaderas mujeres de Dios con una belleza que refleja el carácter y la verdad de Cristo, debemos escudriñar las Escrituras y valorar lo que nuestro Creador valora.

La prudencia es hermosa, pero requiere ayuda del Espíritu Santo, al igual que mucha intencionalidad para poderla adquirir y ejercer. Aunque toma trabajo e implica morir a nuestra carne, ese esfuerzo tiene una recompensa no solo en resultados en esta tierra, que son evidentes, sino también en lo eterno. Recuerda que la belleza de esta tierra es pasajera, pero lo que tiene un verdadero valor es eterno. Desafíate a buscar más las cosas de Dios que todo lo que parece brillar en esta tierra.

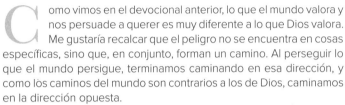

Como vimos en el devocional anterior, lo que el mundo valora y nos persuade a querer es muy diferente a lo que Dios valora. Me gustaría recalcar que el peligro no se encuentra en cosas específicas, sino que, en conjunto, forman un camino. Al perseguir lo que el mundo persigue, terminamos caminando en esa dirección, y como los caminos del mundo son contrarios a los de Dios, caminamos en la dirección opuesta.

En este pasaje vemos un camino claro para encontrar vida, justicia y honra, y eso es al ir tras la justicia y la misericordia. Es crucial tener en claro que los caminos del mundo no llevan a los resultados de Dios, porque a veces podemos pensar que algo se ve aparentemente bueno, pero si no se alinea con Dios y Su Palabra, termina siendo un camino contrario. Si nuestro afán es obtener tesoros terrenales, perseguiremos eso y nuestros resultados corresponderán a lo que buscamos.

Sé que a veces lo que el mundo ofrece parece brillar y sus promesas suenan tentadoras. Esas promesas pretenden saciarnos y darnos el resultado que tanto añoramos; sin embargo, son una mentira, siempre nos dejan vacías y perdidas. Es importante comprender esto, porque entender que el camino del mundo nos lleva a la perdición nos ayudará a resistir las tentaciones.

Que en tu vida, estudiar las Escrituras sea una prioridad todos los días, porque únicamente así sabrás qué debes perseguir y en cuál camino andar. Pídele cada día a Dios la ayuda para reconocer lo que viene de Él y que te ayude a mantener el enfoque por sobre todas las cosas.

Pero un corazón humilde, tal cual nos llama Dios a tener, RECONOCE QUE NO LO SABE TODO, que se equivoca y que su conocimiento es limitado.

No sé a ti, pero debo confesar que este versículo me sacó una pequeña risa. No de burla, sino que me reí por la ironía del valor humano que nosotros percibimos basado en riquezas, reconocimiento e influencia. En este mundo las personas se sobrevaloran a sí mismas, se consideran más o menos valiosas a otras personas dependiendo de «quiénes son» o la posición en la que estén en la vida. Es más, hasta nos desvivimos para alcanzar un supuesto valor ante ciertas personas.

Sin embargo, luego llegamos a estos pasajes tan simples pero con verdades profundas que nos ponen los pies sobre la tierra. Nos recuerdan que todas somos creación de Dios, que el único mayor a nosotras es el Creador mismo. Esto nos regresa la mirada al comienzo de todo. Hay dos razones por las que quiero compartir este pasaje contigo.

Por un lado, si luchamos con menospreciar a algunas personas debido a estándares e ideales que mencioné previamente, creo que nos ayudará a recordar que esto no debe ser así. El valor de una persona no proviene de esta tierra sino del Dador de la vida.

Por otro lado, ante nuestras luchas de autoestima y crisis de identidad, debemos recordar quién es nuestro Creador y Padre. Desafortunadamente, en ocasiones seguimos persiguiendo la aceptación de las personas y queremos ser y cumplir con los estándares impuestos por nuestra sociedad, pero se nos olvida que Aquel que nos dice quiénes somos y cómo debemos vivir es Dios por medio de Su Palabra.

Examina en forma deliberada la manera en que vives. Si notas que no estás alineada con las verdades de Dios, sé intencional en buscar qué dice la Biblia y pídele a Dios que te enseñe a ver a los demás y a ti misma a la luz de Su verdad.

Hijo mío, si en tu corazón eres sabio, eso alegrará también mi corazón. En mi interior sentiré gran alegría cuando con tus labios digas lo que es justo.

PROVERBIOS 23:15-16

Recuerdo que, por un tiempo, siempre le decía a Dios que quería hacerlo sonreír. Anhelaba que en el momento que Él me viera sintiera orgullo y felicidad, tal como lo hace un padre. Aunque está claro que Dios me ve justificada mediante la obra redentora de Jesús, sabía que mis acciones tienen resultados.

Cabe recalcar que no hay manera alguna de ganarnos o merecernos el amor y perdón de Dios. En nuestras fuerzas y méritos propios es totalmente imposible. No se trata de poner un peso gigante sobre nuestros hombros para tratar de agradar a Dios, porque solamente terminaremos frustradas ante nuestra insuficiencia. No se trata de querer llevar vidas agradables a Dios para obtener algo, sino que ya hemos obtenido el regalo de la salvación.

Cuando entendemos la redención y la libertad de la muerte y el pecado que hemos recibido, nuestra respuesta es querer vivir para Cristo; poder vivir una vida agradable delante de Él. Esto solo se puede lograr a la luz de Su Palabra y no conforme a nuestro entendimiento humano o expectativas propias.

La mejor y mayor guía que tenemos es la Biblia. Ahí encontraremos la dirección que necesitamos para vivir una vida agradable a nuestro Padre. A nuestro alrededor habrá muchas opiniones de cómo debemos vivir, pero como hijas de Dios, debemos alinearnos a la Palabra.

En el Antiguo Testamento, ¡en varias ocasiones se menciona cómo Dios se entristecía y le dolía la rebeldía de Su creación! Que nuestra prioridad sea agradar a Dios. Podemos lograrlo cuando obedecemos Su Palabra, cuando somos más como Jesús y menos como el mundo.

Tal vez digas: «Esto no lo sabíamos»; pero lo
sabe el que pesa los corazones, [...] el que da
a cada uno lo que merecen sus obras.

PROVERBIOS 24:12

Como no podemos ver a Dios, tendemos a olvidar que Él ve, conoce y está presente en todo. Eso nos lleva en ocasiones a caer en una ignorancia en la manera en que vivimos. No vemos la gravedad de nuestros pensamientos, acciones y reacciones y podemos llegar a limitarnos a vivir «correctamente» solo cuando hay otros cristianos a nuestro alrededor o cuando estamos en la iglesia.

Es importante entender que Dios, en Su omnisciencia, sabe aun lo peor de nosotras. Eso no debe llevarnos a sentir miedo o condenación porque, si ya hemos creído en el sacrificio de Jesús, nos presentamos justificadas delante de Él. Creo que entre más entendemos nuestra salvación y la presencia de Dios en cada segundo de nuestras vidas, vamos a querer vivir vidas agradables a Él, entendiendo que todo lo que somos es de Él y para Él.

Crear hábitos diarios que te ayuden a mantener la mirada en Cristo y Su Palabra te servirá en esos momentos en los que tal vez no sabes qué hacer. Es tan fácil meternos tanto en nuestras vidas diarias (con responsabilidades o simplemente nuestra humanidad) que, al perder el enfoque, empezamos a vivir más en la carne que en el Espíritu. ¡Esto no puede ser!

Muchas veces escucharás que debes vivir a la luz de la Palabra, o como leemos en este pasaje, que Dios pesa los corazones y no es ignora el pecado, y eso nos puede dejar de alguna manera paralizadas al no saber cómo seguir adelante. Esto sucede porque debemos estudiar más la Palabra de Dios, que realmente se vuelva nuestro pan espiritual de todos los días. Que sea nuestra prioridad vivir conscientes de que nuestras acciones cuentan y que Dios examina nuestros corazones y no hay nada que esté oculto de Él.

Si el que te odia tiene hambre, dale de comer; y si tiene sed, dale de beber. Así harás que se avergüence de su conducta, y el Señor habrá de recompensarte.

PROVERBIOS 25:21-22

Una aclaración necesaria antes de continuar: este pasaje no está permitiendo ni insinuando que podamos hacer cosas buenas con malas intenciones y que es correcto. No se trata de reaccionar correctamente ante una situación difícil para poder avergonzar a alguien, para que se nos aplauda nuestra conducta, ni nada que se oponga a la humildad que Dios nos llama a tener. Teniendo eso en mente, nunca debemos pagar mal por mal ni buscar justicia por nuestra propia mano.

En días anteriores, vimos la importancia de la prudencia y la humildad al momento de resolver conflictos, pero ahora somos desafiadas a otro nivel. Ya no solo es tener una discusión o malentendido con alguien, sino que somos desafiadas a hacer algo respecto a aquella persona que nos odia o nos causa un mal. Cuando tú y yo no actuamos conforme al pecado de la persona, sino conforme a Dios, el pecado de esa persona queda en evidencia, porque no respondiste en pecado sino en gracia, y la mayor justicia y recompensa es la de Dios, no la que podamos lograr con nuestra fuerza.

Por eso la importancia de tener esto presente siempre para no caer en la tentación de responder al pecado con más pecado, sino someternos principalmente a Dios y reflejarlo a Él. Es fácil llamarnos cristianas, pero ¿nuestro carácter lo refleja en la práctica? Sinceramente, es en los momentos difíciles donde nuestras convicciones salen a la luz. Cuando enfrentamos el pecado nuestra fe es probada y fortalecida.

Así que quiero retarte a que mantengas esto en mente cuando otras personas pequen contra ti. Lo cierto es que es inevitable encontrarnos en situaciones en las cuales somos receptoras del pecado de alguien más. Por eso debemos estar plantadas en la verdad de Dios, para poder reaccionar de una manera que lo glorifique y no dejar que nuestras emociones tomen las riendas. Si notas que esto es un área en la que se te dificulta actuar de manera correcta, apunta este pasaje en algún lugar donde puedas leerlo con regularidad y pídele a Dios la fuerza para no reaccionar en pecado.

Día 53

En nuestra humanidad nos vamos a equivocar, eso es inevitable. Pero eso no es una excusa para quedarnos en nuestro pecado y faltas. En el momento que Dios revela esas áreas débiles que no se alinean con Su Palabra, y que nos percatamos de nuestras acciones errantes, ya no hay excusa para quedarnos atrapadas ahí.

Es entendible que todas en su momento hayamos actuado y creído de maneras erróneas debido a nuestra ignorancia de la verdad de Dios. Pero cuando se nos corrige, se nos enseña la Palabra y logramos conocer la verdad de Dios, ya no hay una excusa para seguir viviendo de la misma manera. Es cierto que tenemos una lucha diaria con el pecado, que hay áreas en las cuales batallaremos más y cuestiones que quizá nos tome más tiempo superar, pero aun ahí debemos recordar que luchamos con el pecado y con nuestra carne con la ayuda del Espíritu Santo.

Es muy peligroso quedarnos en el «Así soy», «Dios me hizo así» o «Todos tenemos errores». Tratar de justificar nuestro pecado es peligroso y antibíblico. Recordemos que morimos juntamente con Cristo y que Él nos ha hecho libres de la esclavitud al pecado. Tenemos una vida nueva, pero esa vida se encuentra en Cristo. No nos conformemos con lo que era nuestra vida antes de ser salvas.

Es difícil morir a nuestra carne y vivir vidas en obediencia a Cristo, pero por lo mismo es crucial entender que eso no lo logramos por nosotras mismas, sino que es un resultado de una vida anclada en Dios. Quiero desafiarte a que no dejes a Dios a un lado, sino que veas que tu dependencia de Él es diaria y necesaria.

Son más confiables las heridas del que ama,
que los falsos besos del que aborrece.

PROVERBIOS 27:6

Recuerdo que cuando era niña, en ocasiones mi mamá me aconsejaba respecto a las «amigas». Ella alcanzaba a percibir actitudes, acciones e hipocresía que en mi inocencia yo no veía. Eso causaba conflicto dentro de mí, porque lo que ella me decía era contrario a lo que yo pensaba. Constantemente me decía: «Nunca nadie va a querer que te vaya tan bien como tus papás». Me lo decía porque, en su amor verdadero por mí, me corregía, me mostraba el camino y me advertía de peligros por mi propio bien.

A lo largo de los años, me fui dando cuenta de cómo todo lo que me decía mi mamá sobre ciertas personas siempre resultaba ser verdad. Hay amistades falsas que afirman cuidar de ti y muchas veces te van a lastimar, traicionar y dar la espalda; pero aquellos que realmente te aman muchas veces te van a corregir y confrontar por el mismo amor que te tienen.

Es importante rodearnos de las personas correctas. Personas que amen a Dios por sobre todas las cosas y que valoren Su Palabra. Cuando lleguen momentos de corrección, no te cierres ante lo que te dicen aunque sea difícil, porque solo quien te ama te corrige.

Siempre podremos encontrar personas que aplaudan nuestros errores y nos digan lo que queremos escuchar, pero eso no significa que realmente nos quieran o busquen nuestro bien. Cuando realmente nos importa una persona, no queremos que se quede atorada en lo que la perjudica, sino que, en amor, le decimos la verdad.

De hecho, lo podemos ver con Dios mismo: Él no nos deja atoradas en nuestro pecado, sino que mediante Su Espíritu nos confronta con Su Palabra. Seamos sabias y aprendamos a discernir quiénes realmente nos aman y abracemos la instrucción y la corrección.

Día 55

El avaro tiene prisa por hacerse rico, sin saber que la pobreza está en camino.

PROVERBIOS 28:22

U na vez que los alcanzamos, los tesoros de este mundo revelan el vacío que se encuentra en ellos. La verdad es que cuando vemos las situaciones desde afuera o a una distancia lejana, no alcanzamos a ver con claridad lo que hay dentro. Me refiero a que muchas veces pensamos que si tuviéramos dinero, si viviéramos en otra parte, si tuviéramos influencia y mil y una cosas más, entonces lo tendríamos todo.

No sé si lo has notado, pero esto es evidente en la vida de las celebridades. Aparentemente, lo tienen todo. No hay nada fuera de su alcance y son la envidia de miles de personas. Pero podemos ver que nada de eso soluciona realmente sus problemas ni quita los vacíos que hay en sus corazones. Persiguen con tanta rapidez todo lo que el mundo promete que los saciará que no se dan cuenta de que terminan en el mismo lugar.

Piensa en el fruto del que comieron Adán y Eva. La Palabra nos dice que se veía agradable a los ojos, prometía saciar, pero en esa promesa lo único que encontraron fue la muerte. Los caminos del mundo se ven agradables, nos hacen la mejor campaña de publicidad de cumplir nuestros sueños y nuestros mayores anhelos, pero no nos damos cuenta del espejismo que realmente son.

Muchas veces, vamos de prisa tras ciertas cosas sin darnos cuenta de que nos llevan a lo contrario de lo que buscamos. Que sea una prioridad en nuestras vidas pasar todo por el filtro de la Palabra de Dios y mantengámonos alerta para no ser engañadas. Persigamos y valoremos lo que Dios nos dice en la Biblia. No vayamos en pos de tesoros terrenales; busquemos los celestiales y eternos.

Cuando no hay visión, el pueblo se desvía;
¡dichoso aquel que obedece la ley!

PROVERBIOS 29:18

Cuando no hay visión, cuando no hay guía, es fácil tomar caminos equivocados o hasta quedarnos sentadas por no saber qué hacer. Es más, a veces hasta intentamos crear nuestra propia dirección o seguimos a otras personas hacia donde van. En diversas ocasiones nos quedamos paralizadas ante decisiones de la vida, o nos damos cuenta de que hemos estado caminando en un lugar equivocado, y es ahí donde le pedimos a Dios dirección y anhelamos escuchar Su voz, pero ¿sabes cómo nos habla Dios? ¡A través de Su Palabra! Me llama la atención cómo en este versículo se contrasta la falta de visión con obedecer la ley.

Dios no nos ha dejado a la deriva para que le demos significado a nuestras vidas, sino que nos ha dejado Su Palabra con la cual nos da dirección. Si queremos que Dios nos hable, nos guíe y saber qué hacer, es necesario y crucial que abramos nuestras Biblias y le pidamos al Espíritu Santo que nos dé revelación, entendimiento y convicción.

Lo cierto es que si no conocemos lo que Dios dice, nos dejaremos engañar por cualquier información que nos parezca correcta. Además, si no conocemos la Biblia, no sabremos cómo obedecer porque la obediencia a Dios no es algo que se enseñe o ejemplifique a nuestro alrededor. No me refiero a que tenemos que ser las mujeres más letradas y tener todo el conocimiento, sino a que cuanto más leemos, más conoceremos y entenderemos.

Esa es la única manera en que nuestro enfoque sea Cristo. No te formes una visión a la luz de nuestra sociedad o de tus deseos, porque esa visión te desviará de los caminos de Dios. Haz una prioridad mantener a Cristo como el centro de tu vida y así te asegurarás de obedecer e ir en la dirección correcta.

Las palabras de Dios son todas puras; Dios es el escudo de quienes en él confían. No añadas a sus palabras, y él no te reprenderá, y tampoco resultarás un mentiroso.

PROVERBIOS 30:5-6

Como cristianas, es muy importante entender que la Biblia es la Palabra de Dios. Puede que se haya vuelto algo común y normal decir que es la Palabra de Dios sin realmente entender que eso es algo literal. Por lo tanto, tiene la máxima autoridad y nosotras nos sometemos a la Biblia, y no al revés.

Aunque por mucho tiempo hubo ataques en contra de las Escrituras, en nuestros tiempos está bajo ataque pero de una manera un poco más sutil, pero igualmente peligrosa. Diversos grupos de personas e instituciones no están negando la autoridad de la Biblia, no la refutan ni desacreditan, pero lo que sí están haciendo es modificar y añadir a lo que la Biblia dice. Adaptan a Dios a sus deseos personales.

¡De verdad que es alarmante lo que está sucediendo! Lo más triste de todo es que hay creyentes que, por falta de conocimiento, se dejan llevar por estas personas que modifican lo establecido por Dios. Que haya falsos maestros, profetas y doctrinas es algo que debe pasar porque así está escrito en la Biblia. Pero de la misma manera, se nos insta a estar firmes y listas para defender nuestra fe.

No podemos detener la locura que hay a nuestro alrededor, pero sí podemos estar paradas firmemente en la veracidad de las Escrituras. La Palabra de Dios es pura, es verdad y tiene poder. Seamos intencionales no solo en leer Su Palabra, sino también en estudiarla y proponernos vivirla. No nos apoyemos en nuestra propia opinión o en la del mundo, no busquemos acomodar la Palabra de Dios a nuestra conveniencia, sino que veámosla por lo que es y sometámonos en obediencia.

Día 58

Se reviste de fuerza y de honra, y no le preocupa lo que pueda venir.

PROVERBIOS 31:25

El capítulo 31 de Proverbios es uno de los más populares entre las mujeres. Es un capítulo que habla de cómo debe ser una mujer virtuosa. Aunque hay varios principios que podríamos leer, este pasaje en particular resume mucho de ello. Como mujeres de Dios debemos buscar los estándares del Señor y no los del mundo, porque lo que nos habla Dios empieza desde el corazón y lo que nos habla el mundo empieza y se queda en lo superficial.

Para empezar, podemos ver que dice que «se reviste de fuerza y de honra». Para ser una mujer admirable de Dios no es necesario estar al corriente con la moda y vestir de la manera más deseable, sino revestir nuestro interior con los principios de Dios. La verdad es que cualquier persona puede llegar a cumplir con estereotipos del mundo y tener las amistades correctas, dinero, conocimiento de la moda y todo recurso de este mundo. Sin embargo, no cualquiera puede tener un carácter a la luz de la Palabra.

Una de las bellezas más grandes es la confianza en el Creador. Cuando leo este pasaje, me imagino a una mujer riéndose con una seguridad impresionante. Eso sí, esa paz, confianza y seguridad no provienen de ella misma sino de su dependencia de Dios. Soy la primera en admitir que leer esto confronta mi falta de confianza en varias ocasiones.

Quiero retarte a que, más que invertir tus pensamientos, emociones, oraciones y tiempo en lograr cumplir estándares superficiales, que sea una prioridad en tu vida ser una mujer de Dios a la luz de Su Palabra. No quiere decir que la belleza sea mala y que huyas de ella, sino que no te limites a querer ser admirada y aprobada por el físico, procura tener un carácter y un corazón agradables a Dios.

Con la lengua bendecimos al Dios y Padre, y con ella maldecimos a los seres humanos, que han sido creados a imagen de Dios. De la misma boca salen bendiciones y maldiciones. Hermanos míos, ¡esto no puede seguir así!

SANTIAGO 3:9-10

Si lo que decimos creer contradice nuestras acciones, algo anda mal. Nuestra fe y amor por Dios deben tener frutos. Esos frutos o resultados deben ser evidentes siempre y no solamente en momentos «cristianos» cuando nos están mirando. Este pasaje es impactante porque nos confronta con comportamientos opuestos que no deben estar sucediendo.

Es una incoherencia bendecir a Dios y luego maldecir a otros, decir que amamos a Dios pero odiamos a alguien, que vivimos para Dios pero en realidad vivimos a la luz del mundo. No podemos ser «buenas» cuando se trata de Dios, pero no hacer lo mismo con otras personas. Recordemos que no existe distinción en nuestra vida de creyentes, no importa si estamos o no con gente de la iglesia, en la iglesia misma o en actividades cristianas. En todo tiempo y en todo lugar debemos amar a Dios y amar a otros, reflejar la fe que profesamos.

Ante la evidencia de nuestras carencias y debilidades, ¡corramos a Dios y pidámosle ayuda! No quiere decir que intentes ser perfecta y que lidies con tu pecado sola, sino que reconozcas tu debilidad y necesidad de Dios. Cuando Su Palabra confronte y revele tu pecado, acércate confiada al trono de la gracia, recordando lo que Cristo hizo por ti.

Si ignoramos nuestro pecado, terminaremos viviendo vidas en hipocresía al cambiar nuestro comportamiento según la situación. Pero, aunque no todas las personas nos ven, Dios siempre está observando. Recuerda que no vivimos para complacer a los demás, sino para complacer y obedecer a Dios.

«Cuando ustedes ayuden a las hebreas en sus partos, fíjense en el sexo. Si es niño, mátenlo; si es niña déjenla vivir». Pero las parteras temieron a Dios, y no hicieron lo que el rey de Egipto les mandó, sino que les salvaron la vida a los niños.

ÉXODO 1:16-17

Estamos viviendo tiempos donde el gobierno, la cultura y la sociedad buscan vivir conforme a su propia opinión, sin importar lo que el Señor ha establecido. Toman decisiones y viven según su conveniencia. Es crucial no olvidar que la agenda del mundo nunca busca someterse a la voluntad de Dios; por lo tanto, no debemos caminar ciegamente.

Como creyentes, en varias ocasiones nos encontraremos en posiciones similares a la de las parteras hebreas. Se sentirá como estar entre la espada y la pared, entre obedecer al gobierno u obedecer a Dios, entre agradar al hombre o agradar a Dios. Lo que determinará cómo actuaremos es nuestro temor a Él. Será en la prueba donde se revelará realmente si estamos plantadas en la fe que profesamos tener.

En esta historia, las parteras tenían mayor temor, respeto y devoción a Dios que consideración por sus propias vidas o las consecuencias que su obediencia pudiera tener. Suena muy fácil, pero de seguro no lo es. Es importante estar plantadas en Dios, confiando plenamente en Él y temiéndole por sobre todas las cosas, no sea que llegue la prueba y tropecemos.

Te quiero desafiar a que día a día busques más de Dios. Esto es bueno por muchas razones que me tomaría muchas hojas explicar, pero una importante que no quiero que olvides hoy es que, como cristianas, nos enfrentaremos a momentos donde actuar en obediencia a Dios puede costarnos aun la vida. No hay manera de navegar la persecución y la adversidad sin la ayuda de nuestro Creador.

Tu sol no volverá a ponerse, ni tu luna volverá a oscurecerse, porque el Señor será para ti una luz perdurable, y tus días de tristeza llegarán a su fin.

ISAÍAS 60:20

Este es uno de mis pasajes favoritos, corro a él con regularidad para recordarme una poderosa verdad: Dios es mi todo. Entre más entendemos la suficiencia de Dios, más nos damos cuenta de cuánto a veces buscamos esa plenitud fuera de Él. No sé tú, pero en muchas ocasiones me he encontrado decepcionada, desilusionada, sin gozo, inundada por la tristeza. Fue en un momento como ese que llegué a este pasaje.

Lo que me encanta y llama la atención de este versículo es que no dice que los días de tristeza llegarán a su fin porque los problemas se acaben o porque las situaciones tengan un resultado favorable, sino porque Dios se volverá la luz perdurable. En ocasiones, dependemos emocionalmente de personas, situaciones e ideales, y lo cierto es que en algún momento nos fallan.

Fuera de Dios, todo es inconstante, cambia con regularidad y es afectado por las circunstancias de nuestro alrededor. Por lo tanto, si dependemos de eso, viviremos como en una montaña rusa que sube y baja. Cuando aprendemos a depender totalmente de Dios, pueden venir las peores crisis en nuestras vidas y aun así no robarnos el gozo.

Me impacta muchísimo lo que este pasaje señala, porque no significa que la tribulación no vendrá, sino que nuestra fuente de luz ya no vendrá de esos lugares que pueden oscurecerse, sino de Dios mismo que perdura. Él es el único constante en un mundo inconstante. Dios se mantiene fiel a Su Palabra, mientras nuestro mundo constantemente evoluciona. Dios se mantiene fiel, justo, bueno y verdadero, sin importar cuánto brote el pecado a nuestro alrededor. Entre más tengamos la mirada en cristo y Su suficiencia, más nos mantendremos en gozo y paz.

«Si confiesas con tu boca que Jesús es el Señor, y crees en tu corazón que Dios lo levantó de los muertos, serás salvo». Porque con el corazón se cree para alcanzar justicia, pero con la boca se confiesa para alcanzar la salvación.

ROMANOS 10:9-10

Nuestra salvación no proviene de nuestras acciones. No es algo que podamos alcanzar con ser personas buenas o religiosas. Somos salvas al momento que creemos en Jesús. A lo largo de las Escrituras podemos ver que la justificación viene totalmente de creer y no de hacer. Si se tratara de obtener lo que merecemos, entonces mereceríamos el infierno y no la gracia de Dios.

Afirmar esto en ocasiones causa conflicto en ciertas personas, por pensar que si decimos que la salvación es por fe y no por obras eso causará que la gente piense que puede vivir libremente en pecado, ¡pero no es así! Después de decir que si confesamos a Jesús como Señor seremos salvos, Pablo no se detiene, e incluye que debemos creer en nuestro corazón. Es decir, tiene que haber una convicción en nuestras vidas de lo que estamos confesando.

Cuando entendemos la gravedad de nuestro pecado y la insuficiencia de nuestro intento de ser buenas, logramos ver qué tan perdidas estamos sin un Salvador. Entender que merecíamos juicio, separación de Dios eterna y muerte eterna pero que Dios, en Su misericordia, envió a Jesús a vivir la vida perfecta que nosotras no pudimos, y que murió en esa cruz cargando con el pecado y el juicio que nos correspondían, nos transforma la vida. Y gracias a ese sacrificio ahora somos adoptadas en la familia de Dios y nos presentamos completamente justificadas delante de Él. ¡Qué maravilloso!

Una verdadera convicción en Cristo Jesús lleva a una vida de arrepentimiento y obediencia. Deja la condenación atrás, deja de intentar ganarte algo que te ha sido dado por gracia. Recuerda cada día lo que Jesús hizo por ti y vive para Él.

Entonces dijo Dios: «Hagamos al hombre a nuestra imagen y semejanza! ¡Que domine en toda la tierra sobre los peces del mar, sobre las aves de los cielos y las bestias, y sobre todo animal que repta sobre la tierra!» Y Dios creó al hombre a su imagen. Lo creó a imagen de Dios. Hombre y mujer los creó.

GÉNESIS 1:26-27

Me resulta fascinante que Dios haya decidido revelarnos detalles de la creación. Tenemos un mundo extraordinario con muchos misterios aún, pero nos fue dada una pequeña ventana a lo que sucedió al comienzo de todo. Sin embargo, pocas veces tenemos esto en mente. Hemos dejado de poner atención y eso ha llevado a muchas personas a buscar respuestas en la ciencia y la sociedad.

Podemos ver todo lo que está sucediendo con la identidad sexual a nuestro alrededor, y con esto no me quiero enfocar en las personas no creyentes, sino en las creyentes. Tristemente, podemos ver a supuestos creyentes, pastores e iglesias que han abrazado la homosexualidad y el movimiento de liberación sexual ignorando totalmente lo que dice la Palabra de Dios.

Es cierto que hay algunos temas que no podemos encontrar de manera específica en la Biblia (como el escuchar música «secular», ir al cine y actividades relacionadas con el tiempo actual), pero esto no es así con la sexualidad. En primer lugar, fuimos creados a imagen de Dios, y esto no significa físicamente, sino con características de Dios. Por otro lado, nos hizo mayores que el resto de la creación en el sentido de que nos dio el dominio sobre el resto de ella, y entre todo lo creado fuimos los únicos hechos a imagen de Dios.

Por último, nos dio también identidad sexual. Dios creó hombres y mujeres. No creó confusión ni tampoco se trata de algo que el ser humano elige, sino algo que Dios establece. Mi desafío hoy es que, cuando te encuentres frente a cualquier ideología, la lleves a la luz de la Palabra.

Con tus propios ojos viste mi embrión; todos los días de mi vida ya estaban en tu libro; antes de que me formaras, los anotaste, y no faltó uno solo de ellos.

SALMO 139:16

No sé si alguna vez has leído el Antiguo Testamento, pero algo notorio es que en diversas historias Dios cerraba y abría los vientres de las mujeres para que quedaran embarazadas. Cada vez que me encuentro con esos pasajes, no puedo dejar de asombrarme. A veces olvidamos la soberanía de Dios sobre toda la creación.

Hoy en día vemos el embarazo como algo que nosotras planeamos y pocas veces como algo sobre lo que Dios tiene control absoluto. Esto lo podríamos llevar a diferentes ángulos (infertilidad, aborto, etc.); sin embargo, hoy quiero que pongamos atención a que Dios ya tiene nuestros días contados. No solo es consciente de nuestra existencia, sino que también tiene control de cada día de tu vida.

En diversas ocasiones dejamos que pensamientos de insuficiencia inunden nuestras vidas y nos hagan cuestionar nuestra existencia. Incluso, al compararnos con los estándares del mundo podemos creer que algo está mal en nosotras. Pero cuando comprendemos que si estamos con vida y en esta tierra es porque Dios así lo dispuso, dejamos de cuestionar nuestra vida.

Es hermoso poder encontrar y abrazar nuestra identidad en Cristo, porque así con convicción vivimos para Él sin importar lo que pase en esta tierra. También nos ayuda a dejar de buscar respuestas meramente terrenales y fijar nuestros ojos en lo eterno y verdadero. Con esto en mente, cuando quieran llegar pensamientos o sentimientos de insuficiencia, falta de valor o cualquier otra cosa que pueda contradecir lo que dice la Palabra, tenemos que volver a leer aquellos pasajes que nos recuerden la verdad.

E s muy fácil dejar que las etiquetas de este mundo nos quieran definir. Nos enfrentamos a estas etiquetas diariamente, en especial en tiempos de redes sociales, donde la información bombardea todo nuestro alrededor. Como lo hemos visto en estos pasados días, Dios ya nos dio una identidad y conocemos nuestro origen, y eso debe estar plantado en nuestra cabeza.

No solo eso, sino que al ser creyentes de Jesucristo, ahora se nos ha dado la potestad de ser hechas hijas de Dios. ¡Qué enorme peso! Aunque el mundo nos critique, nos rechace, aunque no tengamos aún familia y pase lo que pase, nadie nos puede quitar la identidad que tenemos como hijas de Dios. También recordemos que al ser hijas, somos coherederas con Cristo, y las promesas de la Biblia se vuelven promesas también para nosotras.

¡Entender que somos hijas de Dios debe cambiar nuestro mundo entero! No somos hijas solo porque somos creación, sino porque hemos sido compradas a precio de sangre. Recordemos que antes de nuestra salvación, éramos enemigas de Dios y estábamos destituidas de Su gloria. Es mediante la obra redentora de Jesús que hemos sido adoptadas en la familia de Dios y recibido esta nueva vida e identidad.

No permitas que pase un solo instante en el que dudes que eres hija de Dios si ya has creído en el sacrificio de Jesús. Tener certeza de eso te llevará a no dudar del amor de Dios por ti. Cuando nos cuesta vivir en obediencia y vivir abiertamente nuestra fe, muchas veces se debe a que no hemos entendido el peso de lo que hemos recibido por gracia. Si te es necesario escribir algunos pasajes, ¡hazlo! No pierdas de vista la nueva vida que has recibido y cómo debes vivirla.

Nosotros somos hechura suya; hemos sido creados en Cristo Jesús para realizar buenas obras, las cuales Dios preparó de antemano para que vivamos de acuerdo con ellas.

EFESIOS 2:10

Una práctica que he incorporado últimamente al leer la Biblia es poner atención cuando veo las palabras «porque» y «para», ya que indican una razón detrás del texto. Por ejemplo, este pasaje no solo nos está diciendo que hemos sido creadas en Cristo Jesús, sino también para qué lo hemos sido: para realizar buenas obras.

Hay una razón, un propósito detrás de nuestra creación en Cristo Jesús. Cuando somos salvas, no solo nos convertimos en hijas, sino que iniciamos un caminar de lo que Dios ha preparado para nosotras. Estas buenas obras no nacerán de nuestra propia cabeza, sino que tal como lo dice el pasaje, Dios las preparó de antemano.

Hay que tener constantemente presente que al pertenecer a Dios debemos estar buscando Su voluntad en todo lo que hagamos, sabiendo que Él tiene cosas preparadas para nuestras vidas, pero no las podemos conocer alejadas de Él. Serán un resultado de vidas en obediencia a Su Palabra. No cometamos el error de ver la salvación como algo meramente beneficioso para quitarnos la culpa y salvarnos del infierno, como si no tuviera un efecto total en nuestras vidas. De verdad que no hay nada peor que desperdiciar la vida al vivir para este mundo.

Te quiero retar a que contemples todo aquello que sueñas y añoras. Una vez que lo tengas en mente, pregúntate si estás realmente buscando glorificar a Dios con eso. Muchas veces vivimos siguiendo la corriente y el ritmo del mundo sin tomarnos un momento para contemplar la voluntad de Dios. ¡No olvides que fuiste comprada a precio de sangre y que ahora le perteneces a Dios!

En él, Dios nos escogió antes de la fundación del mundo, para que en su presencia seamos santos e intachables. Por amor nos predestinó para que por medio de Jesucristo fuéramos adoptados como hijos suyos, según el beneplácito de su voluntad, para alabanza de la gloria de su gracia, con la cual nos hizo aceptos en el Amado.

EFESIOS 1:4-6

Todo lo que Dios hace, está haciendo y hará es para Su propia gloria. Muchas veces nos queremos poner en el centro de la historia e interpretar las cosas a la luz de lo que nos conviene o lo que nos gustaría. Es importante tomar una posición humilde y reconocer que Dios es Dios y que Él hace todo conforme le place y para Su gloria. Entender esto también nos evitará muchas frustraciones al no obtener los deseos que en ocasiones queremos, porque entendemos que ya no vivimos para nosotras mismas sino para el Creador.

Además, entender estas verdades nos ayudará con los problemas de autoestima con los que pudiéramos lidiar. Confieso que, durante años, me sentí inferior y permitía que las inseguridades y las opiniones de los demás moldearan quién era y cómo me veía. Cuando pude verme a la luz de la Palabra y ver quién soy en Cristo, eso me ayudó a salir de mis inseguridades.

Tenemos el mayor milagro en nuestras vidas, que es haber sido escogidas por Dios para ser adoptadas en Su familia mediante el sacrificio de Jesús. Creo que deberíamos contemplar el evangelio día a día para no minimizar lo más grandioso que nos ha sucedido. Cuando dejamos de hacerlo, le damos más valor a lo de nuestro alrededor o a nuestras expectativas del futuro. Así que sé intencional en meditar en lo que Dios ha hecho por ti y lo que significa para tu vida.

Pero ustedes son linaje escogido, real sacerdocio,
nación santa, pueblo adquirido por Dios, para
que anuncien los hechos maravillosos de aquel que
los llamó de las tinieblas a su luz admirable.

1 PEDRO 2:9

A veces nos podemos quedar atoradas tratando de descubrir quiénes somos y qué debemos hacer en esta tierra, pero la Palabra de Dios una y otra vez nos describe quiénes somos, cómo nos ve el Señor y a qué nos llama. Al conocer las buenas nuevas de Jesús no debemos quedarnos calladas con esa información únicamente para nosotras, sino darla a conocer a otras personas que no lo saben.

Si has estado batallando con no saber qué hacer con tu vida y con lo que Dios quiere que hagas, comienza a predicar el evangelio. Eso es algo que todas las creyentes debemos hacer. No nos limitemos con mentalidades humanas que buscan únicamente plataforma y reconocimiento. La mayor labor a la que podemos dedicarnos es anunciar las buenas nuevas de nuestro Salvador.

Lo cierto es que en donde estemos, debemos hablar sobre Dios. Cada respirar debe ser para Su gloria. Entender esto trae claridad a nuestras vidas porque vemos que no se trata de alabarlo y hablar de Él únicamente en la iglesia o entre los creyentes. Dios nos pondrá diferentes temporadas y áreas en la vida para cumplir con los propósitos de Su reino y somos colaboradoras de Él.

Aunque tengas ciertas aspiraciones en tu vida, no quites el enfoque de que todo lo que hagas debe ser para gloria de Dios. En nuestra humanidad, a veces fallamos en esto al enfocarnos únicamente en lo que nosotras queremos obtener y negamos nuestra más grande labor en esta tierra. Sé intencional en tu manera de vivir. Sin importar lo que estés haciendo con tu vida en este momento, pregúntale a Dios: «¿Cómo puedo glorificarte?».

> *Cuando alguien sea tentado, no diga que ha sido tentado por Dios, porque Dios no tienta a nadie, ni tampoco el mal puede tentar a Dios. Al contrario, cada uno es tentado cuando se deja llevar y seducir por sus propios malos deseos.*
>
> SANTIAGO 1:13-14

Aunque mediante el sacrificio de Jesús hemos sido redimidas y rescatadas del pecado, seguimos enfrentando tentaciones. Nuestra lucha con el pecado sigue presente porque continuamos viviendo en un cuerpo y un mundo pecaminosos. Esto no significa que vivimos gozándonos y abrazando nuestro pecado, sino que ahora, mediante el Espíritu Santo, podemos luchar contra el pecado y obtener victoria.

Hay personas que equivocadamente piensan que Dios les envía ciertas tentaciones a sus vidas, pero como lo dice este pasaje, las tentaciones nunca nacen del corazón de Dios, ni es Él el culpable de nuestras luchas. Es importante entender de dónde provienen realmente las tentaciones para así poder lidiar con ellas. Si somos tentadas al dejarnos llevar y seducir por nuestros propios malos deseos, entonces debemos identificar esos puntos débiles en nuestras vidas y huir de ellos.

Por ejemplo, por mucho tiempo yo deseaba la fama y vivir como la farándula, y aunque hoy en día, de alguna manera estoy en el ojo público, es totalmente diferente; todo es para Dios y está apuntado a Dios, nunca a mí. Pero, en mi humanidad, a veces quieren regresar esos deseos de querer ser la protagonista. Al identificar esta debilidad, puedo dar pasos prácticos y dejar de ver y seguir ciertas cuentas en redes sociales que alimentan eso en mi corazón.

Las tentaciones siempre llegarán a nuestras vidas, pero no tenemos que lidiar con ellas en derrota. Pídele ayuda a Dios y sé intencional en identificar esas áreas débiles en tu vida, al igual que todas aquellas cosas que alimentan esa debilidad, y elimínalas de tu vida.

*Nuestro Dios está en los cielos, y él
hace todo lo que quiere hacer.*

SALMO 115:3

V ivimos en un mundo que va muy deprisa en todos los sentidos. No sé si en ocasiones te encuentras cansada, como si por más que intentas tener el control, ponerte al corriente y hacer todo lo que tienes que hacer simplemente no logras alcanzarlo. Incluso cuando se trata de la vida espiritual, puedes sentir que no llegas a dar el ancho por más que intentas. Todo esto puede causar un peso inmenso que termina produciendo estrés, insatisfacción y ansiedad. Dentro de eso, podemos anhelar vivir cada día en paz y contentamiento pero quizá no sabemos cómo lograrlo o por dónde empezar. Veamos este pasaje para encontrar un poco de dirección.

Si dividimos este pasaje en dos, primero vemos que Dios está en los cielos; es decir, reconocemos que Él es Dios y se encuentra más alto que nosotras. Segundo, al ser Dios y tener autoridad suprema, hace lo que quiere hacer. Hace exactamente Su voluntad. A veces, en nuestra humanidad podemos luchar un poco con este concepto, porque implica darnos cuenta de que nada está bajo nuestro dominio y que estamos sometidas totalmente a Dios. ¿No te da eso tranquilidad?

Aunque en ocasiones pueda parecer que tenemos el control, llegan momentos en nuestra vida que nos sacuden y nos pueden dejar frustradas al sentir que todo está fuera de nuestras manos. Pero si nuestra confianza está en Dios, podemos descansar en Su soberanía. Te quiero desafiar a que, cuando te sientas agobiada y abrumada por los cambios e insuficiencias que puedas llegar a ver en tu vida, recuerdes quién es Dios. No hay mayor paz y gozo que saber que el Creador del universo es nuestro Padre, que nos ama y que tiene control y autoridad por sobre todas las cosas.

Aunque todavía no florece la higuera, ni hay uvas en los viñedos, ni hay tampoco aceitunas en los olivos, ni los campos han rendido sus cosechas; aunque no hay ovejas en los rediles ni vacas en los corrales, yo me alegro por ti, Señor; ¡me regocijo en ti, Dios de mi salvación! Tú, Señor eres mi Dios y fortaleza.

HABACUC 3:17-9

Este versículo debe confrontar nuestra humanidad y llevarnos a vivir en la plenitud que únicamente Dios puede dar. En ocasiones, limitamos a Dios a lo que puede hacer por nosotras y lo llegamos a ver como si fuera un genio en la lámpara que debe conceder nuestros deseos. Al no obtener lo que queremos o enfrentar cualquier tipo de dificultad, tendemos a enojarnos con Dios, reclamarle o dudar de Su fidelidad.

Lo impresionante de este pasaje es la postura del corazón de encontrar gozo, fuerza y alabanza aun cuando no hay nada bueno o fructífero alrededor. Lo cierto es que entre más entendemos quién es Dios, Su fidelidad y amor, y que es todo lo que necesitamos, podemos pasar por tribulación y mantenernos firmes en Él.

Sinceramente, creo que como hijas de Dios muchas veces fallamos en realmente depender de Él y verlo como nuestra fuente de fuerza y gozo, aun en medio de la adversidad. Es fácil alabar y decir que Dios es bueno cuando todo está saliendo acorde a nuestros planes y deseos, pero ¿cuál es tú actitud cuando todo parece derrumbarse?

Es justo en la prueba cuando sale a brote nuestra dependencia de Dios y lo que realmente pensamos de Él. La prueba revela en dónde está nuestra confianza y lo que realmente valoramos. No olvides en los días buenos recordar tu constante dependencia de Él, porque así en los días malos también lo tendrás presente y recordarás que si lo tienes a Él, lo tienes todo. No olvidarás que es digno de alabanza en toda situación.

A cualquiera que me oye estas palabras, y las pone en práctica, lo compararé a un hombre prudente, que edificó su casa sobre la roca.

MATEO 7:24

Si lees hasta el versículo 27 de este capítulo, puedes darte cuenta de que hay dos tipos de resultados: una casa es edificada sobre la roca y se mantiene firme aun en la adversidad, y la otra casa se edifica sobre la arena y al primer viento, se derrumba. ¿Sabes qué significa «la roca»? Muchas veces pensamos que se refiere a Dios, ya que en partes del Antiguo Testamento se lo menciona así; sin embargo, aquí se está refiriendo a la obediencia.

Este pasaje se me hace muy importante de entender porque la clave de mantenerse firme ante todo tipo de circunstancia es la obediencia a la Palabra de Dios. Si ponemos atención a este capítulo, podemos notar que ser obedientes y fieles a Dios no nos salva de la dificultad. De hecho, podemos llegar a enfrentar lo mismo que las personas no creyentes o desobedientes, pero la diferencia será cómo pasamos esas situaciones. Es posible mantenernos firmes ante la locura de la vida, pero eso solo como resultado de una vida anclada en Cristo.

Notemos que no es suficiente con escuchar la Palabra de Dios, sino que hay que ponerla en práctica. Recordemos que muchas personas se pueden llamar a sí mismas creyentes, pero es en su manera de vivir que podemos ver si es verdad lo que proclaman. Al igual que entre más conocemos y vivimos las Escrituras, más capacitadas estamos para los momentos difíciles. Te quiero retar a que no seas solamente oidora sino también hacedora de la Palabra de Dios. No busques una comodidad en tu fe donde solo tienes que hacer lo mínimo, sino que esfuérzate día a día para vivir en obediencia y reflejar a Cristo.

Pero el Espíritu Santo, a quien el Padre enviará en mi nombre, los consolará y les enseñará todas las cosas, y les recordará todo lo que yo les he dicho. La paz les dejo, mi paz les doy; yo no la doy como el mundo la da. No dejen que su corazón se turbe y tenga miedo.

JUAN 14:26-27

Sé que en ocasiones podemos llegar a pensar que nuestra vida sería más fácil si pudiéramos hablar con Dios cara a cara, escuchar audiblemente Su voz o caminar con Él como lo hicieron los discípulos. Esto nace de buscar algún tipo de seguridad y dirección, pero ¡déjame darte buenas noticias! Esto se puede obtener, porque Dios no nos ha dejado solas.

Jesús mismo les dijo a Sus discípulos que les convenía que Él se fuera, porque entonces vendría el Espíritu Santo. Jesús podía estar en un solo lugar a la vez, pero ahora, el Espíritu Santo nos ha sido enviado y mora dentro de nosotras. Aquí nos dice que es quien nos consuela, nos enseña y nos recuerda Su Palabra, y esto no es en ocasiones sino siempre. ¡Es el mismo Espíritu quien nos capacita, redarguye y guía en nuestro caminar como cristianas!

Es importante entender y realmente creer, porque ante las tribulaciones y dificultades a veces no sabemos qué hacer o nos podemos llegar a sentir desamparadas, pero aquí nos dice que nos ha dado Su Espíritu y Su paz. La paz que Jesús nos ha dejado no es una paz temporal ni dependiente del mundo, sino una paz que sobrepasa el desastre del mundo y que nunca puede ser arrebatada.

La paz que Jesús nos dejó es la paz que tenemos con el Padre, esa paz que tenemos de saber que hemos sido rescatadas, redimidas, perdonadas y adoptadas, y que promesas como estas se aplican a nosotras gracias al sacrificio de Jesús. No olvides que tu seguridad se debe encontrar en Cristo, Su obra redentora y Su Palabra.

Por tanto, no hay ninguna condenación para los que están unidos a Cristo Jesús, los que no andan conforme a la carne, sino conforme al Espíritu, porque la ley del Espíritu de vida en Cristo Jesús me ha librado de la ley del pecado y de la muerte.

ROMANOS 8:1-2

Luchar contra la condenación es complicado. Hay personas que se sienten indignas de acercarse a Dios debido a su pecado. Incluso hay creyentes que están agobiadas con la condenación y sentimientos de culpa por errores del pasado. Es triste que esto robe la paz y quite el enfoque de la esperanza eterna que tenemos en Cristo.

La razón de que como hijas de Dios ya no tenemos condenación es que hemos sido unidas a Cristo mediante Su sacrificio. Él tomó nuestro lugar en la cruz y cargó con toda la vergüenza y castigo de nuestro pecado. El sacrificio de Jesús sació la ira de Dios y cumplió la condenación que merecía nuestro pecado. Él ya cargó y pagó por eso, por lo tanto, esto ya no tiene poder sobre nosotras.

Ser libres de la condenación por la gracia de Dios es algo maravilloso, pero si no es entendido bajo la luz correcta de las Escrituras podemos llegar a pensar que entonces podemos vivir como queramos, ya que la salvación no se obtiene por obras. Me encanta que este pasaje describe quiénes son aquellos que están unidos a Cristo Jesús. Hace un vivo contraste entre dos maneras de vivir: conforme a la carne o conforme al Espíritu.

Si hemos sido crucificadas junto con Cristo y justificadas a través de Su sacrificio, entonces claro que estamos libres de la condenación, eso significa que hemos muerto a nuestro viejo yo, que vivía y actuaba conforme a la carne, y ahora debemos vivir conforme al Espíritu y dar fruto que refleje la salvación que hemos obtenido. ¡Deja la condenación a un lado y vive la nueva vida que has recibido!

Lo cierto es que nosotras no escogemos a Dios. De nosotras no nace el obedecerlo, amarlo y querer vivir vidas devotas a Él. Todo lo bueno y lo que surge como resultado de nuestra salvación es obra de lo que Cristo ha hecho y lo que Su Espíritu ha aplicado a nuestras vidas. Nuestro amor por Dios es un resultado del amor que Él ha tenido por nosotras.

Es crucial para la vida de una creyente entender de dónde proviene su amor por Dios por dos razones. La primera es que si pensamos que es algo que proviene de nosotras, entonces creemos que somos capaces en nuestra humanidad de amar a Dios con nuestras fuerzas. Es decir, buscamos amar a Dios de la manera que el mundo ama, y lo cierto es que el amor del mundo es egoísta y egocéntrico. Esto se conecta con la segunda razón: entender que nuestro amor es una respuesta a lo que Jesús ha hecho pone al Señor como el ejemplo a seguir y no a nosotras mismas.

Realmente creo que, cuando entendemos que todo proviene de Dios, nos complicamos menos en nuestra vida. Cuando pensamos que todo proviene de nosotras hacia Dios, eso pone todo el peso sobre nosotras y lo cierto es que lo único que hace es enfatizar nuestra incapacidad. Además, nos lleva a vivir nuestra vida cristiana de manera incorrecta porque el mayor ejemplo es Cristo, Él es a quien debemos imitar, y la manera en que lo conocemos y obedecemos es mediante Su Palabra.

Te quiero desafiar a que no pongas el peso sobre tus hombros pensando que eres la fuente de tu obediencia, amor o devoción a Dios. Medita en la obra redentora de Cristo y en cómo eso te demostró el amor y la misericordia de Dios. Si entendemos el evangelio, podremos vivir una fe firme y correcta.

No fuimos diseñadas para caminar solas; hay un *valor impresionante* en el consejo de los demás y de VIVIR EN COMUNIDAD.

Pero tenemos este tesoro en vasos de barro, para que se vea que la excelencia del poder es de Dios, y no de nosotros, que estamos atribulados en todo, pero no angustiados; en apuros, pero no desesperados; perseguidos, pero no desamparados; derribados, pero no destruidos; siempre llevamos en el cuerpo, y por todas partes, la muerte de Jesús, para que también la vida de Jesús se manifieste en nosotros.

2 CORINTIOS 4:7-10

Me encantan estos versículos. Creo que tienen tanto por enseñarnos y nos ayudan a tener la perspectiva correcta en nuestra vida como cristianas. Como he mencionado previamente, en ocasiones nos equivocamos al querer vivir a la luz del mundo, y somos arrastradas a un camino equivocado. Esto nos afecta en nuestra manera de pensar, actuar y vivir. Por lo tanto, es importante llenarnos de las Escrituras para aprender por dónde hay que caminar.

Por un lado, este pasaje apunta a que no se trata de nosotras. No es sobre nuestra gloria o lo que podemos ofrecer, sino que somos un instrumento para llevar las buenas nuevas de Jesús. En nuestra carne podemos ser tentadas muchas veces y terminar queriendo ser y hacer aquello que nos traiga algún tipo de reconocimiento. ¡Esto no puede ser! Debemos entender que hemos muerto juntamente con Cristo y por lo tanto ya nada se trata de nosotras sino de Su obra redentora.

Por otro lado, también dice cómo llevamos el cuerpo y la muerte de Jesús siempre. Tener el evangelio como nuestro enfoque es lo que nos ayuda a vivir con perspectiva eterna y verdadera esperanza. En el mundo (y especialmente, al llevar vidas cristianas) tendremos aflicción y dificultad, pero podemos levantar la mirada en medio de todo al recordar la esperanza eterna que hemos recibido.

Te quiero retar a meditar en el sacrificio de Jesús todos los días. Puede sonar un poco extremo, pero la realidad es que hemos dejado esto de lado sin darnos cuenta de que es la clave de nuestra nueva vida.

Todo tiene su tiempo. Hay un momento bajo el cielo para toda actividad.

ECLESIASTÉS 3:1

Admito que la paciencia no es de mis virtudes más fuertes. Con regularidad me encuentro añorando y preparando para temporadas futuras en lugar de enfocarme en el presente. Además, al ser una persona planeadora, a veces mi temperamento me juega en contra, porque estoy viviendo en los meses venideros en lugar de enfocarme en el hoy.

Sinceramente, creo que como seres humanos en nuestra naturaleza nos es fácil ser impacientes, querer saltarnos temporadas, afanarnos por lo que pasó o lo que no ha pasado. Sin embargo, al leer este pasaje completo vemos con claridad que hay tiempo para todo, lo que quiere decir que en lugar de preocuparnos por lo que todavía no es, disfrutemos y abracemos la temporada en la que nos encontramos. Lo cierto es que muchas de las ansiedades que tenemos por lo venidero demuestran una falta de confianza y dependencia de Dios. Esto es algo con lo que constantemente soy confrontada al sentirme abrumada por ciertas incógnitas de la vida. Este pasaje me recuerda mucho a las palabras de Jesús: «Así que, no se preocupen por el día de mañana, porque el día de mañana traerá sus propias preocupaciones. ¡Ya bastante tiene cada día con su propio mal!» (Mat. 6:34).

Aprende a disfrutar la temporada en la que te encuentras. No permitas que el afán y la preocupación te impidan ser fiel a Dios en donde estás. Descansa sabiendo que es Dios quien te dirige y escribe tu historia. No me refiero a que esté mal soñar y tener planes, sino a que no dejes que lo incierto te robe la verdad de Dios y lo que te ha confiado en este momento.

Pero ellos, por envidia, vendieron a José, y él fue
llevado a Egipto. Pero Dios estaba con él.

HECHOS 7:9

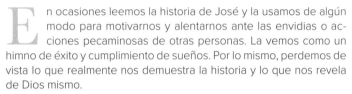

E n ocasiones leemos la historia de José y la usamos de algún modo para motivarnos y alentarnos ante las envidias o acciones pecaminosas de otras personas. La vemos como un himno de éxito y cumplimiento de sueños. Por lo mismo, perdemos de vista lo que realmente nos demuestra la historia y lo que nos revela de Dios mismo.

En la historia y la vida de José podemos ver que era alguien que tenía el favor de Dios. Sin embargo, eso no fue un equivalente a tener una vida perfecta y privada de tragedia. Es importante tener esto en mente porque a veces, si entendemos mal, interpretamos la dificultad como una ausencia de Dios, y esto no es así. Sin importar lo que estaba sucediendo, Dios nunca perdió el control de nada. Es más, Su voluntad se estaba cumpliendo.

La vida de José fue un instrumento para los planes de Dios. Recordemos que el linaje de Jesús venía de una línea específica: la de Judá, hermano de José. En esos tiempos hubo una hambruna que pudo haber resultado en la muerte de todos ellos, pero el Dios soberano usó la vida de José para dirigir a Egipto y así preservar la línea del Mesías.

Aunque podemos ver la vida de José como una inspiración, notemos cómo fue un instrumento para un plan mayor. Y ser parte del pueblo de Dios y parte de ese plan no lo libró de pasar por dificultad, pero Dios estuvo con él en cada instante. Con esto quiero recordarte dos cosas. Primero: nuestras vidas son para la gloria de Dios. Lo que pueda hacer en nosotras es para Su reino y conforme a Su voluntad, y no para cumplir anhelos egocéntricos. Segundo: una vida con Dios no nos promete ausencia de problemas, pero sí nos garantiza que nunca estaremos solas. Así que quiero retarte a que en esos momentos en los que te encuentres abrumada o confundida por la vida, recuerdes en quién confías. Recuerda el amor y la fidelidad de Dios y aférrate a Su verdad.

> *Entonces Jesús dijo a los judíos que habían creído en él: «Si ustedes permanecen en mi palabra, serán verdaderamente mis discípulos; y conocerán la verdad, y la verdad los hará libres».*
>
> JUAN 8:31-32

El mundo nos dice que hay muchas fuentes para llegar a la verdad, o que la verdad está sujeta a lo que es verdadero para ti, aunque no sea necesariamente verdadero para mí. También piensa que todas las religiones son las mismas o que hay muchos caminos a Dios y al cielo. Hay veces que no sabemos exactamente cómo pelear con esas declaraciones y hasta nos podemos llegar a confundir, pero aquí podemos ver lo que Jesús enseñó.

Primero, podemos notar que, para ser un seguidor de Jesús, no es suficiente con decir que creemos. Muchas personas pueden profesar falsamente su fe en Cristo. Donde se nota si alguien es un verdadero seguidor es en la manera de vivir. Vemos cómo Jesús dice que si permanecemos en Su palabra, entonces seremos verdaderos discípulas. Una fe genuina siempre llevará a la obediencia.

Segundo, podemos notar que al permanecer en la Palabra y ser verdaderas seguidoras, entonces conoceremos la verdad y en eso encontraremos libertad. Solo existe un camino y es Cristo, y solo una manera de conocer la verdad y es mediante la Biblia. No existen caminos alternos. Es fundamental que tengamos presentes pasajes como estos para no dejarnos engañar fácilmente.

Te quiero desafiar a que, ante incógnitas y declaraciones del mundo, no te dejes abrumar, sino que todo lo lleves a la Palabra de Dios. De verdad que es una guía para nuestro caminar y la espada con la que peleamos cada batalla. Por eso es importante que no dejes la Biblia para ciertas ocasiones como los domingos; ¡tómala como una disciplina diaria!

Jesús le respondió: «"Amarás al Señor tu Dios con todo tu corazón, y con toda tu alma, y con toda tu mente." Éste es el primero y más importante mandamiento. Y el segundo es semejante al primero: "Amarás a tu prójimo como a ti mismo." De estos dos mandamientos dependen toda la ley y los profetas».

MATEO 22:37-40

No sé a ti, pero me llama mucho la atención que el pasaje dice que de esos dos mandamientos dependen toda la ley y los profetas. ¿Qué tienen en común esos dos mandamientos? El amor. Uno es amor a Dios y el otro es amor a las personas. El amor es esencial en nuestra vida como creyentes. Pero es un amor según el diseño de Dios.

Creo firmemente que el romanticismo ha minimizado la profundidad y el peso del amor verdadero. No digo que el romance está mal, porque tiene su momento apropiado, pero a veces solo interpretamos el amor bajo esa luz. Basamos el amor en emociones y el estado de ánimo pero nunca llegamos a nada. Vemos cómo personas buscan a Dios dependiendo de si les contestó una oración o no, o según su estado de ánimo y sus ganas deciden si leer la Biblia o no.

La importancia de ver y entender el amor bíblico es que entendemos que no es un amor que proviene de nosotras sino de Dios mismo; es un amor que excede las emociones. Entender esto nos llevará a depender del sacrificio de Jesús para amar a Dios con todo lo que somos. Lo cierto es que meditar en el amor que Dios ha tenido por nosotras y lo que ha hecho en nuestras vidas inevitablemente nos llevará a amarlo por encima de nuestras circunstancias actuales y temporales.

De la misma manera, amar a las demás personas se volverá una respuesta al amor que Dios ha tenido por nosotras y no a cómo las personas nos pueden tratar. ¡Imagina cuán importante es el amor para que toda la ley se resuma en dos mandamientos basados en él!

Date cuenta de que yo estoy contigo. Yo te protegeré por dondequiera que vayas, y volveré a traerte a esta tierra. No te dejaré ni un momento, hasta que haya hecho lo que te he dicho.

GÉNESIS 28:15

Aunque este pasaje es una promesa específica para una persona en particular, me gustaría que pusiéramos atención al «porqué» de Dios para cumplir Su promesa. El cumplimiento de la promesa no iba a ser porque Jacob se lo merecía, por sus acciones, esfuerzos o cualquier otra cosa que recayera en su desempeño. Todo reposaba en el carácter de Dios, en que no lo iba a dejar porque iba a cumplir lo que había dicho.

Hago énfasis en esto porque tenemos un Dios digno de nuestra confianza, y podemos descansar en lo que dice Su Palabra, sabiendo que no lo hace por nosotras sino por integridad a quién es Él. Hay diversas promesas en la Biblia que se aplican a nuestro día a día, como el cuidado de Dios, Su amor, Su compañía, Su paz, Su dirección, que nos ha dado a Su Espíritu Santo y muchas otras. El problema es que a veces enfrentamos ciertas circunstancias que nos hacen dudar de si esto es así.

Entre más conocemos el carácter de Dios, más podemos descansar en Él. Me encanta enfatizar que no podemos confiar en un Dios que no conocemos. ¿Cómo lo conocemos? Leyendo Su Palabra. No hagamos a Dios a nuestra semejanza ni intentemos descifrarlo con nuestro entendimiento y la sociedad. Él ha decidido darse a conocer mediante las Escrituras y es ahí donde conocemos sobre Él.

Si notas que constantemente cuestionas a Dios y que te cuesta confiar en Él y depender de Él, te quiero retar a que analices tus hábitos de oración y lectura. Si no tienes una vida en devoción a Dios, ¡no es tarde para empezar! Él te ha dado acceso completo mediante el sacrificio de Jesús. Entonces, aprovecha esa hermosa oportunidad y conoce a tu Padre celestial.

Por lo tanto, sométanse a Dios; opongan resistencia al diablo, y él huirá de ustedes.

SANTIAGO 4:7

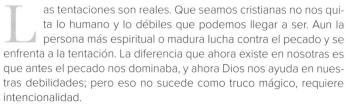

L as tentaciones son reales. Que seamos cristianas no nos quita lo humano y lo débiles que podemos llegar a ser. Aun la persona más espiritual o madura lucha contra el pecado y se enfrenta a la tentación. La diferencia que ahora existe en nosotras es que antes el pecado nos dominaba, y ahora Dios nos ayuda en nuestras debilidades; pero eso no sucede como truco mágico, requiere intencionalidad. Este versículo nos habla de dos acciones que debemos tomar ante las tentaciones del enemigo para que huya de nosotras. Primero, dice que nos sometamos a Dios. Esto lo hacemos al obedecer Su Palabra y alinearnos a Su verdad. Después, dice que hagamos resistencia. Esto quiere decir que no nos quedamos relajadas esperando salir victoriosas sin ningún esfuerzo. Es necesario permanecer firmes y resistir la tentación, y así esta huirá de nosotros.

Cuando Jesús fue tentado en el desierto no cedió ante las tentaciones, sino que se mantuvo firme y respondió con la Palabra de Dios cada vez que era tentado. Es el vivo ejemplo de cómo podemos enfrentar las tentaciones. Lo cierto es que no hay salida fácil, y se requiere intencionalidad y esfuerzo de nuestra parte, pero recordemos que Dios nos ayuda aun en nuestras debilidades.

Es importante que estemos firmes todo el tiempo, porque de esa manera estaremos listas cuando se nos presente la tentación. Aunque no podemos evitar las tentaciones, sí podemos evitar vivir en derrota. Te quiero desafiar a que seas sincera y pienses en qué áreas usualmente eres tentada y que busques en las Escrituras qué dice Dios al respecto. Así podrás tener la verdad lista para cuando llegue la tentación a tu vida.

El Salmo 23 por siempre será mi favorito. Aunque hay mucho que podemos aprender y desglosar del capítulo, prestemos atención al primer versículo. Con esas breves palabras podemos meditar en verdades que revolucionan nuestro caminar con Dios. Tristemente, en ocasiones estamos tan distraídas con los tesoros de esta tierra que creemos necesitarlos para poder estar bien y en plenitud.

Al igual que tú, no estoy exenta de vivir de esta manera; de hecho, viví así por muchos años y fue justamente este pasaje el que me hizo voltear mi mirada a Jesús. No sé a ti, pero leer esas palabras me confronta y al mismo tiempo me trae descanso. Me confronta porque muchas veces en mi pecado no entiendo ni veo la suficiencia de Dios y me afano por encontrar o tener otras cosas para poder tener gozo, amor, contentamiento o lo que sea; sin entender que si lo tengo a Él, lo tengo todo. Incluso al enfrentar vacíos, oro para que Dios provea; pero no lo veo a Él como esa provisión.

Por otro lado, me trae descanso porque, con el tiempo, poco a poco Dios me ha llevado a esa convicción de que mientras lo tenga a Él, lo tengo todo, y no tengo nada de qué preocuparme. En medio de la adversidad, de la desilusión, del dolor, o lo que sea, vuelvo a este pasaje y recuerdo que todo lo encuentro en Él. Te invito a que leas este salmo completo y le pidas a Dios que te enseñe y que traiga convicción a tu corazón de Su suficiencia.

En el momento que entendamos que el mayor regalo es la salvación y veamos todo lo que viene con ella, dejaremos de sentir que necesitamos algo más. No quiere decir que ya no trabajaremos, compraremos o soñaremos, sino que nuestra dependencia y fuente de gozo y plenitud no se encuentran en lo que tenemos o lo que nos hace falta, sino en Cristo.

Pero con Cristo estoy juntamente crucificado, y ya no vivo yo, sino que Cristo vive en mí; y lo que ahora vivo en la carne, lo vivo en la fe del Hijo de Dios, el cual me amó y se entregó a sí mismo por mí.

GÁLATAS 2:20

El sacrificio de Jesús no se queda únicamente en Su obra, sino que eso implica algo en nuestras vidas. A lo que me refiero es que en el momento que creemos en Jesús, claro que hay un cambio inmediato. Pasamos de muerte a vida, de estar separadas a ser adoptadas, recibimos la seguridad de nuestra salvación. Sin embargo, en diversas ocasiones dejamos nuestra salvación en aquel día y la vemos como algo que ahora solo es para los nuevos.

Apenas depositaste tu confianza en Cristo y Su obra redentora, es como si tú también hubieras sido crucificada juntamente con Él. Eso significa que mueres a tu carne y a tu vieja vida que era conforme a los deseos pecaminosos de la carne. Es necesario que nuestras vidas tengan fruto que refleje nuestra salvación, al igual que entendamos que no solo somos salvas «para no ir al infierno», sino que ahora vivimos para Cristo, buscando honrarlo y glorificarlo en todos los aspectos de nuestras vidas.

La nueva vida que hemos recibido no comienza cuando este mundo acabe; se debe vivir desde este momento. Te quiero retar a que medites en este pasaje y lo tengas presente constantemente. Eso te ayudará a fijar tu mirada en Cristo y no en los placeres de esta vida. No desperdicies tu vida al vivirla para ti y este mundo cuando ahora has sido comprada a precio de sangre y puedes vivir para Dios. Meditar en Su sacrificio es lo que te ayudará a mantenerte firme ante las tentaciones de esta tierra.

Así que, hermanos, yo les ruego, por las misericordias de Dios, que se presenten ustedes mismos como un sacrificio vivo, santo y agradable a Dios. ¡Así es como se debe adorar a Dios!

ROMANOS 12:1

En el Antiguo Testamento podemos ver cómo constantemente se tenían que hacer sacrificios para Dios. Estos sacrificios debían ser de una manera específica y no se podían modificar. Había ciertos estándares que Dios había establecido y se debían de seguir al pie de la letra para que pudieran ser aceptados por Él. Estos sacrificios no eran suficientes para justificar el pecado de las personas, pero apuntaban al sacrificio venidero que sería suficiente. Jesús fue ese último sacrificio que sació la ira de Dios hacia aquellos que creen y ya nunca más es necesario hacer sacrificios por los pecados. Ahora que estamos en el nuevo pacto y que Jesús entregó Su vida como el último sacrificio, tenemos un llamado superior, a vivir vidas que sean un sacrificio para Dios.

Un sacrificio tiene que ser agradable, lo que Dios merece, algo digno de Él. Nuestras vidas no deben reflejar al mundo sino reflejar a Cristo. Aquí nos dice que así debemos adorar a Dios. Aunque es hermoso cantar alabanzas, la adoración no está restringida únicamente a eso, sino que adoramos a Dios con todo lo que somos. No olvidemos que le pertenecemos a Dios y que nuestro latir y respirar provienen de Él y deberían ser usados para glorificarlo.

Te quiero desafiar a que cada área de tu vida y cada acción sean para la gloria de Dios. No te dejes arrastrar por la corriente de este mundo. Con toda sinceridad e intencionalidad busca ser ese sacrificio santo y agradable a Dios.

Sin fe es imposible agradar a Dios, porque es
necesario que el que se acerca a Dios crea que él
existe, y que sabe recompensar a quienes lo buscan.

HEBREOS 11:6

L a incredulidad suele visitarnos con regularidad. Podemos decir que creemos en Dios y Sus promesas, pero a veces llegan esos momentos que nos hacen cuestionar todo lo que decimos creer. Ante la adversidad e incertidumbre, nuestra carne comienza a perder dependencia dé Dios y nos hace voltear a nosotras y nuestro alrededor.

Aquí claramente dice que sin fe es imposible agradar a Dios, pero ¿qué hacemos frente a la apatía o la incredulidad? En Marcos 9 hay una historia muy interesante de un milagro que Jesús hizo. En el versículo 24 vemos una respuesta interesante de un padre desesperado por recibir un milagro: «Al instante, el padre del muchacho exclamó: ¡Creo! ¡Ayúdame en mi incredulidad!». Sinceramente, esa respuesta me confronta, y la he usado en ocasiones. Le pido ayuda a Dios cuando parece que mi fe no se encuentra firme y que no soy capaz de salir de mi estancamiento espiritual por mí misma.

Es en momentos como esos que debemos recordar que aun ahí podemos correr a Dios con todo y nuestras dudas. Es normal encontrarte en momentos donde tienes conocimiento de la Palabra pero esta parece no llegar al corazón. En lugar de intentar solucionarlo sola, ¡corre a Dios! Eso es parte de nuestra dependencia de Él, entender que todo proviene del Señor, aun nuestra fe.

Es importante que entiendas y creas que una vez que eres hija de Dios, tu vida está a salvo y tu cuidado está en manos de tu Padre. Tener esto siempre presente te ayudará a hablarle a tu incredulidad y mantenerte firme ante la tentación de dudar. Acércate confiada a Dios, sabiendo que Él te escucha aun cuando tus emociones te quieran decir lo contrario.

Yo conozco tus obras, tu arduo trabajo y tu paciencia. Sé que no soportas a los malvados, que has puesto a prueba a los que dicen ser apóstoles y no lo son, y que has descubierto que son unos mentirosos. Por causa de mi nombre has resistido, sufrido y trabajado arduamente, sin rendirte. Pero tengo contra ti que has abandonado tu primer amor.

APOCALIPSIS 2:2-4

Cada vez que leo este pasaje, soy confrontada. Sinceramente, me lleva a pausar y examinar mi corazón y manera de vivir. En esta parte de Apocalipsis hay cartas dirigidas a ciertas iglesias, en las cuales Dios aplaude las cosas buenas pero también las confronta con sus errores. La razón por la que este pasaje me confronta es que esta iglesia era trabajadora, paciente, se había mantenido firme a pesar de las dificultades, pero había abandonado su primer amor: Cristo.

Lo que revela este pasaje es que podemos vivir una vida que produzca mucho, llena de obras, trabajo y acciones correctas, y aun así tener nuestro corazón lejos de Dios. Otro ejemplo claro son los fariseos. Ellos eran personas conocedoras de la ley, se creían moralmente superiores a otros por todas las buenas obras que hacían, pero sus corazones estaban muy lejos de Dios. De hecho, podemos ver que Jesús constantemente los confrontaba con eso. Todas sus buenas acciones no significaban nada porque eran tan egocéntricos que no podían reconocer su necesidad del Salvador.

Aunque, sin duda, una vida devota a Dios producirá obras, no depende únicamente de las obras sino de la intimidad con Dios. No nos llenemos más de obras que de momentos a solas con Dios orando y leyendo la Palabra. Que sea una prioridad día a día vivir tan cerca y tan pegada a Jesús que tu amor por Él se incremente cada vez más.

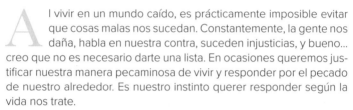

No permitamos que nos venza el mal.
Es mejor vencer al mal con el bien.

ROMANOS 12:21

A l vivir en un mundo caído, es prácticamente imposible evitar que cosas malas nos sucedan. Constantemente, la gente nos daña, habla en nuestra contra, suceden injusticias, y bueno... creo que no es necesario darte una lista. En ocasiones queremos justificar nuestra manera pecaminosa de vivir y responder por el pecado de nuestro alrededor. Es nuestro instinto querer responder según la vida nos trate.

Lo cierto es que, como hijas de Dios que hemos sido rescatadas del pecado, tenemos una vida nueva que no se acomoda al pecado o al mundo. Aun en medio del caos y la maldad, no somos llamadas a reaccionar en pecado, sino en gracia y misericordia, imitando a Jesús. Sé que esto es difícil porque muchas veces conlleva morir a una misma, tragarse el orgullo y hacer lo que otros «no merecen». Por eso debemos cambiar nuestra perspectiva y ver a la luz de la Palabra cómo debemos actuar. Nuestra manera de vivir y nuestra respuesta al pecado debe ser a la luz de lo que Jesús hizo por nosotras, y no una respuesta a lo que las demás personas han hecho.

¡Que esto sea una prioridad en nuestro diario vivir! No imitemos el comportamiento de las personas a nuestro alrededor. Aunque podamos parecer tontas, ridículas o débiles, busquemos agradar a Dios y actuar con bien. No hacemos esto basadas en si la gente se lo merece o no, sino en respuesta a nuestra salvación. Tú y yo merecíamos juicio y muerte y hemos recibido gracia. Mantengamos eso en mente y glorifiquemos a Dios. Si te encuentras ante situaciones donde no sabes o no puedes reaccionar con el bien en obediencia a Dios, no esperes a que esto salga naturalmente de ti, ¡corre a Dios! Es Él quien nos capacita para buenas obras.

> *Por la fe, todos ellos murieron sin haber recibido lo que se les había prometido, y sólo llegaron a ver esto a lo lejos; pero lo creyeron y lo saludaron, pues reconocieron que eran extranjeros y peregrinos en esta tierra.*

HEBREOS 11:13

Mientras leía este capítulo con respecto a la fe, al llegar a este versículo no pude evitar leerlo varias veces y quedarme asombrada por lo que dice. Todas las personas del Antiguo Testamento tenían fe de que el Mesías algún día vendría y cumpliría Su promesa de redención. Aunque no les tocó verlo, su fe estaba cimentada totalmente en Dios. Iba más allá de lo que sus ojos podían ver.

No solo eso, sino que dice que reconocieron que eran extranjeros y peregrinos en esta tierra. No vivían aferrados a su vida en este mundo ni a lo que pudieran ver con sus ojos. Entendían que existía lo celestial y que eso era más valioso y permanente. En ocasiones, fallamos en vivir de esta manera y nos aferramos a recibir ciertas cosas, lo que termina ahogando nuestra fe.

Debemos comprender que las promesas que tenemos son eternas y que nuestra mayor esperanza se encuentra en la obra redentora de Cristo. En muchas ocasiones vivimos como si nuestra estancia en esta tierra fuera permanente y como si lo que recibimos en este instante fuera lo mejor, pero perdemos el enfoque de lo verdadero.

No pierdas de vista que las promesas de Dios y la esperanza que tenemos en Él están en la vida venidera, y que cada día de nuestra vida aquí debería vivirse a la luz de la eternidad. Quiero retarte a que seas más consciente de que tu ciudadanía está en los cielos y que, aun cuando no veas ciertas cosas cumplirse en este momento, puedes confiar totalmente en Cristo.

Le he pedido al Señor, y sólo esto busco: habitar en su casa todos los días de mi vida, para contemplar su hermosura y solazarme en su templo.

SALMO 27:4

¡Qué hermoso sería que este fuera el deseo de nuestros corazones! Es tan fácil priorizar nuestras necesidades, nuestros sueños y anhelos, aun si esto implica dejar a Dios a un lado. Es más, olvidamos la grandeza de Dios y el gran privilegio y milagro que tenemos de poder tener una relación con Él. Como primer mandamiento, Dios nos dice que lo amemos por sobre todas las cosas y con todo lo que somos. Esto no nos viene por naturaleza, ni es algo que podemos hacer por nuestras fuerzas. Debemos con intencionalidad meditar en ello y pedirle ayuda a Dios. Hago mucho énfasis en el sacrificio de Jesús porque creo firmemente que de ahí procede todo lo demás. Cuando comprendemos la magnitud de nuestro pecado y de la gracia que hemos recibido, entendemos el peso de Cristo y Su suficiencia.

Aquí el salmista dice qué es lo único que busca todos los días de su vida. Es decir, es una prioridad y su enfoque en su diario vivir. ¿Qué buscas todos los días? ¿Cuál es tu enfoque? Lo cierto es que nuestras decisiones diarias son un reflejo de aquello que priorizamos y valoramos. Incluso, nuestras oraciones son una revelación de lo que realmente anhelamos.

Te quiero desafiar a que intencionalmente le pidas a Dios que te dé hambre por Él, por Su palabra, por pasar tiempo en oración, por llenarte de todo lo que es Él. Dios es quien puede capacitarte y ayudarte en tu lucha constante con la carne. No solo eso, sino que es importante entender que también se requiere intencionalidad de nuestra parte para tomar decisiones y pasos que nos lleven a vivir vidas centradas en Cristo.

Señor, escúchame cuando a ti me dirija;
¡ten compasión de mí, y respóndeme!

SALMO 27:7

Todas en algún momento u otro le pedimos algo a Dios, ya sea algo pequeño, algo grande, un milagro, dirección o cualquier otra cosa. No sé tú, pero yo he caído muchas veces en el error de olvidar con quién estoy hablando. Olvido que soy indigna de que Dios me escuche, que es pura gracia el siquiera poder dirigirme a Él, que soy merecedora de la muerte y de Su juicio; pero me ha dado un regalo inmerecido a través de Jesús y es la única razón por la cual puedo tener una relación con Él.

Dios no nos debe nada. Aun si nunca contestara una oración, aun si nunca estuviera presente, ya nos ha dado la salvación más perfecta por la eternidad, una salvación que no merecemos y que jamás podríamos pagarle. Eso debería ser suficiente. A pesar de ya haber hecho el mayor milagro en nosotras, en Su soberanía y misericordia ha decidido tener una relación con nosotras. Es un privilegio venir ante Él y deberíamos hacerlo en humildad.

Me encanta que este pasaje dice: «Ten compasión de mí, y respóndeme»; es un clamor reconociendo que todo es por pura gracia. Entenderlo evitará que nos volvamos demandantes al momento de orar, que actuemos como si Dios debiera hacer algo por nosotras para entonces ser bueno o probar que realmente nos ama.

Mantengamos esto en mente cada vez que oremos, no olvidemos quiénes somos y quién es Él. Esto te ayudará a mantenerte firme, pero también a mantener una actitud de humildad y alabanza delante de Aquel que es digno de todo nuestro existir. Recuerda cada día lo que ya ha hecho por ti, cómo eso ha transformado tu vida en esta tierra y por la eternidad, y la magnitud de gracia y misericordia que ya has recibido.

... No tengas miedo, Daniel, porque tus palabras fueron oídas desde el primer día en que dispusiste tu corazón a entender y a humillarte en la presencia de tu Dios. Precisamente por causa de tus palabras he venido.

DANIEL 10:12

Me gustaría que prestáramos atención a unas palabras clave en este pasaje. Dice que las palabras de Daniel fueron oídas en el momento que dispuso su corazón a entender y a humillarse ante Dios. Esto va de la mano con lo que leíamos en el devocional anterior sobre recordar quién es Dios y acercarnos con humildad. Cambia nuestra postura al momento de tener esa interacción con Dios.

Esto es clave para nuestra vida de oración porque, cuando entendemos que es una comunicación con Dios y no una demanda, todo cambia. Podemos venir delante de Dios y presentar nuestras peticiones, pero humillándonos delante de Él y entendiendo que se trata de Dios y Su reino. Entonces nos acercamos buscando Su dirección y voluntad y no únicamente para recibir todo aquello que deseamos.

La humildad es necesaria y crucial en nuestras vidas como creyentes. No solo en cómo nos relacionamos con otros sino principalmente en cómo nos presentamos delante de Dios. Él quiere que seamos materia dispuesta para Su voluntad, que escuchemos y obedezcamos, que nos humillemos delante de Él reconociendo que es Dios de nuestras vidas.

Te quiero retar a examinar tu corazón al momento de orar y a que le pidas a Dios que revele si hay altivez cuando te acercas a Él. Nuestra vida como hijas de Dios no se debe quedar atorada en nuestra manera pecaminosa de actuar, sino que debemos permitir que la Palabra de Dios nos corrija y exhorte para vivir una vida agradable a Él. Fija tu mirada en el Salvador y busca someterte a Su voluntad.

Entren por la puerta estrecha, porque ancha es la puerta y espacioso el camino que lleva a la perdición, y muchos son los que entran por ella. Pero estrecha es la puerta y angosto el camino que lleva a la vida, y pocos son los que la encuentran.

MATEO 7:13-14

¡Increíble! Qué palabras tan impresionantes. Revelan una verdad que en ocasiones olvidamos o pasamos por alto. Creo que entender estas palabras de Jesús nos ayuda a mantenernos firmes ante las tentaciones de la vida. Van a llegar momentos donde aun personas que se llaman cristianas vivirán de una manera opuesta a las Escrituras, y eso nos puede llegar a confundir. Pero pasajes como estos nos traen claridad.

Vivir para Cristo nos lleva a morir a nosotras mismas todos los días. ¿Qué significa morir a nosotras? Morir a nuestros deseos, a lo que nuestra carne quiere y a todo aquello que se opone a lo que Dios nos llama. Esto significa que nos va a costar, que no es lo que naturalmente vamos a querer hacer, y será difícil. Tocará renunciar a placeres, anhelos y aun a personas.

Por el contrario, vivir fuera de Cristo se ve como un camino ancho, espacioso, cómodo, sin sacrificio, donde todo se trata de ti y de lo que quieres para ser feliz. Pero ese camino, por más glamuroso que se vea, lleva a la perdición. Por otro lado, el camino que lleva a la vida está lleno de sacrificios, de dejar nuestro viejo yo (lo que éramos antes de Cristo) a un lado, y constantemente negarnos para buscar la voluntad del Padre.

Es importante que tengamos esto en mente, porque muchas veces nos podemos confundir pensando que el camino que nos hace sentir más cómodas es el correcto, pero somos llamadas a morir para poder vivir. Sé intencional en tu manera de vivir aunque parezca una locura para los demás.

¿Quién es Jesús? ¿Qué lo diferencia de otros profetas o grandes líderes? Saber esta respuesta es clave para nuestra fe cristiana. Aunque hay muchos argumentos con respecto a las similitudes entre algunas religiones o nuevas ideas que quieren convencernos de que no existe solo un camino correcto, hay uno en particular que no pueden negar: ¡Jesús es el Cordero de Dios que quita el pecado del mundo!

El pecado invade a cada ser humano. No existe persona alguna que sea libre del pecado, porque esto es parte de nuestra naturaleza humana. Esto nos hacía estar sin esperanza porque nuestra maldad nos alejaba del Creador. Dios, al ser justo y bueno, aborrece el pecado. Es más, ante Él, lo que merece el pecado es la muerte. Esa realidad deja a cualquier persona sin esperanza porque nadie es libre de pecado ni capaz de librarse por su cuenta.

Aquí es donde entra la gran diferencia con otras religiones y el argumento cristiano. Solo existe un camino a la vida eterna y es únicamente a través de Jesucristo. Es Él quien por Su sacrificio nos puede limpiar de pecado. La Palabra de Dios nos dice que no hay nadie bueno, nadie justo, todas hemos pecado. Jesús es el único que vivió una vida perfecta, que cumplió toda la ley y que cargó con nuestra culpa y pecado. Solo poniendo nuestra confianza en Él obtenemos salvación.

La idea de que solo te esfuerces por ser buena y por dar lo mejor de ti para vivir una vida plena se verá tentadora. Por eso debemos meditar en el evangelio todos los días para reenfocarnos en lo que es verdad. El mundo pelea con este concepto porque le quita una supuesta libertad a la manera en que quiere vivir, sin entender que con Cristo recibimos vida, y sin Cristo solo obtenemos muerte.

Estas cosas les he hablado para que en mí tengan paz. En el mundo tendrán aflicción; pero confíen, yo he vencido al mundo.

JUAN 16:33

A pesar de que sabemos que vivimos en un mundo caído, por alguna razón nos sigue sorprendiendo cuando nos enfrentamos con la realidad de lo que esto implica. Por alguna razón, nuestra meta constantemente es vivir una vida lejos del dolor, las pérdidas, la dificultad y la aflicción. No creo que exista una persona que anhele vivir una vida incómoda. Pero la realidad es que esto es imposible.

Las personas que venden la idea de que poner tu confianza en Dios equivale a una vida lejos de las dificultades están mintiendo. Claramente, podemos leer aquí que Jesús mismo les dijo que tendrían aflicción. No solo eso, sino que podemos ver en la vida de los apóstoles las diversas pruebas a las que se enfrentaron a causa de su fe. Los momentos difíciles son inevitables, y Dios no ha prometido que estos no exisitirán. Es importante entender eso porque así no dejaremos que pensamientos de duda lleguen a nuestras vidas al momento de enfrentarlos.

La promesa que sí nos ha dado Jesús es estar con nosotras, dejarnos Su paz y reafirmarnos que Él ha vencido al mundo. Esa promesa es la que nos puede dar seguridad y confianza ante cualquier tipo de situación. Esta esperanza tiene dos lados: el eterno y el terrenal. Tenemos esperanza de que este mundo pasará, y tenemos asegurada una eternidad con Dios por el sacrificio de Jesús, al igual que la esperanza de que en la incertidumbre de esta tierra no estamos solas y podemos encontrar paz.

Quiero animarte en el Señor a no perder de vista Sus palabras. No dejemos que el caos del mundo nos robe la paz y el gozo que encontramos en Él. Recordemos que los problemas no significan la ausencia de Dios. Aun en medio de todo, Él sigue estando presente y tiene el control. ¡Mantengamos nuestra confianza en Él!

¿En dónde tienes tu confianza? En nuestra naturaleza humana, buscamos objetos de seguridad para sentirnos confiadas en la vida. Esto puede implicar finanzas, una casa, un trabajo, ciertas personas y mil cosas más. Las personas que no conocen a Dios necesitan encontrar esa seguridad porque no conocen algo distinto, pero nosotras, como creyentes, no podemos vivir de la misma manera.

Es triste cuántas veces dejamos a Dios, Su Espíritu y Sus promesas a un lado y buscamos estabilidad en otras partes. Esto no se ve únicamente cuando hay necesidad, sino que también se refleja y es evidente con aquello que perseguimos en la vida. No se trata de no ser responsables, trabajar, ahorrar o esforzarnos, sino de no depender de eso para sentirnos seguras. En ocasiones las personas descuidan su relación con Dios y dicen que están muy ocupadas como para orar, leer la Biblia, servir y vivir una vida en acción cristiana porque su prioridad está en conseguir todo aquello que da seguridad.

Cuando nos falta algo, cuando atravesamos adversidad, o aun cuando todo va bien, no debemos correr a fuentes fuera de Dios. Debemos entender que nuestra dependencia de nuestro Padre es de todos los días y que Él es todopoderoso, creador de todo y el único que realmente tiene control de nuestras vidas y de lo que sucede a nuestro alrededor.

Haz una prioridad día a día la de conocer a Dios y depender más de Él. Confiemos en Él en medio de todo y reconozcamos que Su nombre es por sobre todo nombre. Te quiero retar a que analices tu vida e identifiques aquellas cosas a las que corres por seguridad. Después de que lo hagas, reemplázalas buscando a Dios de manera intencional.

Me infunde nuevas fuerzas y me guía por el camino correcto, para hacer honor a su nombre.

SALMO 23:3

Creo que cualquier hija de Dios anhela vivir bajo Su voluntad. En nuestra humanidad y limitado conocimiento, el no saber ciertas verdades puede traer ansiedad y preocupación. A lo que me refiero es que entramos en dilemas sobre cada decisión de nuestras vidas y sentimos un peso para hacerlo de manera correcta. Esto nos llega a abrumar.

A lo largo de mi caminar con Dios me he encontrado en esos momentos donde la tensión crece en mi espalda al tener miedo de equivocarme, y al mismo tiempo no saber cuál es la decisión correcta. ¿Te has encontrado en algún momento similar? Si habitualmente te encuentras en dilemas como este, corre a la Palabra de Dios, a pasajes como el que acabas de leer.

Cuando vivimos para Cristo, buscando obedecerlo y someternos a Su voluntad, podemos confiar que nos guiará por el camino correcto. ¡No nos guía para darnos lo que nosotras queremos sino para hacer honor a Su nombre! En el proceso de guiarnos también nos da fuerza para caminar por donde nos lleva. Podemos descansar en esta verdad día a día. Si realmente sometes tus planes y decisiones a Dios, en humildad y con un corazón de obediencia, confía en que Él es fiel y no te soltará.

A veces nos afanamos por el porvenir y eso evidencia nuestra falta de fe y confianza en Aquel que tiene el control y que promete tener cuidado de Sus hijas. Recuerda que Dios tiene el control y que es Él quien dirige aun cuando no puedas ver delante de ti. Cada vez que te encuentres afanada y estresada sin saber qué hacer, corre a Dios y pídele dirección.

Día 98

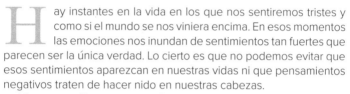

Tú, Señor, eres mi escudo y mi fuerza; en ti confía mi corazón, pues recibo tu ayuda. Por eso mi corazón se alegra y te alaba con sus cánticos.

SALMO 28:7

Hay instantes en la vida en los que nos sentiremos tristes y como si el mundo se nos viniera encima. En esos momentos las emociones nos inundan de sentimientos tan fuertes que parecen ser la única verdad. Lo cierto es que no podemos evitar que esos sentimientos aparezcan en nuestras vidas ni que pensamientos negativos traten de hacer nido en nuestras cabezas.

Hace unos años me encontré en una de las peores temporadas de mi vida, en las que la ansiedad llegó a visitarme por muchos meses al punto de no poder dormir. En esa temporada, encontré descanso en los Salmos al leer pasajes como este. Quizá al leerlos no los sentía como una verdad, pero tenía convicción de que lo eran porque sabía quién es Dios.

Te comparto esto porque lo que está escrito en la Biblia es verdad aun cuando nuestras emociones y pensamientos digan lo contrario. Con seguridad nos podemos acercar a las Escrituras y tener certeza de que Dios no miente y que cumple Su Palabra. Tener esto en mente te ayudará a no creerle más a lo que dice tu cabeza sino a Dios por sobre todas las cosas.

Que conocer a Dios y Su Palabra sea una prioridad en tu vida. No te acostumbres a vivir arrastrada por las corrientes del mundo y tus emociones. ¡Aférrate a Dios! No hay lugar más seguro y verdadero que la presencia de Dios. En cada momento busca a Dios y permite que Su Palabra sea la luz y dirección de tu vida. ¡No hay verdad ni descanso fuera de Él!

Una cosa es decir
que amamos a Dios, y otra
muy diferente realmente
tener convicción y vivir una
VIDA QUE DA FRUTOS
de acuerdo con
nuestra salvación.

> *Dichoso aquél cuyo pecado es perdonado, y cuya maldad queda absuelta. Dichoso aquél a quien el Señor ya no acusa de impiedad, y en el que no hay engaño.*

SALMO 32:1-2

Apenas ponemos nuestra confianza en Jesús, en Su obra redentora, nos convertirnos en mujeres dichosas como lo dice este salmo. Es increíble lo que ha sucedido en nuestras vidas al recibir una gracia y misericordia de las cuales no éramos dignas y que era imposible ganarse. Por eso hago tanto énfasis en tener siempre en mente el evangelio, porque nos recuerda lo dichosas que somos.

No debe llegar un momento en el que te canses o acostumbres a escuchar lo que Jesús ha hecho por ti. Creo que, como nos hemos acostumbrado, de algún modo se ha perdido el asombro de lo que eso significa en nuestras vidas. Solo ponte a pensar cuánto sigues fallando aun siendo salva. Que seamos cristianas no significa que ahora somos perfectas. Sigue habiendo debilidades, tentaciones y en ocasiones tropezamos. Pero incluso en medio de todo, la gracia de Dios sigue abundando en nuestras vidas porque la obra de Cristo no es para un instante sino por la eternidad.

¡Es un verdadero milagro y algo por lo cual estar diaria y eternamente agradecidas! A veces dejamos nuestra salvación en el día que la recibimos, pero siempre debe estar en nuestras cabezas. El evangelio tiene poder y es lo que somos llamadas a predicar a las naciones, pero si no lo tenemos presente, terminaremos hablando de todo menos de la cruz. Así que comienza en tu propia vida a entender y profundizar en la obra redentora de Jesús. Créeme que una vez que hay un genuino entendimiento, cambia la manera en que nos acercamos a Dios, en que leemos la Biblia y realmente toda nuestra manera de vivir.

¿Cómo se vería tu vida si siempre estuvieras bendiciendo a Dios o si Su alabanza siempre estuviera en tu boca? Tendría que ser una vida totalmente centrada y enfocada en Dios en cada momento, sin importar las actividades o situaciones que estuvieran sucediendo. Tal vez esto te pueda sonar un poco extremo o hasta imposible, pero ¿no sería ese el resultado del primer mandamiento de amar a Dios con todo lo que somos?

No sé tú, pero a veces me encuentro rumiando sobre muchas cosas en mi cabeza, hablando sola sobre lo que tengo que hacer, teniendo conversaciones ficticias en mi cabeza, pero ¿qué tal si estuviera tan llena y enamorada de Dios que lo que siempre estuviera pensando y hablando fuera Su Palabra y exaltándolo? La verdad que sería algo fantástico.

Las Escrituras también nos enseñan que de lo que hay en el corazón habla la boca. Estoy segura de que conoces a alguien que esté obsesionado con algo, ya sea otra persona o tú. Uno se puede obsesionar con una serie, una película, un libro, un cantante, una celebridad, un deporte... bueno, la lista es infinita. Cuando hay personas devotas a sus gustos constantemente hablan de eso, siguen cuentas, encuentran comunidades que comparten los mismos gustos, están pendientes de cada cosa nueva y parecen un disco rayado de tanto que hablan respecto del tema. Eso sucede porque están sumergidas en el tema y lo inevitable es que eso mismo salga.

Me encantaría que entendiéramos que una vida de devoción a Cristo no pasa por accidente, lleva intencionalidad de nuestra parte. Implica buscar ser llenas de Él al sumergirnos en todo lo que tenga que ver con Dios, y que el resultado sea inevitablemente bendecir Su nombre. ¡Quiero retarte a que este versículo se vuelva parte de tu oración diaria!

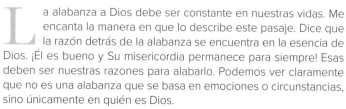

¡Alabemos al Señor, porque él es bueno; porque su misericordia permanece para siempre!

SALMO 118:1

L a alabanza a Dios debe ser constante en nuestras vidas. Me encanta la manera en que lo describe este pasaje. Dice que la razón detrás de la alabanza se encuentra en la esencia de Dios. ¡Él es bueno y Su misericordia permanece para siempre! Esas deben ser nuestras razones para alabarlo. Podemos ver claramente que no es una alabanza que se basa en emociones o circunstancias, sino únicamente en quién es Dios.

En ocasiones podemos pensar que la alabanza solo sucede los domingos durante el tiempo que hemos asignado para cantar sobre la grandeza de Dios. Aunque alabamos a Dios cantando, no termina ahí, es algo que debe continuar todos los días y va más allá de únicamente cantar. Alabamos a Dios en la oración, con la lectura de Su Palabra, al igual que con la manera en la que vivimos. Alabar a Dios y glorificarlo debería ser una prioridad diaria en nuestras vidas.

Quiero que nos detengamos un momento en lo que mencioné sobre la razón de nuestra alabanza. En ocasiones nuestro cristianismo se basa en emociones y, por ende, nuestros sentimientos determinan nuestra alabanza, devoción y búsqueda de Dios. Por eso me encanta hacer énfasis en la salvación que hemos recibido por medio de Jesucristo, porque es la mayor misericordia que podríamos recibir, y aunque todo lo demás falle, podemos aferrarnos a esa esperanza. Aun cuando haya cosas frente a nosotras que no nos gusten, por las que estamos orando y que tal vez no se ven favorables, aun ahí debemos alabar, adorar porque Dios sigue siendo bueno.

En esos momentos donde no «sientas ganas» de alabar o en que tus emociones y circunstancias estén afectando cómo te acercas a Dios, recuerda que Él siempre es bueno. Recuerda Su misericordia y aquel gran sacrificio que ha hecho por ti. Aprende a no basarte en tus emociones para alabar a quien es digno.

> *Fiel es Dios, quien los ha llamado a tener*
> *comunión con su Hijo Jesucristo, nuestro Señor.*
>
> 1 CORINTIOS 1:9

¿Sabes algo que me impacta muchísimo de Dios? Aunque no nos necesita, aunque no nos debe nada, y aunque no tenemos nada que ofrecerle, desea tener una relación con nosotras. Recordemos que antes de ser salvas, estábamos en enemistad con Dios, nos era imposible tener una relación con Él porque estábamos destituidas de Su gloria a causa de nuestro pecado.

Mientras estábamos sin esperanza y sin manera de poder reconciliarnos con Dios por nuestra cuenta, Él creó un camino al mandar a Su Hijo a tomar nuestro lugar. Bien pudo haber provisto ese camino para únicamente ofrecernos salvación. Pero no solamente nos salva, sino que nos adopta en Su familia y desea tener esa comunión con Sus hijos. No tenemos un Dios distante que está lejos y no piensa en nosotras. Tenemos a un Dios que anhela tener esa relación con nosotras.

Es tan importante entender esta gran verdad porque hay muchísimas personas que van por la vida pensando y creyendo que no le importan a Dios, que no las escucha, que están solas y que Dios es totalmente indiferente a sus circunstancias. ¡Esto no puede estar más lejos de la verdad! Dios nos ha adoptado en Su familia y tenemos acceso directo a Él.

Previamente, hablamos de la importancia de no basar nuestra alabanza en nuestras emociones. Lo mismo aplica a esto. Sin importar cómo te puedas sentir y todos los pensamientos que puedan llegar a tu cabeza, debes saber que esta es la verdad porque está en la Palabra de Dios y Él no miente. Si hay algo de lo que puedes estar segura en esta vida es que si has puesto tu confianza en Cristo, jamás volverás a estar sola. ¡Prioriza el tener la Palabra de Dios cerca de tu mente y tu corazón!

Todo me está permitido, pero no todo me conviene.
Todo me está permitido, pero no permitiré
que nada me domine.

1 CORINTIOS 6:12

Hay dos extremos comunes entre los creyentes: el legalismo y el libertinaje. Ambos extremos están equivocados pero, ¿cómo evitarlos y realmente vivir una vida agradable a Cristo? Creo que este breve pasaje apunta a la respuesta. Pero primero me gustaría aclarar qué son ambos extremos.

El legalista ve todo como blanco y negro: algo está bien o está mal, y vive guiado por reglas y no por el Espíritu. Todas sus acciones están basadas en esa lista de lo que está permitido y lo que no. Por otro lado, el libertinaje se va al extremo opuesto del legalismo, donde se usa la libertad en Cristo para agradar a la carne. El que vive así solo tiene pocas cosas que considera pecado, pero de ahí para afuera, mientras no esté explícitamente prohibido, siente la libertad de hacerlo.

Lo cierto es que Dios nos ha dado dominio propio al igual que a Su Espíritu Santo para guiarnos en nuestro caminar. Aunque la Biblia sí nos dice ciertas cosas que son negras (malas) y otras blancas (buenas), existen muchas áreas grises en las que debemos usar el discernimiento para tomar decisiones en obediencia a Cristo.

Tenemos que entender que no estamos exentas de tentación y pecado, y debemos ser intencionales en la manera que vivimos. Hay cosas que pueden parecer que no son malas pero que alimentan malos deseos o tentaciones dentro de nosotras y nos llevan a pecar. No usemos la libertad que nos ha sido dada para satisfacer nuestra carne sino para vencer al pecado y glorificar a Dios con nuestras vidas. Quiero retarte a analizar tres cosas que normalmente hagas y que tal vez no te convienen tanto. Después, busca honrar a Dios con tus acciones.

Pero el fruto del Espíritu es amor, gozo, paz, paciencia,
benignidad, bondad, fe, mansedumbre, templanza.
Contra tales cosas no hay ley. Y los que son de Cristo
han crucificado la carne con sus pasiones y deseos.

GÁLATAS 5:22-24

Me gustaría que pudiéramos analizar este pasaje de atrás hacia delante. Dice que aquellas personas que son de Cristo han crucificado la carne, han puesto a morir sus pasiones y deseos. ¿A qué se refiere esto? Una vez que ponemos nuestra confianza en Cristo, es como si hubiéramos muerto juntamente con Él. Ya no buscamos vivir según nuestros deseos y anhelos terrenales, sino que buscamos vivir en obediencia buscando Su voluntad.

Es importante entender esto porque ser seguidores de Cristo no significa que obtienes una salvación y puedes mantener tu vida pasada y seguir persiguiendo lo que perseguías. Debe haber un cambio radical en la manera de vivir. Por lo tanto, tu manera de pensar debe ser diferente a lo que era antes y alinearse a lo que dice la Palabra.

Este pasaje nos dice lo que es el fruto del Espíritu de Dios; es decir, el resultado, la evidencia. Cabe recalcar que ese fruto del Espíritu no va a surgir si seguimos viviendo en la carne y buscando satisfacer nuestros propios deseos. Es imposible tener el fruto del Espíritu si solo nos ocupamos de las cosas de la carne. No es suficiente decir que creemos en Dios, sino que nuestro diario vivir debe dar evidencia de nuestra fe.

Quiero animarte a recordar que, aunque las obras no son lo que nos salvan, una fe verdadera siempre dará evidencia (fruto). Si no lo sabes de memoria aún, memoriza el fruto del Espíritu, y si no lo estás viendo manifestado en tu vida, entonces ora al respecto y da pasos prácticos. Cada día de nuestras vidas reevaluemos la manera en que vivimos para poder caminar en obediencia.

C reo que este versículo está más claro que el agua, ¿cierto? Aunque ya lo hemos aclarado mil veces, no está de más volver a decirlo: las obras no salvan, pero sí son importantes y deberían ser parte de nuestro diario vivir. Nuestra fe debe ser demostrada en la manera en la que vivimos. La obediencia es clave para la vida del creyente.

Últimamente, y más que nunca, se están levantando movimientos de ideologías demasiado fuertes. Debido al mundo en el que vivimos, donde la tecnología es parte de nuestro diario vivir, constantemente estamos siendo bombardeadas con información. Y no solo eso, sino que también tenemos acceso a ver cómo viven otras personas y sus maneras de pensar. Esto ha sido algo que ha afectado nuestras creencias y prioridades porque le hemos dado un lugar que no debería tener.

Como hijas de Dios debemos tener claro que la máxima autoridad es Dios y Su Palabra. Esto no cambia con la sociedad ni la moda; permanece para siempre. Teniendo esto en mente, te invito a que leas de nuevo el versículo. Claramente dice que, como ya eres una hija amada, entonces debes imitar a Dios, no a un pastor y no a tu *influencer* favorita, sino únicamente a Dios.

Quiero retarte a que analices todo lo que consumes en tu celular, en internet y redes sociales. Recuerda que todo aquello que consumimos se vuelve un pensamiento y, con el tiempo, una acción. Si estás pasando más tiempo en tu celular que en la Palabra de Dios, vas a terminar imitando al mundo y no a Cristo. Que en tu vida sea una prioridad vivir en obediencia buscar ser más como Cristo y menos como los de tu alrededor.

*Hijos, obedezcan a sus padres en el nombre del Señor,
porque esto es justo. Honra a tu padre y a tu madre,
que es el primer mandamiento con promesa; para que
te vaya bien, y tengas una larga vida sobre la tierra.*

EFESIOS 6:1-3

Como hijas de Dios, llamadas a imitarlo y obedecer Sus mandatos, se nos pide que honremos a nuestros padres, líderes, autoridades, y que nos sometamos a otras personas. Esto requiere una gran humildad de nuestra parte y no sobrevalorar nuestra vida al punto de temer estar bajo la autoridad de alguien más.

Sinceramente, a veces es complicado cumplir con estos mandatos porque, en ocasiones, ya sean nuestros padres o alguna otra autoridad pueden llegar a actuar de manera pecaminosa hacia nosotros. Eso nos lleva a querer reaccionar en pecado y a rebelarnos en su contra, pensando que no merecen nuestra sumisión u obediencia. Sin embargo, al leer este versículo vemos que lo hacemos *en el nombre del Señor.*

Un consejo práctico que te puedo dar para todas las áreas de tu vida es que recuerdes que todo lo que haces es primeramente para Dios. Esto te va a ayudar a mantener el enfoque en esos momentos en los que te cueste vivir en obediencia. Si tu mirada está en ti misma o en los demás, te será difícil vivir bajo la Palabra de Dios porque dejarás que lo externo o tus sentimientos determinen tus acciones.

En tu vida, ten presente que tu obediencia es una respuesta a lo que Cristo ha hecho por ti en la cruz. Tu manera de vivir no depende de cómo los demás vivan o te traten sino de la obra redentora de Cristo. Si notas que hay circunstancias en las que te es difícil obedecer a tus padres o alguna otra autoridad, u obedecer la Palabra de Dios en general, ora al respecto y pídele a Dios que te ayude en tu debilidad.

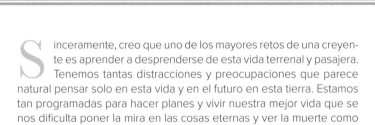

Sinceramente, creo que uno de los mayores retos de una creyente es aprender a desprenderse de esta vida terrenal y pasajera. Tenemos tantas distracciones y preocupaciones que parece natural pensar solo en esta vida y en el futuro en esta tierra. Estamos tan programadas para hacer planes y vivir nuestra mejor vida que se nos dificulta poner la mira en las cosas eternas y ver la muerte como ganancia.

En general, tememos morir, queremos tener largos días, cumplir nuestros sueños y metas. Pero imagina qué hermoso poder vivir una vida con la mentalidad de que cada día se vive para Cristo y que morir es una ganancia, porque estarás por la eternidad con Cristo. Esa es mi oración para mi vida y la tuya. ¡Que vivamos de esa manera!

Esto ciertamente no pasa por arte de magia. Llegar a pensar de forma diferente, reacomodar nuestras prioridades y ser intencionales día a día es todo un proceso. De la misma manera en que ocupamos nuestro tiempo y agendas llenas de planes, asimismo seamos intencionales en buscar diariamente a Dios, Su reino y justicia.

Quiero retarte a que busques maneras prácticas que te ayuden a mantener tu mirada en la eternidad. Puedes hacerlo empezando tus días en oración y lectura, meditando en un versículo diario, escuchando música que alabe a Dios, mirando o escuchando predicaciones, y también de otras maneras importantes, como perteneciendo a una iglesia, siendo parte de una comunidad, discipulando a personas, etc. Cuando tu tiempo es invertido en aquello que tiene que ver con Dios y Su reino, se volverá algo natural vivir para Él y no para tus deseos y anhelos.

Lo que ustedes aprendieron y recibieron de mí;
lo que de mí vieron y oyeron, pónganlo por
obra, y el Dios de paz estará con ustedes.

FILIPENSES 4:9

En un mundo tan caótico como en el que vivimos es común querer encontrar paz y tranquilidad en nuestras vidas. La ansiedad, el miedo y la duda se han vuelto tan comunes en nuestras vidas que hasta parecen ser algo normal. A pesar de que vemos un mundo gobernado por la ansiedad, como hijas de Dios tenemos acceso a una paz sobrenatural e independiente de esta tierra. Esta paz que recibimos por medio de Cristo es el resultado de acciones. Por un lado, tenemos una paz eterna para siempre con Dios debido a que Cristo cargó con nuestra deuda. En un momento, estábamos lejos de Dios, en enemistad con Él, Su ira apuntaba a nosotras; pero ahora tenemos paz con Él por la obra redentora de Cristo. Esa paz no es afectada por el caos que pueda suceder en esta tierra.

Por otro lado, aunque es inevitable pasar por pruebas, estrés y ansiedad, es posible encontrar paz en medio de eso. ¡Tenemos acceso al Dios de paz! Me encanta este pasaje porque señala cómo una vida en obediencia siempre nos llevará a la paz. A veces, en nuestra carne, vemos todos los retos de vivir una vida cristiana, y vemos lo difícil que es y los sacrificios que implica, pero qué hermoso es saber que en medio de todo nos acompaña el Dios de paz.

No podemos vivir bajo las normas y costumbres del mundo y esperar dar fruto que solo proviene de Dios. Que en tu vida la Palabra de Dios sea tu guía en la manera en que vives, y que todo lo que aprendas no se quede únicamente en conocimiento sino que se traduzca a la práctica.

> *Por tanto, vivan en el Señor Jesucristo de la manera que lo recibieron: arraigados y sobreedificados en él, confirmados en la fe y rebosantes de acciones de gracias, que es como fueron enseñados.*
>
> COLOSENSES 2:6-7

Creo que todas sabemos que nuestra vida como creyentes puede llegar a ser complicada. Hay diversas situaciones, cambios y temporadas por las que pasamos donde es común y normal tener preguntas sobre cómo debemos vivir. Especialmente si buscamos agradar a Dios y vivir en obediencia, podemos llegar a puntos donde tenemos dudas sobre cómo seguir adelante.

Me sorprende la manera en la que Dios no nos deja a la deriva para que descubramos esas respuestas, sino que mediante la Biblia nos lo ha dejado con claridad. Esto lo podemos ver en este pasaje. Puede verse a primera vista, pero si analizamos lo que nos está diciendo, es una verdad profunda, ya que muchas veces dejamos de vivir en Cristo de la manera que lo recibimos.

A lo largo de nuestra vida, tristemente llegamos a la realidad de que el mundo nos ha consumido tanto que hemos dejado a Cristo a un lado. Sin importar tu edad, temporada o situación, debes vivir en Cristo con esa convicción que tuviste el primer día. Debes vivir arraigada y dependiente de Él. Recuerda que nunca llegará el momento en el que dejes de ser dependiente de tu Salvador. Siempre necesitarás de Su Espíritu y Su Palabra.

Que en tu vida sea una prioridad tener tiempos de estudio bíblico. En ocasiones estamos tan informadas de las tendencias de moda, redes sociales, palabras, movimientos del mundo, pero estamos muy poco informadas de nuestro caminar como cristianas porque no tenemos una vida de devoción con Dios. ¡Esto no puede ser así! Empieza desde el día de hoy a llenarte más de Dios y menos del mundo.

E s súper importante entender que somos cristianas siempre. A lo que me refiero es que nuestro cristianismo no cambia ni depende de las personas de nuestro alrededor o de las circunstancias. Estemos en la iglesia, estudio bíblico, trabajo, escuela o casa, siempre somos hijas de Dios y por lo tanto debemos actuar y vivir como tal en cada momento.

Hago énfasis en esto porque podemos caer en el error de ser diferentes cuando no estamos en la iglesia, o cuando no hay creyentes a nuestro alrededor, pero recordemos que Dios sigue estando presente, viendo y escuchando. Si tenemos precaución con los creyentes, con mayor razón entre los no creyentes, porque somos llamadas a reflejar la luz de Jesús, hablar de Su Palabra, hacer discípulos y vivir para Él. Todo esto no se detiene en los días que estás haciendo actividades que no están directamente relacionadas con la institución de la iglesia.

Recordemos que nuestro tiempo en esta tierra es limitado, pero lo venidero es eterno. Por lo mismo, este pasaje nos dice que aprovechemos bien el tiempo. ¿Cómo aprovechamos bien nuestro tiempo? ¡Viviendo para Cristo! Cuando vivimos para este mundo y nuestros deseos desperdiciamos nuestro tiempo, porque nos enfocamos en todo aquello que es temporal y pasajero.

De la misma manera, mantener nuestro enfoque en lo eterno es lo que nos ayudará a actuar de manera sabia con aquellas personas que no son creyentes. De verdad que a veces subestimamos cuánto afecta nuestra forma de pensar a nuestra manera de vivir. A veces vivimos nuestro día de manera monótona y no nos tomamos el tiempo para pausar, enfocarnos en Cristo, Su evangelio y Su reino, y después que todo parta de ahí.

Sé intencional en tu manera de vivir, recordando que vives para Dios y no para el hombre. Rendiremos cuentas de cómo invertimos nuestro tiempo, de nuestras acciones y manera de vivir. ¡No perdamos el enfoque!

> *También saben que, a pesar de haber sufrido y de ser maltratados en Filipos, Dios nos dio el valor necesario para anunciarles su evangelio, aun en medio de grandes peligros.*
>
> 1 TESALONICENSES 2:2

Una de las características que admiro de la vida de Pablo es su disposición de sufrir y ser incomodado a causa del evangelio. Puedo admitir que en ocasiones batallo con ser incomodada. En mi carne, me encantaría que mi vida fuera fácil, sin problemas, sin persecución, rechazo, burlas, necesidades ni nada que pudiera afligirme. ¿Te identificas?

Pero después llego a pasajes como estos, donde veo la pasión que había en Pablo para esparcir el evangelio, entendiendo que Dios le había dado ese llamado en su vida. Quizá puedas pensar que ese llamado era únicamente para Pablo, pero lo cierto es que cada persona que es reconciliada por Cristo es llamada a llevar ese mensaje de reconciliación a otras personas. En efecto, la manera en que esto se lleve a cabo se verá diferente para cada persona, pero el fin es el mismo: llevar el mensaje de Cristo a quienes no lo conocen.

Sin importar cómo esto se pueda ver en tu vida, lo cierto es que no será fácil. No hay una sola persona en toda la Biblia, incluyendo a Cristo, que no sufriera. No digo esto para asustarte, sino para presentar una verdad crucial. Si creemos que seguir a Cristo y cumplir con nuestro llamado y propósito se trata de comodidad, eso nos puede llevar a vivir gobernadas por el miedo y por el «yo».

Me gustaría retarte a analizar tu vida para ver en qué áreas estás viviendo de manera cómoda. ¿Qué ideales de comodidad te limitan a cumplir con el llamado de hacer discípulos para las naciones? Cuando tengas la respuesta, no tengas miedo de llevarlo en oración, porque como lo dice este pasaje, Dios da el valor necesario para llevar Su evangelio.

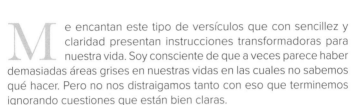

Me encantan este tipo de versículos que con sencillez y claridad presentan instrucciones transformadoras para nuestra vida. Soy consciente de que a veces parece haber demasiadas áreas grises en nuestras vidas en las cuales no sabemos qué hacer. Pero no nos distraigamos tanto con eso que terminemos ignorando cuestiones que están bien claras. Este pasaje nos habla de dos puntos que parecen obvios, pero que muchas veces los hacemos a un lado. Lo primero que nos dice es que estemos siempre gozosas. ¡Suena un poco loco! Con tanta incertidumbre, dolor, pecado y todo lo que implica vivir en este mundo, puede parecer algo imposible estar gozosas siempre, ¿cierto? Pero es aquí donde entra la suficiencia de Cristo. Cuando entendemos que si tenemos a Dios, lo tenemos todo, y que la mayor esperanza se encuentra en Él, podemos pasar por cualquier circunstancia con gozo porque estamos firmes en Él.

Lo segundo que nos dice es que oremos sin cesar, que oremos siempre. Admito que a veces fallo en mi tiempo de oración y que definitivamente es una de las áreas donde más intencional debo ser, pero he sido confrontada con este pasaje una y otra vez. La razón por la que muchas veces no podemos mantener el gozo, nos desenfocamos y nos agobiamos con la vida es porque no vivimos vidas de oración. Recordemos que la oración es una comunicación con Dios a la que tenemos acceso directo y en todo tiempo. Aunque habrá momentos más profundos de oración, también puedes orar mientras te bañas, manejas, cocinas, limpias, haces ejercicio, viajas, y bueno, creo que entiendes el punto.

Quiero retarte a que cada día puedas recordar estas dos instrucciones. No las veas como una carga o algo inconveniente que tienes que hacer, porque lo cierto es que ese debe ser nuestro estilo de vida. Haz prioridad mantenerte gozosa en Cristo y en constante oración y notarás cómo tu vida es diferente, no tanto porque lo de alrededor cambie, sino porque tu manera de vivir cambiará.

Cuando estábamos con ustedes, también les ordenamos esto: «Si alguno no quiere trabajar, que tampoco coma». Y es que nos hemos enterado de que algunos de ustedes viven desordenadamente, y no trabajan en nada, y se entrometen en lo ajeno. A tales personas les ordenamos y exhortamos, por nuestro Señor Jesucristo, que simplemente se pongan a trabajar y se ganen su propio pan. Y ustedes, hermanos, no se cansen de hacer el bien.

2 TESALONICENSES 3:10-13

Analiza las palabras «algunos de ustedes viven desordenadamente». Si había gente viviendo de manera desordenada, quiere decir que hay una manera ordenada de vivir. La Palabra de Dios nos instruye en temas espirituales, pero también en temas prácticos de cómo esa espiritualidad es vivida aun en lo cotidiano. Tenemos un Dios de orden que demanda diligencia, honestidad, justicia, y que es claro en la manera que espera que vivamos.

Si prestamos atención, podemos ver el llamado a trabajar. De hecho, también en Proverbios nos habla muchísimo sobre el trabajo. Esto no es un llamado a vivir para trabajar, a que nuestro único enfoque sea el trabajo o a que tengamos una mentalidad de prosperidad. En cambio, desde la creación se nos ha dado trabajo. Fuimos creadas para ser productivas y trabajar en diversas áreas. No podemos vivir en desorden, pereza, satisfaciendo los deseos de la carne y viviendo como lo hacíamos antes de Cristo.

Al final de este pasaje nos dice que no nos cansemos de hacer el bien. ¡Qué exhortación! A veces hacer el bien es difícil, cansado, requiere esfuerzo, trabajo e intencionalidad de nuestra parte, pero no debemos dejar de hacerlo. Quiero recordarte que aun en nuestras áreas de desorden y debilidad ¡podemos pedirle fuerza y guía al Espíritu Santo!

Pero tú, hombre de Dios, huye de estas cosas y sigue la justicia, la piedad, la fe, el amor, la paciencia y la mansedumbre. Presenta la buena batalla de la fe, aférrate a la vida eterna, a la cual también fuiste llamado cuando hiciste la buena profesión delante de muchos testigos.

1 TIMOTEO 6:11-12

El mundo espiritual existe y la guerra espiritual también, aun si no los tenemos presentes todo el tiempo o si por miedo tendemos a guardarlos en una cajita en algún lugar remoto de nuestra mente. Aunque no creo que debamos vivir buscando fantasmas o demonios, es importante ser conscientes de la realidad espiritual y de su peso en nuestras vidas.

Nuestra salvación fue pagada a precio de sangre y Cristo ya tiene la victoria, pero eso no significa que no haya una batalla y lucha a la cual nos enfrentamos día a día. Mediante Cristo tenemos la victoria, sabemos cuál es el resultado y nuestro destino eterno, y con esa convicción nos enfrentamos a esa batalla. Hago mención de esto porque debemos mantenernos firmes y alertas en nuestro diario vivir y no bajar la guardia.

Precisamente, porque enfrentamos una batalla diaria, se nos habla de vestirnos con la armadura, de orar sin cesar, de la importancia del ayuno, de llenarnos de la Palabra día a día y mantenernos firmes, porque tenemos afrentas en cada momento, aun cuando no seamos conscientes de eso. De la misma manera, hay otros pasajes que son claros en lo que debemos perseguir. Hay también una batalla que se libra por nuestra atención, y nos enfrentamos a muchas tentaciones que nos distraen de lo que debemos seguir.

Quiero retarte a que, como dice este pasaje, huyas de todo lo que va en contra de la Palabra de Dios. Si tienes dudas de lo que le agrada o no a Dios, no tienes más que abrir la Biblia para encontrar pasajes como este que son claros respecto a cómo debes vivir y lo que agrada a Dios.

También debes saber que en los últimos días vendrán
tiempos peligrosos, y que habrá hombres amantes
de sí mismos, avaros, vanagloriosos, soberbios,
blasfemos, desobedientes a los padres, ingratos, impíos,
sin afecto natural, implacables, calumniadores,
intemperantes, crueles, aborrecedores de lo bueno,
traidores, impetuosos, envanecidos, que amarán los
deleites más que a Dios, que parecerán muy piadosos,
pero negarán la eficacia de la piedad; evítalos.

2 TIMOTEO 3:1-5

No sé qué pensabas mientras leías esos versículos, pero para mí fue inevitable pensar en nuestro mundo actual. Pasajes como estos nos enseñan claramente todo aquello que Dios aborrece, y por lo tanto todo aquello en lo que no debemos participar. Tal vez suena lógico decir que no debemos ser partícipes de estas cosas, pero lo cierto es que en ocasiones nos acostumbramos, de tanto que las vemos.

Aquí nos dice que evitemos a las personas que vivan de tal modo. Algo importante de entender es que una cosa es acercarte a personas alejadas de Dios para presentarles el evangelio, y otra muy diferente es acercarte a ellas sin intención de hablarles de la Palabra de Dios. Para bien o para mal, las personas a nuestro alrededor influencian nuestras vidas, creencias y cosmovisión; por lo tanto, es importante ser sabias al momento de elegir a las personas con quienes nos rodeamos.

Seguir a Cristo en ocasiones nos pondrá en situaciones en las cuales no tendremos tantas amistades o, como dice la Palabra, perderemos a personas que amamos a causa del evangelio, pero Cristo lo vale todo. Si recordamos la vida de Jesús, vemos que Él caminó entre los pecadores y los confrontaba en su pecado para llevarlos al arrepentimiento y buscar que lo siguieran; no lo hacía por meras cuestiones sociales. Seamos intencionales a la hora de buscar personas con las cuales rodearnos y busquemos llevar las buenas nuevas a los perdidos.

Produzcan frutos dignos de arrepentimiento, y no crean que pueden decir: «Tenemos a Abrahán por padre», porque yo les digo que aun de estas piedras Dios puede levantar hijos de Abrahán.

MATEO 3:8-9

Un arrepentimiento genuino siempre lleva a un cambio en el comportamiento. No significa que jamás volvamos a fallar, que somos personas perfectas y que lo sabemos todo, sino que ya no actuamos, buscamos, ni vivimos de la misma manera en que lo hacíamos antes de Cristo. Cuando ponemos nuestra fe en Jesús, estamos reconociendo que estamos muertas en nuestro pecado y que necesitamos un Salvador. Por lo tanto, al ser salvas del pecado, buscamos dejar ese pecado atrás.

Jesús nos llama al arrepentimiento, nos perdona y nos hace libres del pecado para ahora poder vivir para Él. Es Él quien, mediante Su Espíritu, nos capacita y nos ayuda a vivir vidas en obediencia a Su Palabra. Esto quiere decir claramente que no podemos continuar viviendo en nuestra pasada manera de vivir.

Hay personas que erróneamente confunden lo que significa la gracia. Creen que, como la salvación no se gana por obras sino que es por gracia (es decir, un regalo), pueden vivir de la manera que sea. Este pasaje justamente habla de esto porque, tanto en aquellos tiempos como hoy en día, hay personas que creen que porque sus papás son salvos, porque son hijas de pastores o porque asisten a una iglesia ya son salvas, pero no es así como funciona.

La salvación es personal. La salvación de otros no afecta la nuestra, al igual que las buenas acciones no nos garantizan la salvación. Aunque estamos en una santificación continua y lucharemos con el pecado hasta que Cristo venga por Su iglesia, nuestra vida tiene que dar frutos que evidencien nuestra salvación. ¡Sé intencional en tu manera de vivir!

Entonces Jesús le dijo: «Vete, Satanás, porque escrito está: "Al Señor tu Dios adorarás, y a él sólo servirás"». Entonces el diablo lo dejó, y unos ángeles vinieron y lo servían.

MATEO 4:10-11

¿Alguna vez has sido tentada? Cualquier persona que diga que no, está mintiendo. Todas en algún momento hemos pasado por tentaciones, pero por alguna razón pensamos que somos las únicas, o vemos la vida de ciertas personas y creemos que ellas seguramente no son tentadas. Déjame afirmarte que la tentación no discrimina; de hecho, si vemos este pasaje, ¡Jesús fue tentado!

Precisamente, estudiar este pasaje y conectarlo con las palabras de Santiago 4:7: «Por lo tanto, sométanse a Dios; opongan resistencia al diablo, y él huirá de ustedes», es lo que me ha ayudado constantemente a no caer en la tentación. Aunque no podemos evitar la tentación, sí podemos evitar pecar al saciar esa tentación.

Satanás tentó a Jesús usando la misma Palabra de Dios. Incluso podemos llevar esto al comienzo del Edén. El diablo tentó a Adán y Eva de la misma manera, usando la Palabra de Dios, pero manipulando y confundiendo a su beneficio. La diferencia entre Adán y Eva y Jesús es que Él sabía con exactitud lo que decía la Palabra, y pudo defenderse con la verdad. Si tú y yo no conocemos lo que dice Dios, será fácil que seamos engañadas o que alguien manipule la Biblia y nos confunda. Recordemos que estudiar y escudriñar las Escrituras es tarea de toda creyente y no solo de los pastores o líderes.

Esto también nos lleva a notar que las tentaciones no son peleadas en la carne sino en el Espíritu. Con frecuencia puede llegar la condenación y la vergüenza junto con la tentación. Eso muchas veces nos lleva a querer escondernos de Dios, pero ¡necesitas de Dios y Su Espíritu para vencer la tentación! En tus momentos más débiles no intentes luchar tú sola, pues cierto es que tu carne es débil. Corre a Dios y permite que Él sea perfeccionado en ti.

Porque si ustedes aman solamente a quienes los aman, ¿qué recompensa tendrán? ¿Acaso no hacen lo mismo los cobradores de impuestos? Y si ustedes saludan solamente a sus hermanos, ¿qué hacen de más? ¿Acaso no hacen lo mismo los paganos? Por lo tanto, sean ustedes perfectos, como su Padre que está en los cielos es perfecto.

MATEO 5:46-48

Imitar a Jesús, negarnos a nosotras mismas, tomar nuestra cruz y seguirlo es una de las tareas más difíciles, porque nos lleva justamente a eso, a morir a nosotras mismas; a morir a nuestra comodidad, deseos y orgullo. Absolutamente todas las personas, cristianas y no cristianas, pueden hacer cosas aparentemente buenas cuando es conveniente, cuando es con personas que caen bien, con las cuales compartimos creencias y con aquellos con quienes no tenemos que esforzarnos.

Sin embargo, no hay diferencia entre nosotros y ellos si hacemos solo lo que nos es fácil y conveniente. Por eso, en estos versículos no vemos a Jesús llamándonos a actuar en comparación a ningún otro más que al Padre. Recordemos que somos medidas conforme la santidad del Padre, no del hombre. Entonces, independientemente de cómo actúen las personas a nuestro alrededor, nuestra mirada debe estar en Dios.

Soy la primera en levantar la mano y admitir que a veces batallo con actuar de manera que honra a Dios con personas que han hecho mal a mi vida, en las que veo hipocresía o simplemente con las cuales no tengo la mejor relación. Pero en esos momentos es donde debemos reflejar lo que decimos creer.

Debemos ser conscientes en cada momento de que seguir a Cristo nunca se trata de comodidad, conveniencia o lo que es fácil. Implica morir a nuestro orgullo, a las opiniones de las personas y al ego. El Señor nos llama a una posición de humildad y servicio aun cuando nadie lo vea, lo aprecie o lo «merezca». Recuerda que tu vida es para glorificar a Dios y no para agradar a las personas.

No todo el que me dice: «Señor, Señor», entrará en el reino de los cielos, sino el que hace la voluntad de mi Padre que está en los cielos.

MATEO 7:21

En nuestra humanidad, es fácil engañar a otras personas al igual que ser engañadas. Esto se debe a que quizá podemos sospechar pero nunca saber con certeza lo que hay en la mente y el corazón de las demás personas. A quien nunca podemos engañar es a Dios, porque Él conoce realmente lo que hay dentro de nosotras. Él es omnisciente, lo sabe *todo*.

Es importante recordar esto y no tener miedo. Por un lado, es impresionante saber que somos totalmente conocidas por Dios y que no cambia Su opinión respecto de nosotras, ya que nos ve mediante la justificación de Cristo y no a la luz de nuestra insuficiencia. Entonces, si hay una fe genuina en nosotras, este concepto únicamente debería darnos paz. Esa certeza nos ayudará a acercarnos a Dios aun en nuestros peores días, y a saber que Él ya sabe lo bueno y lo malo, pero que la obra redentora de Cristo continúa en efecto.

Por otro lado, es importante recordar esto, porque hay muchas personas que pueden vivir en hipocresía, engañando a los de su alrededor y viviendo una doble vida, y pensar que con eso es suficiente debido a la apariencia. Pero recordemos que nuestra salvación es directamente con Dios y no con los hombres. El día del juicio rendiremos cuentas delante del Creador que escudriña los corazones.

Como veíamos hace unos días, no es suficiente con aparentar cosas buenas o llamarnos cristianas, sino que debemos tener frutos que reflejen nuestro arrepentimiento y la salvación que hemos obtenido a través de Cristo mismo. No vivas buscando la aprobación de las personas en ningún sentido, sino sé intencional en vivir una vida de fe genuina en Cristo. Recuerda que podrás engañar a muchas personas, pero nunca a Dios.

Al oír esto, Jesús les dijo: «No son los sanos los que necesitan de un médico, sino los enfermos. Vayan y aprendan lo que significa: "Misericordia quiero, y no sacrificio". Porque no he venido a llamar a los justos al arrepentimiento, sino a los pecadores».

MATEO 9:12-13

¿Qué significa que Jesús no haya venido a llamar a los justos sino a los pecadores? Estas palabras fueron dirigidas a personas que se creían buenas. Personas que se jactaban de su justicia y se creían superiores a otras con pecados evidentes. Cuando alguien se encuentra con esa postura en su corazón no cree necesitar un salvador, porque no ve algo en su vida que necesite salvación.

La Palabra de Dios es clara al decirnos que no existe una persona buena, ni siquiera una. Por lo tanto, alguien que se cree bueno está cegado y no puede llegar al arrepentimiento porque no cree que necesite arrepentirse de algo. Por eso dijo Jesús que vino a llamar a los pecadores, a las personas que ven su insuficiencia y sus fallas, pero consideran el tesoro de la salvación.

Es fácil en ocasiones juzgar a personas que evidentemente están viviendo en pecado. Podemos fallar en gran manera como cristianas y subirnos a nuestra silla de pretensión de superioridad moral para ejercer juicio con un corazón soberbio sobre otros. No hablo de aplaudir y abrazar el pecado de las personas. Creo en la confrontación y en la importancia de hablar las cosas tal y como son; sin embargo, podemos caer en la trampa de condenar a las personas, sin entender que son justamente ellas quienes necesitan escuchar el evangelio.

Recuerda cada día caminar en humildad, recordando que todo lo que tienes es por gracia y no porque lo merezcas. Cuando veas a una persona muerta en su pecado, no te jactes de no ser como ella ni la desprecies, sino que presenta las buenas nuevas de quién es Jesús.

El que halla su vida, la perderá; y el que pierde su vida por causa de mí, la hallará.

MATEO 10:39

El mundo nos dice que entre más tengamos, más logremos y más seamos, encontraremos nuestra razón de vida y la fuente de nuestra felicidad. Esta idea se ha infiltrado demasiado en nuestra vida como creyentes, y muchas veces estamos tan aferradas a esta tierra y a nuestro tiempo, que se nos olvida este principio esencial de *perder* nuestras vidas para *encontrar* la vida.

Si vivimos con los ojos en esta tierra, nos dará miedo perder amistades, personas que amamos y sueños que anhelamos. Esos miedos siempre nos limitarán de vivir para Cristo porque, en muchas ocasiones, vivir para Él significa justamente perder eso. Lo podemos ver en la vida de los apóstoles y aun en Jesús mismo. Si nuestro tesoro está en esta tierra, valoraremos eso más que la vida eterna que hemos recibido.

Todo lo de esta tierra va a pasar. El dinero, las amistades, las situaciones, aun la vida misma se acaba en algún momento. Nuestra vida en esta tierra tiene los días contados y de ahí sigue la eternidad. Una vez que mueras, no tendrá más valor el dinero, el éxito, la reputación, las amistades, las casas, los carros, la ropa, los viajes, etc. Todo aquello que vemos como lo máximo pierde su valor en nuestro último suspiro. Pero vivir para Cristo y buscar los tesoros eternos durante esta vida prevalecerá para siempre.

Créeme que este concepto y eso de realmente vivir una vida rendida a Dios no es algo de lo cual me puedo jactar en mi propia vida. Es algo en lo que debemos ser sumamente deliberadas para tomar esa decisión todos los días. Te quiero retar a que cada día de tu vida recuerdes que no hay nada mejor que vivir para Cristo, aun si esto significa morir a ti misma y tus deseos. ¡Recuerda que lo venidero es eterno!

¿No entienden que todo lo que entra por la boca se va al vientre, y luego se echa en la letrina? Pero lo que sale de la boca, sale del corazón; y esto es lo que contamina al hombre. Porque del corazón salen los malos deseos, los homicidios, los adulterios, las fornicaciones, los robos, los falsos testimonios, las blasfemias.

MATEO 15:17-19

Constantemente estamos viendo y procesando lo que hay a nuestro alrededor. Por lo tanto, le podemos dar un mayor énfasis a lo que podemos ver y poco consideramos lo que no podemos ver. Me refiero a que, a veces, nos conformamos con vivir vidas que por fuera cumplen con la apariencia del cristianismo y creemos que es suficiente. Incluso juzgamos a las personas más por temas superficiales que por lo que realmente importa, que es el corazón.

Cabe recalcar que nuestra manera de vivir, de comportarnos y tomar decisiones siempre reflejará lo que hay en nuestro corazón. No se trata de irnos al extremo de hacer cualquier cosa, pensando que lo que importa es el corazón. Una cosa tiene que ser coherente con la otra. Teniendo eso en claro, en ocasiones podemos dar mucho énfasis a los alimentos que ingerimos, a la vestimenta y a cosas externas, y les damos un peso absoluto con respecto a nuestra espiritualidad o a la de los demás. Sin embargo, una y otra vez y de maneras distintas, la Palabra nos enseña que todo realmente nace del corazón, tanto las cosas buenas como las malas.

Las apariencias pueden ser muy engañosas, y por eso no nos debemos dejar llevar únicamente por lo que vemos. Formemos el hábito de examinar constantemente nuestros corazones y las razones detrás de las cosas que hacemos, y en humildad, dejemos que el Padre nos examine y limpie todo lo que tenga que limpiar. De nada sirve una vida que al ojo humano es muy cristiana, pero que ante los ojos de Dios está podrida.

Tú pusiste en mi corazón más alegría que la de tener trigo y vino en abundancia. Por eso me acuesto y duermo en paz, porque sólo tú, Señor, me haces vivir confiado.

SALMO 4:7-8

El salmista aquí está diciendo que Dios es mejor que cualquier provisión terrenal. Ha encontrado más alegría en Dios que en los placeres de esta vida y por eso encuentra confianza. ¡Así debemos vivir!

No sé si a ti te ha pasado, pero llegan temporadas en mi vida en las que batallo para dormir porque mi cerebro no para; hay preocupación o ansiedad. En esos momentos me doy cuenta de que mi mirada está más puesta en mi situación que en Dios. Cuando noto que hay falta de paz en mí, usualmente es porque estoy dependiendo de mí misma y olvido quién tiene el control. Quito mis ojos de mi Salvador y los pongo en mí o en aquello que creo solucionará mi vida y problemas.

Este versículo ha sido un constante recordatorio de que todo lo encuentro en Él, y de que si me acuesto, puedo dormir en paz porque comprendo que mi confianza está en Él sin importar lo que esté frente a mí. Sé que es más fácil decirlo que vivirlo. Créanme que es una constante lucha para mí también, pero en medio de la incertidumbre, decido alabar a Dios, poner mi mirada en Él y confiar en que es Él quien sustenta todo.

Subraya este pasaje en tu Biblia, apúntalo en las notas de tu celular o tenlo accesible para esos momentos donde necesitas redireccionar tu enfoque. Hay tantas distracciones a nuestro alrededor (incluida nuestra propia humanidad) que olvidamos de dónde viene el verdadero gozo y satisfacción. Recuerda que cuando la fuente de nuestro gozo está en Cristo, podemos tener paz.

Recuerda
que la belleza de esta
tierra es pasajera, pero
lo que tiene
VERDADERO
VALOR ES ETERNO.

No lo digo porque tenga escasez, pues he aprendido
a estar contento en cualquier situación.

FILIPENSES 4:11

Absolutamente todas caemos en la trampa de pensar que hasta llegar a cierto punto de nuestras vidas o al obtener algo añorado, entonces estaremos felices y plenas. Esa clase de mentalidad es la que nos lleva a vivir frustradas e insatisfechas, porque creemos que algo fuera de Cristo nos puede satisfacer y terminamos golpeándonos contra la pared cada vez al descubrir que todo es insuficiente.

Entre más aprendamos a contentarnos en cada situación, en mayor satisfacción viviremos. La razón de esto es que, para estar en contentamiento siempre, es necesario que Cristo sea suficiente en nuestras vidas. A veces, por falta de entendimiento de lo que ha hecho por nosotras en la cruz dejamos la salvación como algo secundario y de menos valor, en comparación con una relación amorosa, trabajo o salud.

Las personas recitan Filipenses 4:13 como si fueran palabras mágicas que les ayudarán y motivarán a hacer todo lo que se propongan. Al leer el capítulo completo podemos ver que no son palabras motivacionales sino palabras de alguien que ha encontrado su plenitud y satisfacción en Dios. Aquí Pablo dice que ha aprendido a tener contentamiento en cada situación, incluso en sus momentos de afrenta, necesidad y persecución.

Es crucial entender que como hijas de Dios ya no debemos vivir dependientes de esta tierra, que nuestra prioridad y enfoque no deberían ser buscar la comodidad y evadir cualquier tipo de sufrimiento. Lo que sí debemos hacer es aprender a vivir enfocadas y arraigadas en la obra redentora de Cristo. Quiero retarte a que cada día sea una prioridad para ti voltear a ver la cruz, entender la suficiencia de Dios y poder descansar en Su amor por ti, en esa gracia y redención, y a la luz de eso y la eternidad lograr estar contenta en cualquier situación.

No teman a los que matan el cuerpo, pero no pueden matar el alma. Más bien, teman a aquel que puede destruir alma y cuerpo en el infierno.

MATEO 10:28

Tiempo atrás, pensaba que este pasaje estaba hablando del diablo. Al relacionar el infierno con él, creía que él era quien podía destruir el alma y el cuerpo en el infierno, pero eso no es totalmente cierto. Recordemos que quien decide eso y tiene control sobre la vida y la muerte es Dios mismo. ¡Es Dios quien en Su santidad ha determinado que la paga del pecado es la muerte eterna! Teniendo esta verdad en mente, vuelve a leer el versículo. La muerte física es inevitable, sin importar tus creencias o forma de vivir. Nadie puede escapar de la muerte, ya que es parte del ciclo de la vida. Sin embargo, hay otro tipo de muerte a la cual no todo el mundo se va a enfrentar: la muerte espiritual. Recordemos que sin Cristo, todas estamos muertas en nuestro pecado. La Biblia es clara en que todas las personas hemos pecado, no hay ni una sola persona buena.

Dios, mediante el sacrificio de Jesús, creó una manera de redimir la creación. Jesús tomó nuestro lugar, cargó con la culpa y el castigo para así poder pagar la deuda que nos correspondía. Creyendo en Su sacrificio y poniendo nuestra confianza en Él, obtenemos esa salvación.

En ocasiones, nos sumergimos tanto en este mundo que le damos más importancia al ser humano y tenemos miedo de perder nuestras vidas y reputación por causa del evangelio, o incluso de ser rechazadas a causa de nuestra fe. Siempre tengamos presente que este mundo es temporal y que todo pasará, pero la vida venidera es eterna. Vivamos bajo esa verdad y temamos más a Dios que al hombre. Vivamos buscando glorificar, honrar y obedecer a Dios, no agradar al hombre.

Tú, deja tus pesares en las manos del Señor,
y el Señor te mantendrá firme; el Señor no
deja a sus fieles caídos para siempre.

SALMO 55:22

¡Qué increíbles palabras! En diversos momentos de la vida enfrentamos desilusión, tristeza, estrés, ansiedad, traición y diversas emociones que pueden pesar en nuestro corazón. En nuestra naturaleza buscamos solucionar eso con nuestras fuerzas, con otras personas o con actividades superficiales que traen alivio momentáneo. Quizá hacemos esto porque pensamos que a Dios no le interesan nuestros problemas.

Lo cierto es que una vez reconciliadas con Dios mediante Cristo, somos hechas Sus hijas. Somos adoptadas en Su familia, entonces ¡claro que le importa nuestra vida! Es importante entender esto porque no hay mayor descanso que el que encontramos en nuestro Padre celestial. Aunque encontremos algún tipo de solución terrenal, siempre termina siendo insuficiente.

Me encanta cómo podemos leer en este versículo una causa y un efecto. Para que el Señor nos mantenga firmes, es necesario dejar nuestros pesares en Sus manos. Algo que he notado en mi vida con regularidad (y estoy segura que te puedes sentir identificada) es que, ante decisiones y emociones, suelo tratar de solucionar todo en mis fuerzas antes de correr a Dios, y en ocasiones es mi último recurso. En el último año he intentado disciplinarme y correr primero a Dios antes de hundirme en mis pensamientos y tratar de crear soluciones.

Al final del día, Dios es soberano y Su voluntad será establecida. Entendiendo eso podemos vivir confiadas en Su bondad. Quiero retarte a que seas intencional en correr primeramente a Dios y descansar en Él. No te apoyes en tu propia prudencia y fuerzas, sino que en humildad, somete toda tu vida a Sus manos. Créeme que al hacer esto encontrarás verdadero descanso.

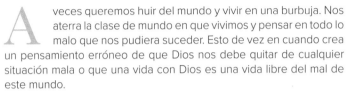

A veces queremos huir del mundo y vivir en una burbuja. Nos aterra la clase de mundo en que vivimos y pensar en todo lo malo que nos pudiera suceder. Esto de vez en cuando crea un pensamiento erróneo de que Dios nos debe quitar de cualquier situación mala o que una vida con Dios es una vida libre del mal de este mundo. Sin embargo, este versículo que acabamos de leer presenta las palabras de Jesús al Padre. No le pidió que nos quitara de este mundo, en el cual dijo que tendríamos tribulaciones, sino que nos protegiera del mal. Creo que a nadie le gusta enfrentar obstáculos o pasar por pruebas, ya sean cosas como exámenes en la escuela o situaciones complicadas en nuestras vidas. A veces quisiéramos que Dios nos evitara todo tipo de dolor y sufrimiento, pero eso no lo vemos en ninguna parte de la Biblia. Lo que sí vemos es la fidelidad de Dios aun en medio de las situaciones difíciles.

Es importante no confundir la tribulación con la ausencia de Dios. Aun en medio del caos, Él está presente. Sigue teniendo el control y siendo bueno sin importar lo que suceda. Debes tener esto en mente y creerlo con todo tu corazón. Así, en los momentos complicados, podrás encontrar refugio en Dios y entender que no está ausente, sino que te acompaña aun en los valles más sombríos.

Aunque Dios es capaz de calmar todas nuestras tormentas, a veces no lo hará, pero aun en medio de ellas, Él es capaz de llenarte de paz y guardarte del mal. Recuerda que todo el mal de esta tierra es temporal y nos podemos aferrar a la promesa eterna de redención mediante Cristo. Te quiero desafiar a que camines con seguridad en lo desconocido, sabiendo que Él sigue siendo Dios.

Así que no durmamos como los demás, sino mantengámonos atentos y sobrios.

1 TESALONICENSES 5:6

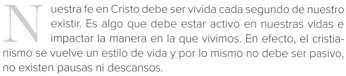

N uestra fe en Cristo debe ser vivida cada segundo de nuestro existir. Es algo que debe estar activo en nuestras vidas e impactar la manera en la que vivimos. En efecto, el cristianismo se vuelve un estilo de vida y por lo mismo no debe ser pasivo, no existen pausas ni descansos.

Desde que amanecemos hasta que dormimos, somos hijas de Dios, vivimos para Su reino y Sus propósitos. La razón por la que menciono esto es porque a veces nos concentramos tanto en los deberes de esta tierra (en el trabajo, la escuela, la vida social, nuestros sueños y demás), que ignoramos el mundo espiritual. Eso provoca que en ocasiones estemos bajo ataque espiritual y no estemos atentas a ello, porque no lo tenemos presente. Así, comenzamos a perder batallas que no sabíamos que estábamos enfrentando.

Constantemente a lo largo de las Escrituras podemos ver que hay un llamado a estar atentas, esforzarnos, recordar la Palabra de Dios, estar velando, meditar en la Palabra y orar en todo tiempo. Esto se debe a que estamos en una lucha constante con la carne, y como también lo dice la Palabra, el enemigo anda como león rugiente buscando a quién devorar. Por eso, como dice este pasaje, no durmamos como las demás personas, sino que estemos atentas y sobrias de mente.

Te quiero retar a que no seas pasiva con tu fe. No creas que es suficiente con orar una vez al día o con solo ir los domingos a la iglesia. En cada momento de nuestras vidas debemos tener la mirada en las cosas de arriba antes que en las cosas de esta tierra y mantenernos atentas en todo momento. Esto implica estar constantemente en oración y meditando en la Palabra de Dios. ¡Sé intencional en tu manera de vivir!

Día 129

> *Revístanse de toda la armadura de Dios, para que puedan hacer frente a las asechanzas del diablo.*
>
> EFESIOS 6:11

Tristemente, en ocasiones, podemos dejar a Dios en el olvido, y en el momento que las tentaciones o dificultades llegan, nos preguntamos por qué no podemos conquistarlas. Lo cierto es que no podemos lidiar con el mundo espiritual con nuestras fuerzas o métodos humanos. Necesitamos de Dios, y eso es un resultado de la relación que cultivamos con Él todos los días.

De la misma manera que no puedes esperar que ir al gimnasio una vez al mes sea suficiente para tener buena condición física, no puedes alimentarte espiritualmente una vez al mes y esperar estar plantada, arraigada y dependiente de Dios. En el devocional anterior hablamos de estar atentas en cada momento y de nuestra tendencia a olvidar el mundo espiritual. En este capítulo se nos habla sobre la armadura de Dios con la que debemos vestirnos todos los días de nuestras vidas para poder enfrentar todo lo que venga.

Así como es prioridad para nosotras bañarnos, ponernos perfume, cepillarnos y todo aquello que nos hace sentir listas para el día, también debemos ponernos la armadura. En ocasiones llegamos a momentos donde no sabemos cómo guerrear espiritualmente porque ni siquiera sabemos las armas con las que peleamos; no estamos preparadas ni tenemos conocimiento de la Palabra de Dios.

No esperes hasta *necesitar* a Dios y Su Palabra para conocerla. Debemos tener presente que siempre necesitamos a Dios, que es nuestro pan diario y que esa armadura es para vestir todos los días y así siempre estar listas. Así que te quiero desafiar a que una prioridad en tu vida sea revestirte de la armadura espiritual y a que, en momentos complicados, recuerdes esa armadura y no intentes luchar en tus fuerzas.

> *¿Por qué te desanimas, alma mía? ¿Por qué te inquietas dentro de mí? Espera en Dios, porque aún debo alabarlo. ¡Él es mi Dios! ¡Él es mi salvador!*
>
> SALMO 42:11

El otro día escuchaba la canción *There is a time* [Hay un tiempo] de Anna Golden, y me hizo reflexionar justamente en este pasaje, porque dice que aunque hay tiempo para todo, siempre es tiempo para alabar y adorar. Toma un segundo para procesar eso. La decepción, el dolor, la pérdida y la incertidumbre son inevitables. Hay diversas temporadas en la vida que vienen y se van; sin embargo, siempre debería ser tiempo de alabanza y adoración a Dios, sin importar la temporada.

Hay veces en las que dejamos que todo lo negativo nos inunde y nuble totalmente la manera en la que vivimos. Nos sumergimos tanto en nuestras emociones que dejamos a Dios a un lado por estar tan ocupadas con lo que lidiamos. Me encanta que este pasaje de alguna manera nos reta a saber que, sin importar cómo nos sentimos, debemos confiar y esperar en Dios, alabarlo y reconocer quién es. Sigue siendo Dios en la dificultad. Es el mismo Dios de ayer, de hoy y de siempre.

Sé que en esos momentos lo último que a veces queremos es orar, alabar o buscar a Dios. Puede parecernos imposible ver algo bueno dentro de la crisis, pero lo cierto es que, como lo dice este pasaje, Él es tu Dios, Él es tu Salvador. Su esencia no cambia de acuerdo con nuestras circunstancias; Él se mantiene fiel a quien dice ser.

Quiero retarte a que en cada momento y en cada temporada busques a Dios con la misma intensidad y necesidad. Recuerda que sigues viviendo para Él aun cuando todo parezca salir mal. Recuerda que Él nunca deja de ser Dios, nunca deja de estar sentado en Su trono. Recuerda la gran gracia y misericordia que ha extendido a tu vida. ¡Él merece nuestra adoración!

Hay dos tipos de descanso que necesitamos: el externo y el interno. A veces podemos estar cansadas físicamente por actividades físicas en las cuales nuestro cuerpo se cansa y necesitamos acostarnos un rato, levantar las piernas o no hacer nada. Creo que el cansancio físico tiene una solución un poco más rápida y práctica. Pero, por otro lado, el descanso interno es más difícil de obtener. Lo cierto es que el descanso que tanto necesitamos y buscamos se encuentra en la persona de Jesús.

A lo largo del tiempo he notado que cuando más cansada me encuentro, es porque he dejado de depender de Él. Es decir, empiezo a actuar de manera independiente y trato de cargar con todo por mí misma. Creo que en nuestra naturaleza humana tendemos a recargarnos en nuestras propias fuerzas. Constantemente escuchamos frases que nos dicen que todo depende de nosotras. Y aunque, claro, hay ciertas tareas que nos corresponden, hay consecuencias a nuestras acciones y cosechamos lo que sembramos. Pero eso no quiere decir que no dependemos de Dios.

Recuerdo cuando fui muy confrontada en mi espíritu con respecto a esto. Estaba en días súper ocupados en los que, en mi lógica, para poder maximizar mi tiempo y acabar con *mis prioridades,* dejaba mi tiempo con Dios para después. Como si no fuera algo tan importante o relevante para mis días ajetreados. Fui confrontada con mi manera autosuficiente de actuar y de pensar que puedo hacer cualquier cosa sin Dios, en lugar de entender que todo proviene de una intimidad con Él. Ahora, sin importar qué tan ocupado esté mi día, procuro que mis tiempos con Dios siempre estén presentes, entendiendo en humildad que lo necesito para todo. Así que te quiero retar a descansar en Dios, a recordar que si intentas cargar y hacer todo por tu cuenta te vas a cansar, frustrar y desesperar. Recuerda que nunca dejamos de necesitar y ser dependientes de nuestro Salvador.

¡Grande es su fidelidad, y cada mañana se renueva! Por eso digo con toda el alma: «¡El Señor es mi herencia, y en él confío!».

LAMENTACIONES 3:23-24

Es fácil perder de vista la bondad de Dios cuando dejamos que el caos del mundo nos consuma. Por donde quiera que miremos podemos ver noticias negativas, muertes, necesidades, situaciones políticas, movimientos de ideología, y muchas cosas más que nos afectan de manera directa o indirecta. Pero lo cierto es que sin importar la adversidad, tenemos una esperanza que permanece. Sin embargo, es fácil perder de vista lo que importa, y por eso es crucial meditar en la Palabra de Dios y siempre tener presente quién es Él y lo que dice.

Cuando entendemos la herencia que tenemos en Cristo Jesús podemos mantenernos confiadas aun en los peores momentos, porque entendemos que este mundo pasará pero que lo venidero será para siempre. Nada ni nadie nos puede quitar esa herencia que hemos recibido. Tenemos una esperanza que no puede ser afectada por el caos de este mundo, siempre y cuando mantengamos a Cristo como nuestro enfoque y el centro de nuestras vidas. ¡Eso es lo que nos debe llevar a vivir confiadas en Dios!

De igual manera, confiamos en que, aunque todo lo que está a nuestro alrededor y aun nosotras fallamos, Él no falla. Este pasaje nos dice que Su fidelidad se renueva cada mañana. Esas palabras por mucho tiempo trajeron consuelo a mi insuficiencia cuando luchaba dentro de mí con fallas que parecía que nunca iba a superar. Saber que podemos vivir dependientes de las promesas y obra redentora de Cristo nos debería traer gozo y paz. Quiero desafiarte a que cada día recuerdes de forma intencional el sacrificio de Jesús por ti, en como esto afecta tu vida y fortalece tu confianza en Él.

Bendito sea el Dios y Padre de nuestro Señor Jesucristo, que por su gran misericordia y mediante la resurrección de Jesucristo nos ha hecho nacer de nuevo a una esperanza viva.

1 PEDRO 1:3

Te es difícil tener un corazón agradecido? Es más fácil reclamarle a Dios todo lo que no nos ha dado, las oraciones de las cuales parece no haber respuesta. Pero ¿cada cuánto piensas en lo que merecías (muerte) y en lo que has recibido (gracia)? No porque lo mereciéramos, sino por la pura *misericordia* de Dios y el sacrificio de Jesús y Su obra completada hemos nacido de nuevo a una esperanza viva.

En ocasiones olvidamos que la única razón por la que podemos orar al Padre y tener una relación con Él es que hemos sido reconciliadas a precio de sangre, por medio de Jesucristo. Ese conocimiento y entendimiento nos debería llevar a una humildad inmensa y a siempre estar agradecidas por el mayor regalo que pudiéramos haber recibido. Todo lo demás que podamos obtener en esta tierra es temporal y en algún momento se desvanecerá, pero la salvación es para siempre.

Aun si Dios decidiera nunca más contestar una oración, hacer milagros o relacionarse con nosotras de manera directa, Su sacrificio sigue siendo suficiente porque es la mayor gracia y milagro que podríamos haber recibido. Toda otra oración contestada termina siendo para algo temporal de esta tierra, pero lo que Él nos dio nos era imposible de alcanzar y no es perecedero.

Este es un pasaje que en una ocasión me propuse meditar día tras día hasta lograr memorizarlo. ¡Te quiero retar a hacer lo mismo! Creo que de una manera muy resumida explica la gran bendición que tenemos y nos lleva a bendecir el nombre de Dios por lo que ya ha hecho. Meditar y memorizar pasajes como este nos ayuda a poner nuestro enfoque en el lugar correcto.

Yo, por mi parte, pondré la mirada en el
Señor, y esperaré en el Dios de mi salvación.
¡Mi Dios habrá de escucharme!

MIQUEAS 7:7

Todas las personas tenemos algún tipo de esperanza. Algunos creen que ídolos hechos por manos humanas tienen la capacidad de bendecirlos, otros piensan que el dinero es lo que los puede rescatar de todos los problemas, y algunos pueden poner su esperanza en las personas pensando que nunca les fallarán. Todos ponemos nuestra esperanza en algo o alguien. El problema es que cualquier esperanza fuera de Dios es falsa, momentánea y realmente no podemos depender de ella.

Admiro y atesoro las palabras de este pasaje porque podemos ver cómo el poner la esperanza en Dios es una decisión personal, sin importar lo que decidan hacer los de alrededor. Las demás personas pueden depender de los horóscopos, de ellas mismas o de ciertos líderes, pero nosotras, en nuestro conocimiento de quién es Dios, debemos poner nuestra mirada y confianza en Él. Tener esperanza en Dios es creer que Él es exactamente quien dice ser y que hará lo que ha prometido hacer, sin importar lo que se presente en frente de nosotros.

Cada día tomarás decisiones que afectarán tu vida para bien o para mal. Ante cada situación, puedes tomar la decisión de entrar en pánico, actuar como los demás y buscar refugio en cosas superficiales o correr a Dios, reconocer quién es y poner tu confianza en Él. Esto no es algo fácil ni nace naturalmente de nosotras, sino que requiere intencionalidad y decisión.

Te quiero retar a que sea una prioridad día a día conocer más de Dios. Recuerda que no puedes confiar en alguien que no conoces. Además, conocer a Dios y tener una relación con Él no sucede de la noche a la mañana. ¡Cada día busca de Él, Su Palabra y Espíritu!

Si nuestra esperanza en Cristo fuera
únicamente para esta vida, seríamos los
más desdichados de todos los hombres.

1 CORINTIOS 15:19

Como vimos en el devocional anterior, hay diferentes esperanzas que las personas pueden tener, pero como creyentes, tenemos el mejor tipo de esperanza que no solo es para esta vida sino para la venidera también. Por más que fuéramos las personas más cuidadosas y tuviéramos todo aquello que nos promete felicidad, la realidad es que en este mundo lleno de pecado no hay esperanza fuera de Cristo que sea efectiva, porque todo en algún punto u otro se derriba, y no solo eso, sino que habrá un fin para esta vida.

Sin importar quién seas, al igual que yo, nuestros días están contados. Tú y yo moriremos. Pero hay una vida eterna después de esta tierra y solo hay dos destinos en donde pasarla: en el crujir de dientes, tal como lo describe la Biblia, o en el cielo, en la presencia de Dios. Todos enfrentaremos el juicio de Dios, solo que unos tendremos a nuestro Abogado defensor, Jesús, mientras que otros no podrán ser justificados. En ese conocimiento tenemos esperanza venidera, algo que este mundo no puede ofrecer.

Al tener esa esperanza que no perece, debemos mantener nuestra mirada en la eternidad. Es tan fácil olvidar la eternidad con todas las distracciones a nuestro alrededor, pero debemos ser intencionales al vivir. Únicamente al comprender esa esperanza es que podremos morir a nuestros deseos terrenales y vivir de verdad para Cristo. Vivir para Él es el mayor privilegio que tenemos y la manera de cumplir con nuestro propósito.

Te invito a que siempre tengas esta verdad presente, y que sepas que, sin importar lo que enfrentes en esta vida, lo que viene es mucho mejor y para siempre. Recuerda que la eternidad es tu destino final y que todo lo que hay a tu alrededor es temporal. No desperdicies tu vida al vivir únicamente para lo perecedero. ¡Mantén tus ojos en Jesús!

Aparta de mí la vanidad y la mentira, y no me des pobreza ni riquezas. Dame sólo el pan necesario, no sea que, una vez satisfecho, te niegue y diga: «¿Y quién es el Señor?». O que, por ser pobre, llegue yo a robar y ofenda el nombre de mi Dios.

PROVERBIOS 30:8-9

Este pasaje me recuerda mucho a las palabras de Santiago 4:3: «Y cuando piden algo, no lo reciben porque lo piden con malas intenciones, para gastarlo en sus propios placeres». Muchas veces nuestras oraciones consisten en lo que queremos, lo que nos es conveniente, lo que parece ser la respuesta para encontrar estabilidad, sanidad y paz, pero pocas veces oramos buscando agradar a Dios y expandir Su reino.

Me encantan las palabras de este versículo, porque es una oración genuina que describe la manera en la que nuestro corazón funciona. En ocasiones, tener abundancia o simplemente no tener escasez nos puede llevar a una actitud de autosuficiencia y a olvidarnos de Dios. Por otro lado, la escasez nos puede llevar a actitudes o acciones deshonrosas hacia Dios. Me encanta que el escritor del proverbio pide lo necesario y su razón es poder ser agradable a Dios.

De nada nos serviría tener todas las riquezas del mundo y todas las oraciones contestadas, si nos provocan pecar o alejarnos de Dios. Creo que aquí es donde entra el estar satisfechas en Dios teniendo poco o teniendo mucho. Si nuestro tesoro y contentamiento están en lo externo y lo material, constantemente quitaremos a Dios del trono de nuestras vidas. Es en esos momentos donde, en lugar de ver a Dios como Salvador, se lo ve como el genio de la lámpara que está ahí para conceder deseos.

De verdad oremos para que nuestro corazón no busque ni se aferre a las cosas de este mundo, sino que en humildad lo único que queramos sea a Dios y Su presencia. Lo más valioso e importante que tenemos como creyentes es esa relación con Dios; nada se iguala a ello.

Vivan sin ambicionar el dinero. Más bien,
confórmense con lo que ahora tienen, porque Dios ha
dicho: «No te desampararé, ni te abandonaré».

HEBREOS 13:5

N o sé si tú luchas para soltar el control, pero en mi vida es una batalla constante. Tristemente, en ocasiones olvido que Dios tiene el control de todo, aun cuando todo parece salirse de mi control. Una de esas luchas que a veces enfrento tiene que ver con las finanzas. Cuando veo las deudas, cuando surgen gastos inesperados, a veces tiendo a afanarme por tratar de ver qué hacer y cómo solucionar todo. Aunque ser responsables y trabajar no tiene nada de malo, se puede volver algo pecaminoso cuando nuestro corazón lo prioriza y nuestro enfoque está totalmente en eso.

Nuestra sociedad tiene diversos intereses a los cuales trata de apuntar. Uno de ellos es el consumismo. Cada vez vivimos en un mundo más materialista y eso parece dictar la manera de vivir de muchas personas. Siempre se quiere más y más y nada parece ser suficiente, y eso crea una inconformidad. Especialmente en las nuevas generaciones, vemos cómo la comparación ha tenido un peso extraordinario porque se quiere lo que los demás tienen, aun si no tiene nada que ver con necesidades. Eso se vuelve la razón de vivir y de trabajar para muchas personas.

Este pasaje creo que logra captar el enfoque que siempre debemos tener, ya sea si pasamos necesidad o cuando nada parece saciarnos. La Palabra de Dios no solo nos llama a tener un corazón agradecido, sino también a confiar en que Él ha prometido no desampararnos ni abandonarnos. Entonces, no hay razón para perseguir las cosas vanas de esta tierra ni hacerlas nuestra prioridad. Te quiero retar a que cuando te encuentres ante luchas o tentaciones financieras, recuerdes que tu plenitud no viene de lo material y que Dios es tu Padre y proveedor. Aprende a correr y descansar en Su cuidado.

Pero la piedad es una gran ganancia, cuando va acompañada de contentamiento; porque nada hemos traído a este mundo, y sin duda nada podremos sacar.

1 TIMOTEO 6:6-7

Una cualidad que admiro muchísimo al momento de observar la vida de Pablo es su manera de mantener el contentamiento en cada ocasión. Para él genuinamente nada tenía valor en esta tierra, ni siquiera su propia vida, la cual estaba dispuesto a perder a causa del evangelio. Él entendía que este mundo pasaría; pero que lo venidero sería eterno y altamente más valioso.

Soy la primera en levantar la mano y decir que a veces vivo como si me fuera a llevar lo que tengo; no necesariamente porque me aferre a lo material, sino porque en ocasiones vivo más preocupada por cosas superficiales que por lo eterno. A veces nos podemos llegar a afanar demasiado por nuestras vidas en esta tierra y terminar por quitar el enfoque de lo que realmente tiene valor.

Este pasaje menciona dos cualidades: la piedad y el contentamiento. Ciertamente, estos no son el resultado de una vida superficial, sino de una vida en intimidad con Dios. Entre más crecemos en conocimiento y entendimiento de Dios, más valoramos quién es Él, Su sacrificio, y nos damos cuenta de qué tan vacío es este mundo y todo lo que ofrece.

Quiero retarte a que contemples este pasaje, que analices la vida de Jesús y la vida de Pablo. Tenían sus prioridades bastante claras y estables y eso determinaba su manera de vivir y ver la vida. A todas, incluyéndome, nos puede pasar que vivimos como si esta tierra no fuera a acabarse o como si pudiéramos llevarnos todo aquello que acumulamos o logramos, y esto no debe ser así. Recuerda cada día que tu destino final no se encuentra en esta tierra.

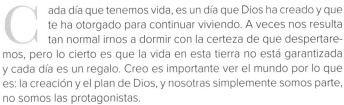

Éste es el día que el Señor ha hecho; y en él nos alegraremos y regocijaremos.

SALMO 118:24

Cada día que tenemos vida, es un día que Dios ha creado y que te ha otorgado para continuar viviendo. A veces nos resulta tan normal irnos a dormir con la certeza de que despertaremos, pero lo cierto es que la vida en esta tierra no está garantizada y cada día es un regalo. Creo es importante ver el mundo por lo que es: la creación y el plan de Dios, y nosotras simplemente somos parte, no somos las protagonistas.

Sin importar las locuras del mundo o de tu vida personal, podemos alegrarnos y regocijarnos sabiendo que este es el día que el Señor ha hecho. Podemos alegrarnos en que Dios sigue siendo Dios y quien dice ser. Podemos vivir con seguridad, sabiendo que Dios tiene control y cuidado de nuestras vidas. Es un reto total vivir de esta manera porque muchas veces, al despertar, lo primero que viene a nuestras mentes es la lista de quehaceres, pensamientos negativos o la realidad que estamos viviendo en ese momento. Pero cada día debemos tener presente la soberanía de Dios y entender que tiene todo bajo Su control y que, al final de cuentas, siempre es Su voluntad la que se lleva a cabo.

En nuestro conocimiento de quién es Él y la esperanza que nos otorga, podemos alegrarnos todos los días sabiendo que es Él quien va delante. En verdad te quiero retar a que seas intencional día a día al recordar esta gran verdad. A veces solo vamos viviendo por la vida como si nada tuviera sentido o nos dejamos arrastrar por las situaciones y emociones, negando con ello que Dios sigue sentado en el trono y es soberano. No permitas que el caos y el ruido del mundo te roben el privilegio de gozarte en Dios todos los días de tu vida.

Cada uno debe dar según se lo haya propuesto en su corazón, y no debe dar con tristeza, ni por necesidad, porque Dios ama a quien da con alegría.

2 CORINTIOS 9:7

A lo largo de los últimos años, Dios ha hablado muy fuerte a mi corazón sobre la generosidad y la importancia de dar. Aunque no pensemos tener amor al dinero, la verdad es que a veces es muy difícil desprenderse de él, especialmente cuando las finanzas no sobreabundan. Pero algo que he aprendido es que, con lo que tengo ahora, con lo que tengo en mis manos, sea poco o mucho, debo aprender a dar.

Como el dinero que tenemos es resultado de nuestro esfuerzo y trabajo, tendemos a pensar que es algo *nuestro* y, por lo tanto, es únicamente para nosotras. Sin embargo, es importante entender que todo lo que somos y tenemos debe ser para la gloria de Dios y que es gracias a Él que lo tenemos. Eso quiere decir que aun nuestras finanzas deben ser usadas para expandir el reino de Dios. Esto es posible aun cuando no creemos tener mucho.

Lo cierto es que la manera en que gastamos nuestro dinero refleja también nuestro corazón, de la misma manera que lo refleja nuestra forma de invertir el tiempo. La verdad es que Dios no necesita nuestro dinero. Él es dueño del oro y de la plata; es el Creador del universo entero. Entonces, no hay nada en nosotras que le proporcione algo que le falte. Sin embargo, a Dios le importa nuestro corazón, y la manera en que administramos nuestras finanzas revela lo que hay en él. Ahí se ve la generosidad, la confianza en Dios, el pensar en los demás, la obediencia, la sabiduría, y la lista continúa. Quiero animarte a que hagas una prioridad en tu vida el dar, y a que aprendas a bendecir a otros con lo que Dios te ha dado.

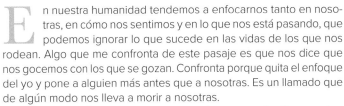

Gocémonos con los que se gozan y lloremos con los que lloran.

ROMANOS 12:15

En nuestra humanidad tendemos a enfocarnos tanto en nosotras, en cómo nos sentimos y en lo que nos está pasando, que podemos ignorar lo que sucede en las vidas de los que nos rodean. Algo que me confronta de este pasaje es que nos dice que nos gocemos con los que se gozan. Confronta porque quita el enfoque del yo y pone a alguien más antes que a nosotras. Es un llamado que de algún modo nos lleva a morir a nosotras.

Aun si no estás en tu mejor temporada, pero un familiar o amigo está celebrando algo en su vida, ¡celebra con esa persona! De la misma manera, nos dice que lloremos con los que lloran. Incluso si estás en tu mejor momento, o no te puedes identificar con la situación de alguien, aprende a compadecerte y a tener misericordia con los que sufren a tu alrededor. Hacer esto muestra un amor genuino y contrario a lo que el mundo enseña.

Cada vez nuestro mundo se vuelve más y más egoísta y egocéntrico, pero recordemos imitar a Cristo y la manera en la que nos llama a vivir. Con tristeza vemos que el mundo muchas veces ve como debilidad la solidaridad y la empatía con las personas, y por eso debemos recordar que vivimos según los estándares de la Biblia y no de la sociedad.

Recuerda que un corazón agradecido también es un corazón que no envidia ni desea el mal de otros. Si parece que el sol brilla para los demás pero tú te encuentras en medio de una tormenta, gózate con ellos y refúgiate en Dios. Sin importar qué tan difícil pueda ser, recuerda la bondad, la misericordia y la fidelidad de Dios. Permite que siempre sea Dios tu refugio, tu fuente de gozo y a quien buscas imitar.

Si obedecen mis mandamientos, permanecerán en mi amor; así como yo he obedecido los mandamientos de mi Padre, y permanezco en su amor. Estas cosas les he hablado, para que mi gozo esté en ustedes, y su gozo sea completo.

JUAN 15:10-11

Podemos llegar a pensar que el gozo y el contentamiento vienen de hacer lo que deseamos o todo lo que el mundo nos dice que debemos hacer. Es más, hasta llegamos a pensar que negarnos a nosotras y seguir lo que dice la Biblia nos podría llevar a ser infelices porque va en contra de lo que queremos. ¡No podríamos estar más equivocadas!

Lo cierto es que tenemos a un Creador, y fuimos creadas para encontrar esa plenitud y gozo únicamente en Él. Cada palabra que Él ha decidido dejarnos como instrucción en ocasiones también nos revela los resultados, ya sean buenos o malos. En este caso, dice que al obedecer permaneceremos en Su amor y tendremos Su gozo, y nuestro gozo será completado. ¿No es maravilloso?

Sé que es difícil morir a nosotras, negarnos y vivir de una manera opuesta al mundo, pero vale totalmente la pena. De verdad que no deja de asombrarme qué tan vacías son las promesas del mundo. Si ponemos atención, nunca nadie está satisfecho, siempre quieren más, buscan más, todo es falso, apariencias, y aun los que parecen tenerlo todo son infelices. Esas personas que han seguido su corazón, sus deseos, que viven en una supuesta libertad son infelices y buscan felicidad momentánea que simplemente las deja en un círculo sin fin.

A diferencia de las promesas de la sociedad, las promesas de Dios permanecen y trascienden esta vida. Él se mantiene fiel en cada momento y situación. Aun en la dificultad nos podemos aferrar a Su bondad y fidelidad. Quiero invitarte a que priorices la obediencia, incluso cuando eso signifique negar algo que en tu carne anhelas. No encontraremos mayor plenitud que aquella escondida en la persona de Jesús. Pongamos a Dios y Su Palabra en primer lugar siempre.

> *Estoy persuadido de que el que comenzó en ustedes la buena obra, la perfeccionará hasta el día de Jesucristo.*
>
> FILIPENSES 1:6

E

n este pasaje podemos notar dos puntos muy importantes. Por un lado, vemos cómo en el momento de recibir la salvación comienza una transformación en nuestras vidas que, aunque comienza de manera inmediata, no termina en ese momento sino que continúa. Es importantísimo entender esto para no desanimarnos. Hay tantas personas que al continuar luchando con ciertos pecados o actitudes se desaniman pensando que jamás podrán salir de eso o que no hay esperanza.

Lo cierto es que el cambio no sucede de la noche a la mañana, es un proceso que continuará hasta la venida de Cristo. Aquí podemos ver el segundo punto: Jesús no nos suelta, sino que esa obra que ha comenzado en nosotras la continúa haciendo, Él sigue trabajando en nosotras. En medio de tu insuficiencia y tus luchas, no voltees a ver tu capacidad, sino que recuerda quién es el que está obrando en ti. Corre a Él y descansa en Su capacidad.

Me parece que es muy importante meditar en este pasaje y entender por qué muchas veces queremos resultados inmediatos sin comprender que, mientras estemos en esta vida, día tras día hasta que Dios nos llame a Su presencia, Él se está perfeccionando en nosotras de manera continua. Aunque esto a veces es cansado y en ocasiones desistimos, podemos tener esa seguridad de que Dios nos sustenta y de que terminará lo que ha comenzado en nosotras.

Te quiero retar a que cada día voltees a la cruz y recuerdes que no se trata de qué tan buena eres, o qué tanto puedes en tus fuerzas, sino de la suficiencia de Cristo y Su obra redentora. Ante tus luchas, no te desanimes, sino que confiada, acércate al trono de gracia, recuerda que Cristo es el que obra en tu vida y que ese proceso no se terminará en esta tierra.

> *El Señor es bueno; es un refugio en el día de la angustia. El Señor conoce a los que en él confían.*
>
> NAHÚM 1:7

En pasajes como estos me gusta enfatizar y subrayar la palabra «es», porque afirma lo que Dios es: no lo que pensamos, no lo que podría ser, sino la realidad de Su esencia. La razón por la que me gusta señalar eso es que en momentos complicados, si no estamos firmes en Él comenzamos a dudar de Dios, empezamos a cuestionar si realmente es bueno y si está con nosotras. Lo cierto es que Dios no es inconstante, no cambia según los tiempos o situaciones. Por lo tanto, podemos confiar y creer en quién es Él aun en la adversidad.

Pero poder llegar a ese nivel de confianza es el resultado de un conocimiento. No me refiero a que tienes que entender y saber todo, porque es imposible. Lo que sí estoy diciendo es que muchas veces dejamos a Dios a un lado y después, cuando lo necesitamos, nos preguntamos dónde está y por qué nuestra fe está fallando. Lo cierto es que a diario debemos buscar a Dios; aun cuando la vida es perfecta debemos depender de Él.

Entre más buscas a Dios, más lo conoces y más confías. En los momentos complejos debes recordar lo que dice Su Palabra. Debes recordar que Dios no miente y que lo que ha dicho es verdad, aun si tus emociones dicen lo contrario. Y así como lo dice este pasaje, como hijas de Dios podemos tener esa certeza de que somos conocidas por Él, y podemos correr confiadamente ante Su trono gracias al sacrificio de Jesús.

Quiero desafiarte a que ante las afrentas de la vida, no actúes como una persona que no conoce a Dios, sino que en seguridad y confianza proclames que Dios es bueno y encuentres refugio en Su presencia.

¿Qué podrá separarnos del amor de Cristo?
¿Tribulación, angustia, persecución,
hambre, desnudez, peligro, espada?

ROMANOS 8:35

Todos creemos saber lo que significa el amor. El problema es que hemos creado un concepto con fundamentos de este mundo. Los medios sociales, el mundo del entretenimiento, la cultura y un sinfín de factores nos han dicho lo que es el amor. Sin embargo, no se compara de manera alguna con la definición de amor que nos da la Biblia. Eso ha causado que no entendamos la clase de amor que Dios tiene por nosotras. En consecuencia, tendemos a cuestionar si Dios nos continúa amando cuando suceden cosas que harían que las personas nos dejen de amar.

Una vez que hemos recibido la salvación al poner nuestra fe en la obra redentora de Jesús, debemos tener certeza no solo de nuestra salvación sino también del amor de Dios hacia nosotras. Es triste ver a hijas de Dios cuestionando si realmente son amadas o si han dejado de serlo debido a algo que hicieron o a una situación que están atravesando.

Como mencioné, el amor de Dios es muy diferente al amor del mundo, por eso es importante saber qué nos dice Su Palabra. Tienes que tener certeza de que el amor de Dios por ti no deja de ser. Sé que si estás batallando en alguna área de tu vida quizá pueda llegar la culpa y la condenación, y pienses que el amor de Dios ya no está, pero recuerda que la obra redentora de Cristo es más que suficiente.

El amor de Dios no se compara con el amor humano, porque Él no es humano. Quiero retarte a que busques lo que es el amor a la luz de la Palabra y que, con ese conocimiento, puedas pararte firme en la verdad profunda de que no hay nada que te separe del amor de Dios.

> *El hombre bueno, saca lo bueno del buen tesoro de su corazón. El hombre malo, saca lo malo del mal tesoro de su corazón; porque de la abundancia del corazón habla la boca.*

LUCAS 6:45

E stoy segura de que has escuchado la frase: «Un árbol de manzanas no puede dar peras» o alguna similar. Tendemos a usarla para referirnos a que se cosecha lo que se siembra, o a que nuestras reacciones están directamente relacionadas con nuestras acciones. Es lógico que no podemos esperar ciertos resultados si hacemos lo opuesto a lo que deseamos. Esto aplica a cualquier área, incluida la espiritual.

Me llama la atención cómo este pasaje dice que lo que hay en nuestros corazones es reflejado por aquello que sale de nuestras bocas. Tómate unos momentos para cuestionar qué está saliendo de tu boca: ¿envidia, celos, crítica, apoyo, verdad, mentira? ¿Qué reflejan tus palabras y tus conversaciones? De igual modo, si siempre nos estamos quejando, todo nos parece mal, o tenemos actitud de víctima, eso refleja lo que hay en nuestro corazón.

Lo cierto es que todo lo que consumimos, sea música, redes sociales, Biblia, libros, conversaciones, y realmente todo en lo que invertimos nuestro tiempo, siembra algo en nuestras vidas. Si notas que lo que está saliendo de tu boca no es muy agradable o no se alinea con la Palabra de Dios, es tiempo de analizar lo que estamos haciendo, pensando y creyendo. No podemos amar y servir a los demás y reflejar a Cristo si estamos llenas de odio, amargura, falta de perdón, queja, y todo aquello que es opuesto a Su Palabra.

Si queremos reflejarlo y dar frutos o resultados que apunten a Él, entonces tenemos que estar llenas de Él. ¿Cómo nos llenamos de Dios? Pasando tiempo en oración, leyendo la Palabra y haciendo que toda nuestra vida se trate de Él.

Haz una prioridad en tu vida el estudiar las Escrituras todos los días, porque únicamente así sabrás qué es lo que *debes perseguir* y en cuál *camino debes caminar.*

No se olviden de hacer bien ni de la ayuda mutua,
porque éstos son los sacrificios que agradan a Dios.

HEBREOS 13:16

En nuestra humanidad podemos ser bastantes superficiales, y por lo tanto ser engañadas y engañar con apariencias. Debido a eso, en ocasiones valoramos ciertas acciones o estilos de vida dependiendo de qué tan deslumbrantes se puedan ver. Comenzamos a enfocarnos en cómo podemos vivir nuestro cristianismo a la luz de la opinión de las personas, pero así olvidamos completamente que se trata de Dios.

Lo que es admirado y aprobado por los demás no necesariamente es lo requerido por Dios. Por ejemplo, a veces buscamos aquello que tiene algún tipo de reconocimiento o recompensa, como estar en la plataforma, alguna posición de liderazgo o aquello que nos hace sentir superiores o más buenas que las demás personas. Con tristeza vemos que se le ha dado un valor supremo a ciertas creencias e ideales y terminamos persiguiendo eso.

Si ponemos atención a este pasaje, menciona cuáles son los sacrificios que a Dios le agradan. Es importante poner atención a lo que Dios ha hablado y establecido para asegurarnos de que estamos viviendo conforme a lo que Él nos pide y lo que le es agradable. Podemos engañar a las personas pero nunca a Dios. Podemos dar el mejor espectáculo de la cristiana perfecta, haciendo cosas buenas para aparentar o solo aquello que nos conviene, pero a Dios eso no le importa.

Recordemos que todo lo que hagamos para Dios no es porque lo necesite. Dios no nos necesita, Él es Dios, es todo y todo está bajo Su dominio. Las acciones vanas o de un corazón endurecido no le agradan. Dios examina los corazones; conoce las intenciones detrás de lo que hacemos y no quiere meros actos buenos, sino un corazón sincero que también lo refleje al amar a los demás, al ser servicial y ser una verdadera seguidora de Cristo. ¡Tengamos esto en mente siempre!

*Dedíquense a la oración, y sean constantes
en sus acciones de gracias.*

COLOSENSES 4:2

L o he dicho una infinidad de veces pero lo vuelvo a repetir: somos cristianas siempre, no solo los domingos. Ser seguidoras de Cristo no es una etiqueta sino una manera de vivir todo el tiempo en cada circunstancia. Ser cristiana conlleva acción. Nuestra manera de vivir debe reflejar esa fe que profesamos tener en Jesús. Algo que he aprendido y notado a lo largo de mi caminar con Cristo es que la clave está en los detalles. A veces nos enfocamos en los rasgos grandes como ir a la iglesia o privarnos de ciertas cosas, sin embargo, aun haciendo eso nos sentimos desconectadas, como que no estamos creciendo o simplemente nos cuesta vivir para Dios. Pero la clave está en lo cotidiano, en aquello a lo que nos dedicamos y damos prioridad.

Aquí claramente vemos que debemos dedicarnos a la oración. Esto va más allá de solo orar por los alimentos y antes de dormir. La oración debe estar presente siempre en nuestras vidas y ser algo que nos acompañe, sin importar la circunstancia o temporada. También se nos llama a ser constantes en nuestras acciones de gracias. No hay nada peor que una cristiana con un corazón desagradecido. Dios es tan bueno y nos bendice de mil maneras, empezando con haber dado la vida de Su Hijo para morir por nosotras.

Te quiero retar a que en tu vida forjes la práctica de la oración y el agradecimiento. Esto definitivamente no es fácil, requiere intencionalidad y la ayuda de Dios mismo, pero no es algo imposible. Comienza por establecer ciertos tiempos para orar o usa momentos para hacer oraciones cortas, como cuando te bañas o manejas. También puedes hacer una práctica el diariamente agradecerle a Dios aun por las cosas más pequeñas que podrían parecer insignificantes. ¡Sé intencional!

Y es que la vida de todo ser está en la sangre. Yo les he dado a ustedes la sangre para que sobre el altar se haga expiación por ustedes. Por medio de la sangre misma se hace expiación por ustedes.

LEVÍTICO 17:11

El sacrificio de Jesús en la cruz no puede ser entendido de manera aislada. Lo impresionante de estudiar la Palabra es que, cuanto más leemos y crecemos en conocimiento, más crecemos en entendimiento. Tal vez hemos escuchado mil veces sobre el sacrificio de Jesús, y lo creemos, pero ¿lo entendemos?

En ocasiones entendemos el concepto o lo hemos repetido tantas veces que ya parece algo natural decir que Jesús murió por nosotras, pero una vez que estudias con mayor profundidad y entendiendo el qué y el porqué del sacrificio, ¡tu vida cambia! Creo que un buen entendimiento es lo que nos lleva a vivir realmente para Cristo y aferrarnos a Él, porque la locura de Su amor y sacrificio nos abruma.

Todo el Antiguo Testamento está lleno de alusiones al sacrificio venidero, su significado e importancia. En lo personal, por mucho tiempo esquivaba libros como Levítico, porque se me hacían muy confusos. Sin embargo, ahora que estoy intencionalmente leyéndolo, he quedado sorprendida al encontrar pasajes como este. Este versículo habla del sacrificio de un animal y el derramamiento de su sangre para obtener perdón de pecados.

Era necesario el derramamiento de sangre y que alguien inocente tomara el lugar de una persona culpable. Una y otra vez en el Antiguo Testamento era necesario que se hicieran estos sacrificios. El pecado siempre ha tenido un precio que es la muerte. Pero esos sacrificios de animales eran insuficientes y se tenían que hacer con regularidad. Sin embargo, gracias al sacrificio de Jesús, ese fue el último sacrificio capaz de redimirnos por la eternidad. ¡No dejemos de asombrarnos de la obra redentora de Cristo!

En este capítulo de Levítico se habla de los diversos tipos de enfermedades de la piel que causaban que una persona fuera considerada impura. Dependiendo de lo que tuviera, se debían seguir ciertas normas para recuperar la pureza. Era importante seguir esas indicaciones para poder ser restaurado.

Aquí podemos ver que había un causante determinado que hacía que la persona fuera considerada impura, y no podía vivir en el campamento en ese estado. Por lo tanto, era aislada y vivía alejada hasta que pudiera estar limpia. Incluso había casos en los cuales ciertas personas no podían volver a ser limpias y les tocaba vivir aisladas por el resto de sus vidas.

Mientras leía este pasaje, no pude evitar pensar en nuestra situación sin Cristo. El pecado nos hace inmundas, nos lleva a vivir alejadas de Dios. En la misma Biblia se nos dice que todos hemos pecado y estamos destituidos de la gloria de Dios. Ese pecado causa enemistad contra un Dios santo. Hace que Su ira y Su juicio apunten hacia nosotras. El pecado nos deja en una situación sin esperanza, porque no hay nada en nosotras que nos pueda rescatar.

¡Aquí entran las buenas nuevas! Estando nosotras alejadas y muertas en pecado, Dios mandó a Su Hijo a tomar nuestro lugar y así nos reconcilió con Él. A veces lo decimos tan a la ligera, nos llamamos cristianas sin entender la gravedad de la situación en la que nos encontrábamos. Poder ser restauradas y adoptadas en la familia de Dios es el regalo y milagro más grande que hemos recibido.

Te quiero retar a que no dejes de asombrarte. No te acostumbres a decir que Jesús murió por ti sin realmente entenderlo. La gracia y la misericordia que hemos recibido son increíblemente grandes e incomparables. Sé agradecida y vive cada día recordando lo que el sacrificio de Jesús hizo por ti.

Tu misericordia es mejor que la vida; por eso mis labios te alaban. ¡Yo te bendeciré mientras tenga vida, y en tu nombre levantaré mis manos! Mi alma quedará del todo satisfecha, como si comiera los mejores platillos, y mis labios te aclamarán jubilosos.

SALMO 63:3-5

¿Qué es lo que valoras en esta vida? ¿Qué anhelas para poder sentirte plena y feliz? Quizás pensaste en una lista infinita de cosas o tienes algo en particular que ha estado presente en tu corazón. Aunque no es malo soñar y disfrutar la vida, a veces tenemos ciertos ideales de lo que necesitamos o lo que nos traerá plenitud. El problema es que solo existe una verdadera fuente de gozo y plenitud, y se encuentra en la persona de Jesús.

No hay nada ni nadie fuera de Dios que nos pueda satisfacer y dar la plenitud que buscamos. He aprendido (y continúo aprendiendo) que Jesús es suficiente para cada área de mi vida. Él lo es todo en todo. Tal vez puedas decir que eso suena muy bonito, pero no sabes cómo hacerlo realidad y, sinceramente, creo que estos versículos tienen la clave.

Primero, hablan de la misericordia de Dios. Tú y yo hemos recibido la mayor misericordia posible al ser redimidas por Jesús. Es el acto más impresionante que nos trae la mayor esperanza y descanso eterno y es importante realmente comprenderlo y no perderlo de vista.

En segundo lugar, vemos que dice: «Por eso mis labios te alaban». Como he mencionado varias veces, en ocasiones perdemos de vista lo que Jesús hizo y nos volvemos demandantes e ingratas, sin comprender que ya ha hecho lo más increíble y que, por ser Dios, merece toda alabanza.

Por último, quedamos satisfechas al glorificar a Dios, al bendecirlo y vivir para Él, porque fuimos creadas por Él y para Él. No hay nada fuera de Dios que nos pueda satisfacer como lo hace Él.

E n estos días pasados, y realmente en todos estos últimos meses, hemos estado hablando mucho sobre nuestra fe en lo que Jesús hizo por nosotras. Y que quede claro: es muy importante entender esa fe que decimos tener. Sin embargo, no solo se trata de decir que tenemos fe, sino que esa fe sea reflejada en nuestras vidas. A lo que me refiero es a que una fe genuina siempre dará fruto. No podemos decir que creemos en Dios y en el sacrificio de Jesús y vivir de la misma manera que el mundo.

No se trata de *hacer* para obtener fe, gracia o misericordia, sino que, debido a la fe que tenemos en Jesús y al entendimiento de la redención que ha sucedido en nuestras vidas, hay evidencia. Recordemos que no somos cristianas solo porque decimos que lo somos y por ir a la iglesia los domingos. Somos cristianas cuando somos transformadas por el sacrificio de Jesús y ahora buscamos seguirlo y obedecerlo.

No creas que me refiero a que tienes que ser perfecta. La lucha contra el pecado es real y constante, pero ya no nos dejamos arrastrar por el pecado, sino que buscamos honrar a Dios y morir a nosotras mismas para que Él sea exaltado y glorificado en nuestras vidas.

Te quiero desafiar a analizar tu vida y ver si realmente hay una fe que produce obras o si solo es algo que profesas con tus labios sin ser realmente una realidad. Tus conversaciones, amistades, lo que ves, lo que escuchas, lo que anhelas, cómo inviertes tu tiempo, todo debería reflejar una devoción a Dios. Recuerda que, aunque podemos vivir una vida de apariencias, Dios conoce lo más profundo de nuestra mente y corazón.

Pero él les dijo: «Para comer, yo tengo una comida que ustedes no conocen». Los discípulos se decían unos a otros: «¿Alguien le habrá traído algo para comer?». Jesús les dijo: «Mi comida es hacer la voluntad del que me envió, y llevar a cabo su obra».

JUAN 4:32-34

En cada momento y situación de Su vida, Jesús tenía bien presente que antes de Sus necesidades humanas, Su principal objetivo era obedecer al Padre. Cada día lo vivía de manera intencional, entendiendo el porqué y el para qué de Su venida a esta tierra. Las cosas pasajeras de esta tierra no eran asunto de Su interés o preocupación. Su enfoque estaba en el lugar correcto en cada instante.

Eso es algo que creo que a todas se nos dificulta y en lo que tendemos a fallar constantemente. Lo cierto es que requiere de una gran intencionalidad de nuestra parte y dependencia de Dios. En tantas ocasiones estamos cegadas y preocupadas por todas nuestras necesidades humanas que estas se vuelven nuestra prioridad y mayor objetivo de vida. Claro que hay necesidades y responsabilidades que debemos atender, pero en medio de todo debemos mantener el enfoque de que nuestras vidas son por y para Dios.

Que esto no sea algo que te abrume al sentir que no puedes; sé vulnerable con Dios y pídele que te ayude en tu debilidad. Créeme que eso es parte de mi oración constante, porque como dijo Jesús: «A decir verdad, el espíritu está dispuesto, pero la carne es débil» (Mat. 26:41). La lucha es diaria, por eso nuestra vida como cristianas no puede tener *descansos*. Seamos intencionales en poner por encima de todo a Dios y Su Palabra. Esto no es algo que sucederá de la noche a la mañana, sino que se construye día a día. Cada práctica que implementes en tu vida diaria se volverá una pieza esencial para dirigir tu enfoque.

El pecado trae vergüenza y condenación. Tenemos un claro ejemplo con Adán y Eva: al momento de pecar, su instinto fue esconderse de Dios. Al darse cuenta de sus acciones y haberle dado acceso al pecado, su relación con Dios fue automáticamente dañada. Aunque nos encontramos en una posición distinta de la que estaban ellos, ciertamente el sentimiento que causa el pecado es el mismo.

Aun siendo hijas de Dios, creyendo en el sacrificio de Cristo, teniendo al Espíritu Santo y siendo redimidas, seguimos luchando contra el pecado. Ya no vivimos dominadas por el pecado, pero sigue siendo una lucha presente. Lo difícil en ocasiones es saber cómo reaccionar al momento de caer en pecado. Tristemente, muchas personas se dejan inundar por la vergüenza y la condenación y, como Adán y Eva, buscan esconderse de Dios. Si te has encontrado en esa posición, o si esa tiende a ser tu reacción, quiero que sepas que hay manera de correr a Dios y no de Dios.

Este pasaje dice que si confesamos nuestros pecados, Él nos perdona y nos limpia, pero es necesario confesarlo, sacarlo, evidenciarlo y ponerlo en la luz. Esto puede ser algo difícil porque se opone al sentimiento de culpa que podemos estar experimentando, y por lo mismo es súper importante que tengamos presente lo que dice la Palabra de Dios. Aquí nos dice que Él es fiel y justo, y por Su carácter, por quién es Él, nos perdona y nos limpia.

Es importante que entendamos que el sacrificio de Jesús y Su salvación son por gracia y no porque los merezcamos, y que gracias a Jesús y al amor que el Padre tiene en el Hijo, podemos acercarnos confiadamente al trono de gracia. Así que me gustaría exhortarte a que confieses tu pecado delante de Dios y permitas que sea Él quien te limpie.

Así que, arrepentíos y convertíos, para que sean borrados vuestros pecados; para que vengan de la presencia del Señor tiempos de refrigerio. (RVR 1960)

HECHOS 3:19

E l arrepentimiento no solo es decir «perdón» y seguir viviendo de la misma manera. Si eso no es seguido por un cambio de conducta, entonces solo son palabras lanzadas al aire. Algunas personas pueden llegar a cometer el error de pensar que con solo decir las palabras correctas es suficiente, pero recordemos que Dios conoce nuestras intenciones y lo más profundo de nuestro corazón.

Entender que el arrepentimiento genuino implica una vida distinta nos ayuda a gozarnos en la gracia de Dios, porque entendemos que no se trata de decir «perdón» y seguir igual *porque de todas maneras es por gracia.* Cuando entendemos la gravedad de nuestro pecado, lo que significa, lo que merece y lo que Cristo ha hecho por nosotras, es imposible querer seguir viviendo de la misma manera.

Aunque la lucha con el pecado es constante y real, es muy diferente abrazar el pecado y continuar en él, que luchar por no caer en lo mismo una y otra vez. El pecado siempre viene con la mentira de que nos va a satisfacer y de que vale la pena, ¡pero eso es una gran mentira! Por eso, Jesús nos llama a seguirlo y a *morir* a nosotras mismas. Esto significa morir a lo que queremos, a nuestros deseos y decir *no* a todo lo que vaya en contra de Dios. Es necesario esto para poder recibir no solo perdón, pero también un descanso que solo proviene de Dios.

Te quiero retar a que veas tu vida, analices tu corazón y le pidas a Dios que te traiga convicción sobre áreas en las cuales estás luchando, y que recuerdes que día a día debemos morir a nuestra carne.

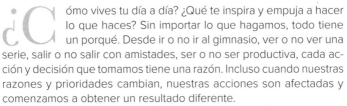

ómo vives tu día a día? ¿Qué te inspira y empuja a hacer lo que haces? Sin importar lo que hagamos, todo tiene un porqué. Desde ir o no ir al gimnasio, ver o no ver una serie, salir o no salir con amistades, ser o no ser productiva, cada acción y decisión que tomamos tiene una razón. Incluso cuando nuestras razones y prioridades cambian, nuestras acciones son afectadas y comenzamos a obtener un resultado diferente.

Cuando vivimos únicamente preocupadas por nuestros sueños y aquello que consideramos valioso, terminamos viviendo una vida egocéntrica porque solo se enfoca en el «yo». Como hijas de Dios, somos llamadas a morir a nosotras y seguirlo a Él. Cuando nuestro enfoque está en vivir para Cristo y esa es nuestra razón de existir, comenzamos a producir frutos dignos de arrepentimiento. Una y otra vez, en la Biblia vemos el énfasis que se hace en los frutos o resultados. Aunque nuestras buenas acciones no son el medio de nuestra salvación, sí la evidencian. Si decimos que somos salvas y que amamos a Dios, nuestra vida debe reflejarlo.

No sé cómo será en otros países, pero aquí en Estados Unidos es muy normal que la mayoría de las personas se consideren cristianas porque es la religión más conocida, así como lo es el catolicismo en México. El problema es que viven conforme a la cultura y el mundo, y no reflejan en absoluto lo que dicen creer o practicar. Es como si yo dijera que soy vegana y me la pasara comiendo carne. Lo que tendrá más peso serán mis acciones y no solo mis palabras.

Asimismo, es importante que entendamos que, aunque nuestra salvación no depende de nosotras, una verdadera salvación nos llevará a producir frutos dignos de arrepentimiento. Sé intencional en tu manera de vivir, y recuerda la razón detrás de lo que haces.

Acercaos a Dios, y él se acercará a vosotros. Pecadores, limpiad las manos; y vosotros los de doble ánimo, purificad vuestros corazones. (RVR 1960)

SANTIAGO 4:8

A veces llegamos a momentos donde Dios parece estar distante. Nos sentimos totalmente alejadas de Él, como si ya no nos escuchara más, y nuestro ánimo decae. Sin embargo, nuestra relación con Dios no es como una relación con cualquier persona. En nuestras relaciones humanas es normal tener ese tipo de momentos, porque a veces hay algún malentendido, demasiadas ocupaciones, se pierde el interés y, bueno, mil razones más.

Dios es un Dios constante. No cambia, se mantiene fiel a quién dice ser y cumple Su palabra. Por lo tanto, cuando sentimos esa distancia, no es que Dios se haya alejado, que esté demasiado ocupado o desinteresado, sino que nosotras nos hemos alejado. Nos alejamos cuando dejamos de orar, de leer Su Palabra y tener esos momentos con Él. También tendemos a alejarnos cuando hay pecado en nosotras con el que no queremos lidiar.

Si soy sincera, cuando hago algo que sé que no debía de hacer y peco contra Dios (sea algo pequeño o grande), automáticamente siento ese distanciamiento, porque como vimos en días pasados, con el pecado llega la culpa, la vergüenza y la condenación. Sin embargo, debemos correr a Dios y entender que Él es el único que puede limpiarnos y hacernos nuevas. Aunque este pasaje puede sonar fuerte al llamarnos «pecadores» y «de doble ánimo», prestemos atención a la afirmación del comienzo. Asegura que si nos acercamos a Dios, Él hará lo mismo.

No debemos tener miedo o incertidumbre a la hora de buscarlo. Si venimos con un corazón arrepentido, podemos acercarnos con la certeza de que nos recibirá con los brazos abiertos. Solo analicemos la historia del hijo pródigo y veamos cómo después de haber comprendido su error y haberse arrepentido, regresó a la casa de su padre y fue recibido de una manera inesperada. ¡Así es nuestro Dios!

Y al ver Dios lo que hicieron, y que se habían apartado de su mal camino, también él se arrepintió de hacerles el daño que les había anunciado, y desistió de hacerlo.

JONÁS 3:10

No podemos negar u omitir que el pecado tiene consecuencias. Desde el comienzo de la creación, Dios ha sido específico con lo que estaba permitido, con lo que no y con las consecuencias que sobrevendrían si los hombres hacían lo que no era debido ante Sus ojos. Sin embargo, a lo largo de la Biblia también podemos notar que el corazón de Dios siempre ha deseado que el ser humano se arrepienta y lo reconozca en todos sus caminos, y así restaurar a la humanidad.

Aunque la ira de Dios es real y Su aborrecimiento del pecado también, no debemos minimizar la gracia, la misericordia y el amor inmensos que Él proveyó mediante el sacrificio de Jesús. Su evangelio llama al pecador al arrepentimiento y a depositar su confianza en Él para así limpiarlo, redimirlo y darle una vida nueva. Un dato importante es que, en el Antiguo Testamento, la salvación se obtenía de la misma manera que la obtenemos hoy. La diferencia es que las personas en esa época miraban hacia lo venidero y nosotras miramos atrás, a lo que ya sucedió.

Cuando Dios envió a Jonás a Nínive, vemos cómo el profeta no quería ir porque sabía que, si ellos se arrepentían, Dios los perdonaría. Te invito a que leas toda la historia, y que te enfoques en esa verdad de que, si bien Dios es un Dios santo y justo, también es amoroso y misericordioso. Es importante ver a Dios por quién es y no solo enfatizar Su ira o Su amor, porque cuando lo vemos en conjunto, ahí podemos entender el evangelio en su totalidad.

... Si tu hermano peca contra ti, repréndelo; y si se arrepiente, perdónalo. Si en un solo día peca siete veces contra ti, y siete veces vuelve a ti el mismo día y te dice: «Me arrepiento», perdónalo.

LUCAS 17:3-4

Entender la gracia y la misericordia que Dios ha tenido hacia nosotras es importante para estar seguras de nuestra salvación y relación con Él. Pero también nos ayuda con nuestras relaciones con los demás. A veces, es muy fácil querer ser perdonadas, pero nos cuesta perdonar a las personas y extenderles gracia y misericordia.

No sé a ti, pero a mí me da una paz increíble saber sobre la misericordia de Dios y el perdón que me ofrece sin yo merecerlo. Fallo más de lo que me gustaría admitir y reconozco que quedo demasiado corta a comparación de Su santidad. Es maravilloso saber esto, creerlo y vivir confiadas en esa verdad. Pero ¿cuál es nuestra reacción cuando otras personas pecan contra nosotras? ¿Recordamos cómo Dios ha sido con nosotras o nos portamos con dureza porque no se merecen nuestro perdón?

Nos es fácil aceptar y agradecer el perdón de Dios, pero a veces estamos totalmente endurecidas cuando se trata de perdonar a otras personas. Sé que a veces nos puede doler demasiado y ante nuestros ojos algo se puede ver totalmente imperdonable; sin embargo, Cristo nos llama a perdonar como Él nos ha perdonado.

Algo que en lo personal me ha ayudado para perdonar aun lo imperdonable es recordar esa misericordia que Dios me ha extendido y que continúa haciéndolo. Pienso en ese sacrificio de Jesús al morir por mí, tomar mi lugar y salvarme aun sabiendo que fallaré. Aprendamos a perdonar a los demás no porque lo «merecen» o no, porque Dios no nos da lo que merecemos. Si fuera así, nos daría juicio y muerte, y lo que nos ha dado es gracia, perdón y salvación.

Cada uno de los cuatro seres vivientes tenía seis alas, y estaba lleno de ojos por fuera y por dentro. Día y noche no cesaban de decir: «Santo, santo, santo es el Señor Dios Todopoderoso, el que era, el que es, y el que ha de venir»

APOCALIPSIS 4:8

Una amiga tiene una pregunta que le gusta hacerles a las personas, y creo que confronta y nos apunta a la verdad. La pregunta es: Si no puedes adorar a Dios aquí en la tierra, ¿qué crees que harás por la eternidad? En general, les hace esta pregunta a personas que anhelan ir al cielo pero les cuesta vivir para Dios en esta tierra.

Estamos tan distraídas con esta tierra que llega un punto en el que solo vivimos para este mundo. Eso afecta nuestra relación con Dios y la manera de vivir a la luz de la Palabra, porque en lugar de buscar alinearnos con Él, buscamos que Él se alinee con nosotras y nuestros deseos.

¡Lo cierto es que fuimos creadas para dar gloria y honra a Dios! Claramente, en este pasaje podemos ver cómo los ángeles alaban a Dios día y noche. Pero eso no se limita únicamente a la eternidad; aun en esta tierra fuimos diseñadas para la gloria de Dios y es ahí donde encontramos plenitud. Menciono esto porque, en ocasiones, consideramos que pasar tiempo con Dios es una tarea, una obligación o algo que nos pesa, y no entendemos que estar ante Su presencia adorándolo es lo que haremos por la eternidad y aquello para lo cual fuimos creadas.

Quiero desafiarte a que, si no lo haces, comiences a pasar tiempo adorando a Dios. Que se vuelva una necesidad en tu vida buscarlo a Él en oración y a través de Su Palabra. Si esto es algo con lo que batallas, ¡pídele ayuda a Dios! Recordemos que es Él quien pone ese deseo en nuestros corazones y quien nos santifica día a día.

Y a aquel que es poderoso para cuidar de que no caigan, y presentarlos intachables delante de su gloria con gran alegría, al único Dios, nuestro Salvador por medio de Jesucristo, sean dadas la gloria y la majestad, y el dominio y el poder, desde antes de todos los siglos y siempre. Amén.

JUDAS 24-25

Entre más conocemos a Dios y entendemos lo que ha hecho por nosotras, más podemos vivir para Él. No solo me refiero a usar nuestras vidas para extender el reino de Dios en esta tierra, sino también a vivir en comunión, buscándolo todos los días. Aunque esto debería ser parte de nuestras vidas siempre, en ocasiones nos cuesta por diversas razones.

Podemos pasar horas hablando de la infinidad de retos que enfrentamos en nuestra humanidad, pero quiero enfocarme en uno en particular que usualmente ataca en nuestras vidas, en especial, al iniciar nuestro caminar con Dios. Me refiero a sentirnos indignas, como si no fuera posible ser amadas por Dios. Eso nos lleva a dudar de Su gracia, Su perdón y de que realmente nos escuche. Es uno de los mayores impedimentos para poder vivir ancladas en el Padre.

Es inevitable tener luchas y pensamientos que no sean correctos, pero podemos estar capacitadas para enfrentarlos y salir victoriosas. Para cualquier lucha es importante tener la verdad, porque es la que derribará cada mentira y falso argumento. Justo en este pasaje podemos encontrar una verdad que nos ayudará a pelear.

La mayor esperanza que tenemos como hijas de Dios es que, al final de nuestra vida en esta tierra, nos podremos presentar delante de Él totalmente justificadas. Esto no por nuestras obras sino por la obra redentora de Jesús, y podemos confiar en eso a pesar de nuestras faltas e insuficiencia. En el momento en que entendemos que dependemos totalmente de Él y no de nosotras, comenzamos a vivir en la libertad que nos ha dado para vivir para Él.

Si alguno dice: «Yo amo a Dios», pero odia a su
hermano, es un mentiroso. Pues el que no ama
a su hermano a quien ha visto, ¿cómo puede
amar a Dios, a quien no ha visto? Nosotros
recibimos de él este mandamiento: El que ama
a Dios, ame también a su hermano.

1 JUAN 4:20-21

A lo largo de la Biblia notamos cómo lo que profesamos tiene que ser evidente en nuestras acciones, en nuestra forma de vivir. Un concepto principal en el cristianismo es el amor, y no un amor superficial como el del mundo, sino uno que imita la clase de amor que el Padre nos ha demostrado. Somos llamadas a amar a los de nuestro alrededor y esto no siempre es algo sencillo.

Algo con lo que Jesús confrontaba a los fariseos con regularidad es que tenían mucho conocimiento y hasta hacían algunas cosas aparentemente buenas, pero realmente no practicaban lo que decían creer; por el contrario, su vida contradecía su conocimiento. Decían tener mucho amor por Dios, pero su manera de tratar a los demás no lo reflejaba. De la misma manera, aquí nos confronta con que nuestro amor por Dios (a quien no hemos visto cara a cara): tiene que ser evidente en nuestro trato a los de nuestro alrededor. Ahí es donde demostramos ese amor a Dios, en nuestro amor a los demás.

Sé que esto no es nada fácil y somos retadas en ciertas ocasiones, pero allí es cuando más debemos mantener la mirada en Jesús y buscar reflejar Su amor al resto del mundo. Como creyentes, no solo debemos decir las palabras correctas, sino tener también convicción en nuestros corazones y que sea evidente. Quiero desafiarte a que, cada vez que te encuentres con esa persona que tiende a desesperarte, enojarte o simplemente saca lo peor de ti, tomes unos segundos para orar y recordar que tu amor a los demás es una respuesta del amor que Dios te ha mostrado a ti.

Porque tres son los que dan testimonio en el cielo: el Padre, el Verbo y el Espíritu Santo; y estos tres son uno. (RVR1960)

1 JUAN 5:7

E s evidente que existen diferentes denominaciones y doctrinas dentro del cristianismo. Muchas de ellas niegan o enfatizan ciertos temas de la Biblia. Pero más allá de lo que pastores, líderes o cualquier persona diga, inclusive de lo que nosotras podamos pensar, debemos regirnos por lo que dice la Biblia, y para eso es necesario conocerla y estudiarla.

Hay denominaciones que niegan la Trinidad, ya que el término en sí no se encuentra en la Biblia. Sin embargo, es un término creado para referirse a lo que precisamente comunica este pasaje. Aunque el término no aparezca en la Biblia, no podemos negar la cantidad de veces que se hace referencia a Dios en plural y que se habla de las tres personas: Padre, Hijo y Espíritu Santo, y aun así afirmar que solo es uno.

Menciono esto porque antes de alinearnos a ideologías o rechazar enseñanzas, primero llevémoslas a la luz de la Palabra y veamos qué es lo que realmente dice. Es un privilegio vivir en lugares con acceso a la Palabra de Dios. No creamos que únicamente los pastores deben estudiar la Biblia, también nosotras debemos escudriñarla. Si no lo hacemos, ¿cómo podremos identificar doctrinas falsas?

Te quiero retar a que, si hoy en día luchas con algún tema, más que buscar en el mundo o en palabras de personas, busques en la Biblia y permitas que sea el Espíritu Santo quien revele Su Palabra y te alinee a ella. Es normal tener dudas y no entender en profundidad ciertos temas. Debo admitir que hay temas que aún no logro comprender en su totalidad, pero eso no me detiene de seguir estudiando. Sé intencional al momento de leer la Palabra y busca que tu vida y tus creencias estén alineadas a lo que dice.

No amen al mundo, ni las cosas que están en el mundo.
Si alguno ama al mundo, el amor del Padre no está
en él. Porque todo lo que hay en el mundo, es decir, los
deseos de la carne, los deseos de los ojos, y la vanagloria
de la vida, no proviene del Padre, sino del mundo.

1 JUAN 2:15-16

En el devocional anterior vimos la importancia de buscar alinearnos a la Palabra de Dios y no solo creer todo lo que se nos dice. Con tristeza vemos que cuanto más pasan los años, peor es el estado de la iglesia. Se ha perdido la costumbre de realmente estudiar y escudriñar la Biblia y se han adoptado ideologías de nuestra sociedad.

Hay muchas iglesias y creyentes que priorizan la inclusividad, el no hacer que nadie se sienta afuera y no causar ningún tipo de molestia, y así se ha diluido el evangelio. Lo cierto es que si nuestra doctrina no es muy diferente a lo que el mundo cree, ¡algo anda mal! Es imposible seguir a Dios y al mundo al mismo tiempo. La Biblia es muy clara en establecer que lo que el mundo busca y desea no está alineado con lo que el Padre desea.

Las redes sociales se han vuelto un vocero de todo tipo de ideas, opiniones y creencias, y tristemente hay muchas personas que afirman ser cristianas pero todo lo que dicen va en contra de las Escrituras. En ocasiones es fácil ser confundidas si no conocemos la verdad, porque, de alguna manera, a nuestra carne le suena correcto lo que escuchamos y es algo que no nos lleva a morir a nosotras.

El mandato es claro: no debemos amar lo que el mundo ama. Te animo a filtrar todo aquello que busca acomodar a la Biblia para que apoye y justifique lo que el mundo quiere proclamar. Estemos alerta y aprendamos a buscar y amar lo que Dios nos dice en Su Palabra.

Si alguno enseña otra cosa, y no se aviene a las sanas palabras de nuestro Señor Jesucristo y a la doctrina que corresponde a la piedad, está envanecido, no sabe nada, y delira acerca de cuestiones y contiendas de palabras, de las cuales nacen las envidias, los pleitos, las blasfemias, las malas sospechas y las disputas necias de hombres de entendimiento corrupto y privados de la verdad, que hacen de la piedad una fuente de ganancia. De gente así, apártate.

1 TIMOTEO 6:3-5

Como seres humanos, estamos en un constante crecimiento. Dependiendo de nuestra edad y temporada de la vida, vamos madurando, aprendiendo, cambiando la forma en la que pensamos y demás. Esto sucede porque no lo sabemos todo y vamos tratando de descifrar la vida. Cometemos errores, aprendemos de ellos y hacemos cambios con base en ese aprendizaje.

Es importante entender que Dios no es como nosotras. Él es el creador, la mente maestra, Dios del universo, omnisciente, omnipotente y soberano. Él no va aprendiendo o cambiando con el tiempo. Es quien dice ser y el mismo de ayer, hoy y siempre. Por lo tanto, Su Palabra, lo que ha dicho y establecido, tampoco evoluciona con el tiempo.

Hoy en día existe un cristianismo progresista que dice que la Biblia tiene que ir progresando junto con la cultura y los tiempos. Debido a eso, vemos cómo existe una mezcla de doctrina con ideología del mundo, un cristianismo demasiado amistoso con el mundo y una pérdida de la predicación del evangelio.

Muchas veces aceptamos nuevas ideologías porque se conforman a nuestros deseos carnales y no vemos que eso es peligroso, porque nos ponemos a nosotras mismas como autoridad sobre Dios. Es necesario saber y entender que Dios ya ha hablado y lo encontramos en las Escrituras. Quiero retarte a que analices todo y lo escudriñes a la luz de la Palabra, aun si te causa conflicto.

Como hijas de Dios, somos hijas siempre. Esa es una verdad que no tiene pausa. Esa es la identidad que hemos recibido y que jamás se nos puede arrebatar. Sin embargo, en ocasiones olvidamos esto y dejamos a Dios a un lado cuando las cosas «no tienen que ver con Él», pero negamos la verdad de que todo tiene que ver con Él. Recordemos que en nuestro trabajo, amistades, escuela, gimnasio, negocios, sueños, pasatiempos, vacaciones, familia, *en todo,* Él sigue siendo Dios y debe ser nuestra razón de vivir. En la Palabra se nos dice que, sin importar lo que hagamos, lo hagamos para Su gloria. Por eso es importante entender que nuestro caminar con Dios abarca nuestra vida cotidiana. Es decir, cada día lo debemos vivir para la gloria de Dios buscando Su voluntad. Nuestra fe en Cristo debe influenciar cada aspecto de nuestras vidas; es así como vivimos para Él y no para esta tierra.

Es necesario ser intencionales en nuestra manera de vivir porque es fácil «tomar turnos», y hacer cosas para Dios y otras cosas para nosotras en distintos momentos, como si tuviéramos una doble vida. Si queremos que todo salga bien, vivir con propósito y tener una relación con Él, es necesario que ajustemos nuestro enfoque y prioridades.

Quiero retarte a que hagas una lista de prioridades en tu vida. No hagas una lista con las cosas que te gustaría que fueran una prioridad, sino con la realidad. Analiza tu vida y fíjate a qué le dedicas tiempo y para cuáles actividades haces tiempo: gimnasio, salidas con amigos, ver series, redes sociales, etc. A la luz de eso, acude al Padre y pídele que te ayude a que en esa lista también esté la oración, la lectura de la Biblia, la adoración y el servicio, y que puedas honrarlo en cada área de tu vida.

A cualquiera que me oye estas palabras, y las pone en práctica, lo compararé a un hombre prudente, que edificó su casa sobre la roca.

MATEO 7:24

La obediencia es esencial en nuestras vidas pero un tanto difícil, porque la mayoría del tiempo significa actuar en contra de lo que queremos. La vida cristiana requiere obediencia constantemente porque todos los días se nos pide morir a nosotras mismas, a nuestros deseos y seguir a Cristo. Es importante que no lo veamos como una carga frustrante que tenemos que llevar.

Recordemos que Dios, siendo el Creador de todo, ha establecido las reglas de esta vida. Por lo tanto, cuando nos llama a obedecer, no viene de una demanda caprichosa de que se haga lo que Él quiere. Nos llama a la obediencia, y en Su gracia, misericordia y soberanía nos dice las consecuencias de la obediencia y desobediencia. Es importante entenderlo, porque la obediencia siempre nos llevará a lo mejor.

Solo ponte a pensar cómo muchas veces nuestros padres nos daban instrucciones sobre algo que no queríamos, pero al pasar los años, logramos entender el porqué. Lo mismo pasa cuando obedecemos a Dios. En ocasiones llegamos a momentos donde nos sentimos inestables en nuestra vida espiritual, estamos con luchas que parece que no podemos superar, todo parece salir mal y no sabemos por qué. Pocas veces nos detenemos a pensar que eso viene de querer vivir a nuestra manera sin contemplar a Dios y Su Palabra.

Si leemos todo este pasaje, podemos ver que hay dos personas: a una se la compara con alguien que construye su casa sobre la arena, y termina siendo inestable y moviéndose con las circunstancias; mientras que a la otra persona se la compara con alguien que construye sobre la roca una casa estable e inamovible. ¡La gran diferencia entre las dos personas es la obediencia! Te quiero retar a que hagas de la obediencia una prioridad en tu vida y que veas la instrucción de Dios como una bendición.

Hermanos, ustedes han sido llamados a la libertad,
sólo que no usen la libertad como pretexto para pecar;
más bien, sírvanse los unos a los otros por amor.

GÁLATAS 5:13

Podemos llegar a confundir, o más bien, distorsionar, lo que significa la libertad a la luz de la Biblia. La libertad que recibimos de Dios no es para hacer todo lo que queramos y así ser felices. No es un llamado a la plenitud humana. Es una libertad del pecado para ya no tener que vivir conforme a nuestros patrones pecaminosos. Vivimos en un mundo muy egoísta. Todos buscan su bienestar antes que el de los demás y su propia gloria; anhelan ser reconocidos. Cuando Dios nos hace libres del pecado ya no servimos más al pecado, sino que ahora servimos a Dios, y eso nos lleva a poder servir a otros. En esta sociedad, el servicio se ve como algo inferior, algo que nosotras debemos recibir pero no dar. Sin embargo, a la luz de la Biblia, el servicio es algo que nos pide Dios, y no solo eso, sino que también refleja el carácter de Cristo. Llegarán momentos en nuestras vidas donde por servir se nos podrá llegar a considerar menos, o incluso en nuestra carne vamos a querer resistir por no parecer inferiores ante los demás; pero en esas circunstancias hay que recordar que lo hacemos por amor a Dios y no buscando reconocimiento de otros.

Te quiero desafiar a que aprendas a vivir en la libertad que Cristo te ha dado. No te conformes con vivir cómodamente en tu pecado sino que, con intencionalidad, busca vivir para Cristo. Aun si hay áreas que se te dificultan, pídele ayuda a Dios y recuerda que es Su Espíritu Santo el que hace esa obra en ti. Recuerda que la libertad no se encuentra en el egoísmo sino en vivir para Cristo.

Ni lo alto, ni lo profundo, ni ninguna otra cosa creada nos podrá separar del amor que Dios nos ha mostrado en Cristo Jesús nuestro Señor.

ROMANOS 8:39

El amor que nunca nos va a defraudar es el de Cristo. Es el amor más suficiente y maravilloso que vamos a experimentar. A veces lo decimos y lo cantamos, pero realmente no lo creemos en nuestros corazones. Esa incredulidad se nota en nuestro diario vivir y relación con Dios. Podemos llegar a pensar que Dios nos ha dejado de amar cuando fallamos o cuando una situación complicada llega a nuestras vidas. Por eso quiero compartir este versículo contigo y retarte a que lo memorices y lo tengas presente siempre.

La importancia de memorizar la Escritura es que creemos que es la Palabra de Dios, eso quiere decir que no son ideas inventadas por el hombre sino nacidas directamente del corazón de Dios. Podemos confiar en que es verdad lo que estamos leyendo y por lo tanto, se vuelve nuestra espada para pelear las mentiras que llegan a nuestra mente. Entonces, cuando vienen esos pensamientos que se oponen a la Palabra, podemos meditar, recordar o leer estos pasajes y aferrarnos a ellos aun si en nuestras emociones sentimos algo diferente.

En medio de las incertidumbres y complicaciones de esta tierra, es hermoso poder refugiarnos en Cristo, depender de ese amor que no falla y que es para siempre. No olvidemos que la mayor prueba y evidencia de Su amor para con nosotras es que entregó la vida de Su Hijo para morir por ti y por mí y así reconciliarnos con Él mismo. ¡Nos ha reconciliado para tener comunión con nosotras! No dejes que tus emociones y falsos argumentos te priven de vivir una vida cercana y dependiente de tu Dios, tu Padre, tu Salvador.

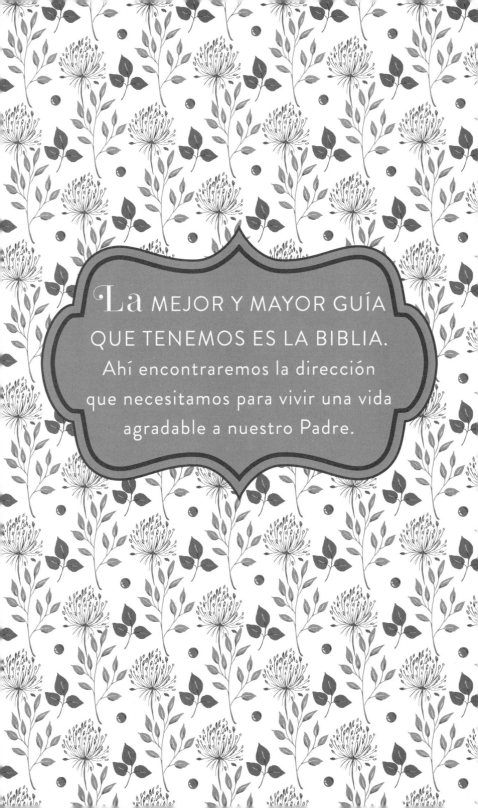

La MEJOR Y MAYOR GUÍA QUE TENEMOS ES LA BIBLIA. Ahí encontraremos la dirección que necesitamos para vivir una vida agradable a nuestro Padre.

Confieso que me cuesta quedarme tranquila. Ante situaciones, emociones, una lista larga de tareas por hacer y conflictos, mi mente automáticamente se pone en modo productividad e intenta resolver. Aunque ser proactiva no tiene nada de malo en sí, en ocasiones, en el afán de resolver las cosas, quitamos la mirada de Dios. En nuestra naturaleza queremos tener el control, o mínimamente sentir que lo tenemos. Queremos tomar las riendas de nuestras vidas, asegurarnos de que podemos controlar lo que sucede a nuestro alrededor y esforzarnos por obtener el resultado que queremos. Sin embargo, no tenemos control de absolutamente nada. Ni siquiera sabemos qué sucederá en los siguientes minutos, horas o días. Podemos tener una idea, pero no podemos tener la certeza porque no conocemos el futuro. El único soberano sobre todo es Dios.

Quiero retarte (y esto también va para mí) a poner todo en las manos de Dios, a rendir en humildad todo delante de Él y confiar en que tiene control de todo. Esa confianza es la que nos lleva a tener paz aun cuando las cosas no parecen salir tan bien, y sin importar los resultados podemos descansar en que es Él quien tiene control de nuestras vidas, de nuestro respirar y de cada latido de nuestro corazón. Esto es algo en lo que tenemos que ser intencionales, porque en nuestra naturaleza, siempre queremos saltar al volante.

Algo que me ayuda a regresar a ese lugar de dependencia es la oración. En ocasiones pensamos que para orar necesitamos la música perfecta, estar solas en nuestro cuarto sin que nadie nos moleste, pero la verdad es que podemos orar en todo tiempo. Cuando vengan la ansiedad y la preocupación, corre a Dios y experimenta Su paz.

Dios enjugará las lágrimas de los ojos de ellos, y ya no habrá muerte, ni más llanto, ni lamento ni dolor; porque las primeras cosas habrán dejado de existir.

APOCALIPSIS 21:4

L a mayor esperanza se encuentra en Cristo y en la vida eterna venidera. Lo que nos ofrece Jesús a través de Su sacrificio es paz con Dios. Nos ha reconciliado con el Padre y nos ha adoptado, y tenemos la certeza de que un día estaremos cara a cara frente al Juez y seremos declaradas justas por el sacrificio de Jesús, y gozaremos el resto de la eternidad en Su presencia. Esa esperanza es la mayor que podemos recibir porque no falla y no se acaba.

Por otro lado, esta tierra pasará. Todo lo que vemos y conocemos en este momento es temporal. Por eso es importante predicar el verdadero evangelio y esa esperanza, porque si solo ofrecemos esperanza terrenal, solo es algo temporal y pasajero. Eso se aplica aun a nosotras, porque a veces nos enfocamos tanto en una esperanza momentánea que perdemos el enfoque de la eternidad. Claro que podemos vivir promesas de Dios en esta tierra, pero con la mirada en lo eterno.

Entre más comprendo el evangelio, más esperanza encuentro cuando atravieso dificultades en esta tierra. Me da paz y seguridad saber que esta vida no se compara en nada a lo que está por venir y que, sin importar cuántas dificultades afronte, todo esto pasará y vendrá lo mejor. Me da mucha esperanza de que si todo sale terriblemente mal en esta tierra, me espera lo mejor en la eternidad junto a Jesús.

Te quiero retar a que vivas con esa mentalidad, no buscando tu mejor vida en esta tierra ni predicando eso, sino valorando la cruz y hablando a la luz de la eternidad.

Por lo tanto les digo: No se preocupen por su vida, ni por qué comerán o qué beberán; ni con qué cubrirán su cuerpo. ¿Acaso no vale más la vida que el alimento, y el cuerpo más que el vestido?

MATEO 6:25

No podemos negar que la necesidad es real. Esta vida es real; es decir, tenemos trabajos, obligaciones y necesidades. Por ser cristianas no dejamos de vivir y pasar lo mismo que el resto del mundo; pero debemos vivirlo de una manera distinta. Muchas veces tenemos la mirada demasiado plantada en esta tierra, y se nos olvidan las cosas de Dios y perdemos de vista la eternidad.

Esto es evidente cuando no tenemos tiempo para servir, leer la Palabra, orar, predicar y simplemente vivir para Dios. Muchas veces, este es el resultado de priorizar todo lo demás que debemos hacer. A lo que me refiero es que todas debemos ir a la escuela, trabajar, tenemos compromisos, y cada detalle es parte de nuestro diario vivir. Y hacemos tiempo para todo eso; pero se nos olvida vivir para Dios porque creemos no tener tiempo o no entendemos la relevancia que tiene en nuestro día a día.

Algo que dice la Palabra y que he experimentado personalmente es que, cuando ponemos a Dios por sobre todas las cosas, lo demás cae en su lugar. En ocasiones nos es difícil soltar las riendas de nuestras vidas y por eso nos afanamos y aferramos al trabajo, el dinero, las necesidades y las responsabilidades, y no entendemos que, si buscamos primero a Dios, si estamos plantadas primeramente en Él, lo demás cae en su lugar. No hablo de ser irresponsables y no hacer nada, sino de no dejar que los afanes de esta tierra se vuelvan nuestra prioridad, al punto de descuidar nuestra relación con Dios. Ante tu lista de quehaceres, ¡recuerda que tu vida le pertenece a Dios!

Este pasaje se usa mucho para hablar en contra de los tatuajes, pero va mucho más allá de algo meramente superficial. A veces ponemos mucho énfasis en lo que nuestros ojos carnales pueden ver y nos negamos a tratar de conocer lo que no se ve, como nuestros pensamientos, emociones, lo que haces cuando no hay nadie presente, etc. Se nos olvida que, al creer en Jesús, recibimos al Espíritu Santo y ahora mora en nosotras. Al olvidar esto, actuamos en nuestra carne y eso nos puede llevar al pecado.

Es importante meditar en la Palabra y recordar estas verdades, porque solo al tenerlas presentes podemos mantenernos firmes y en obediencia. Al saber y entender que somos templo de Dios, debemos esmerarnos por vivir una vida íntegra. Eso va más allá de las cosas que se pueden ver; tiene que ver con nuestro corazón, pensamientos y acciones cuando nadie nos está viendo. No podemos ver a Dios físicamente, se nos olvida que siempre está presente, y creo que si tuviéramos eso en mente siempre actuaríamos de una manera distinta.

Nuestra fe en Cristo tendrá evidencia en cada área de nuestras vidas, desde lo físico hasta lo más interno. Que el Espíritu more en nosotros nos debe traer paz al saber que es Él quien nos capacita y ayuda.

Quiero retarte a que, aun si en este momento estás batallando en alguna área de tu vida, busques volver a alinearte con Dios, recordando lo que ha hecho por ti y cómo te ha librado del pecado para vivir reflejando que eres Su templo. Sé que no es fácil morir a nosotras, a nuestra carne, a nuestro pecado, pero es posible con la ayuda de Dios.

Por mi parte, yo alabaré con salmos tu poder;
por la mañana proclamaré tu misericordia,
porque tú eres para mí una fortaleza, ¡eres
mi refugio en momentos de angustia!

SALMO 59:16

Nuestros días están llenos de decisiones, ya sean pequeñas o grandes. Esto va desde abrir tu celular en cuanto te levantas, tomar dos tazas de café, salir a correr antes del trabajo, arreglarte o no para salir... cada detalle de tu día es una decisión. Eso quiere decir que, cuando se trata de Dios, también tomamos decisiones. Cuando no apartamos tiempo para Él, tomamos una decisión, al igual que cuando sí lo hacemos.

Hay maneras tan sencillas que podrían parecer insignificantes pero que hacen una gran diferencia para mantener el enfoque en Cristo. Por ejemplo, hace un par de años comencé a disciplinarme a que lo primero que dijera al despertarme fuera: «Gracias, Dios». Podría parecer algo tan sencillo, pero solo analiza por un segundo lo siguiente: ¿cuántas veces despertamos y lo primero en lo que pensamos es en qué cansadas estamos, en todo lo que hay por hacer ese día, en los afanes, o en agarrar el celular y ver qué ha pasado en redes sociales? Eso obviamente nos lleva a empezar con una mentalidad totalmente humana.

Por otro lado, si lo primero que haces es agradecerle a Dios, eso te llevará automáticamente a entender que estás viva gracias a que Dios lo permitió, que Él es a quien le debes todo. Amaneces con una actitud de agradecimiento, y esa gratitud puede convertirse en una oración corta. Que tu primer segundo al despetar sea agradeciendo a Dios, quien es digno. No·subestimes los actos pequeños que harán una diferencia en cómo vives cada segundo para Dios.

Te reto a que veas qué decisiones pequeñas puedes incorporar para que de un momento a otro, tu vida sea una alabanza a Dios.

Señor, examina y reconoce mi corazón: pon a prueba cada uno de mis pensamientos. Así verás si voy por mal camino, y me guiarás por el camino eterno.

SALMO 139:23-24

Todas pasamos por luchas, aun si llevamos mucho tiempo caminando con Cristo. Al pasar los años y cambiar las temporadas, se pueden presentar nuevos retos que muchas veces no sabemos cómo enfrentar. Esto nos puede llevar a un estrés o a la frustración de sentir que no estamos haciendo lo correcto. O, por otro lado, nos podemos llegar a acostumbrar·tanto a nuestro pecado que no vemos necesidad de cambiar y someter nuestras vidas a Cristo.

Este es un pasaje que constantemente incorporo a mi oración, y le pido a Dios que examine mi corazón y me revele todo aquello que no veo. A veces pensamos que el pecado y lo que está mal es todo aquello muy grande o evidente como el asesinato, el aborto, la homosexualidad, el robo, las malas palabras, la pornografía, y la lista continúa, pero también es pecado la falta de confianza en Dios, el chisme, la queja, la pereza, la crítica, la envidia, los celos, la avaricia, el afán, y todo aquello que está en nuestra mente y corazón.

Una vez que entiendo que *todo* lo que no se alinea con las Escrituras debe ser sometido en obediencia, soy consciente de que este es un trabajo de toda la vida, hasta que Cristo venga por Su Iglesia. Muchas veces no queremos lidiar con el pecado por miedo, pero nunca dejo de asombrarme de lo bueno y paciente que es Dios con nosotras. Siendo tan indignas de Él, gracias al sacrificio de Jesús hemos sido reconciliadas con Él, al punto de poder acercarnos al Dios santo y justo y pedirle que nos guíe por el camino correcto. No tengas miedo de pedirle a Dios que te examine. Recuerda que Su bondad y fidelidad no dependen de nosotras, sino que reposan en Su carácter.

El Señor da fuerzas al cansado, y
aumenta el vigor del que desfallece.

ISAÍAS 40:29

El cansancio, ya sea físico, mental o emocional inevitablemente llega a nuestras vidas, y en nuestra carne buscamos remedios para poder descansar y recuperar nuestras fuerzas. No sé si te pasa, pero a veces ese descanso es insuficiente y totalmente temporal. La realidad es que no somos físicamente, ni en lo emocional, ni en lo espiritual; sin embargo, constantemente caemos en la idea de que tenemos que poder solas, levantarnos y ser fuertes. Esto lo único que hace es dejarnos más cansadas y frustradas porque la realidad es que no podemos solas. Es crucial para nuestro diario vivir entender que nada ni nadie puede satisfacernos como el Creador puede hacerlo.

Quiero retarte a que seas intencional en correr a Dios *siempre,* sea que sientas que tienes absoluto control de tu vida o que todo se está cayendo a pedazos. Recordemos que nuestra dependencia de Dios es constante y para siempre. Si te sientes cansada, abrumada y frustrada, quizás es momento de analizar cómo estás viviendo y respondiendo ante las situaciones de la vida. No porque lleves toda la vida viviendo de cierta manera o porque te hayan criado de determinada forma, eso signifique que así te debes quedar. Es necesario analizar nuestra manera de vivir y buscar alinearnos a lo que nos dice la Biblia.

En ocasiones, Dios termina siendo nuestra última opción cuando ya nada parece tener solución, pero ¿qué tal si antes de reaccionar o tomar decisiones corremos primeramente a Él en oración? Esto requiere disciplina, intencionalidad y tiempo, porque va contra nuestra naturaleza; pero cuanto más conscientes seamos de esto, más se volverá algo natural y necesario para nosotras. Es increíble la manera en que nuestras almas reciben alivio y descanso al correr a nuestro Padre celestial. Confía en que Dios es tu fortaleza. En este día, proponte descansar en Él.

Les daré un corazón nuevo, y pondré en ustedes un espíritu nuevo; les quitaré el corazón de piedra que ahora tienen, y les daré un corazón sensible.

EZEQUIEL 36:26

Todo lo bueno proviene de Dios. No solamente Sus bendiciones, sino también el hacer el bien, obedecerlo y seguirlo. A veces ponemos el peso de la obediencia sobre nuestros hombros, como si realmente dependiera únicamente de nosotras, o podemos sentirnos frustradas al ver que no avanzamos en nuestra vida espiritual. Hay mucho en nuestras vidas que podría parecer que depende totalmente de nosotras, pero no es así cuando se trata de vivir para Cristo.

Lo cierto es que el único que puede transformar nuestros corazones de piedra es Dios mismo. Nuestro pecado nos hace incapaces de poder elegirlo. Por lo tanto, es Dios mismo quien hace la obra en nuestros corazones. Menciono esto porque nuestro caminar como cristianas no es fácil. En ocasiones caemos, nos confundimos o simplemente luchamos por poder elegir a Dios por sobre otras cosas. Por eso mismo, al entender que todo proviene de Él, podemos pedirle en oración que nos capacite, que nos renueve y enseñe a ser más como Él y menos como nosotras.

Cuando sientas que fallas mucho, que hay tantas cosas en ti por cambiar y mejorar, no pongas el peso en ti y tu capacidad; más bien, busca a Dios y reconoce con humildad que eres incapaz por ti misma y que lo necesitas para poder vivir una vida digna de Él. Si tratas por tus propias fuerzas, solo vas a desanimarte, porque si pudiéramos nosotras solas, no nos había dejado al Espíritu Santo para guiarnos, recordarnos la verdad y fortalecernos. Así que quiero recordarte que tu vida debe vivirse en dependencia de Cristo; especialmente, cuando sientes que ya no puedes más. Cada vez que veas tu insuficiencia, regresa tu mirada a la obra redentora de Cristo. Recuerda que no puedes hacer nada fuera de Él, así que ¡corre a tu Padre!

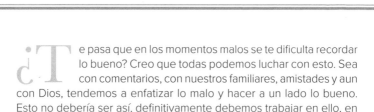

*¡Alabemos al Señor, porque él es bueno;
porque su misericordia es constante!*

SALMO 107:1

¿Te pasa que en los momentos malos se te dificulta recordar lo bueno? Creo que todas podemos luchar con esto. Sea con comentarios, con nuestros familiares, amistades y aun con Dios, tendemos a enfatizar lo malo y hacer a un lado lo bueno. Esto no debería ser así, definitivamente debemos trabajar en ello, en especial cuando se trata de Dios.

Una de las muchas diferencias entre Dios y las personas es que no dependemos de las segundas, pero sí debemos depender de Él. El problema está cuando no podemos depender de Dios porque no confiamos debido a las situaciones a las cuales nos enfrentamos. Es importante entender que, aunque es inevitable pasar por momentos difíciles, aun en medio de ellos nuestro Padre se mantiene fiel a quien dice ser.

A lo largo del Antiguo Testamento podemos ver cómo el pueblo de Dios pasó por diversas pruebas. Personas específicas se encontraron en momentos donde cualquiera hubiera cuestionado si realmente Dios estaba con ellas; sin embargo, recordaron lo que Dios había hecho, Su fidelidad a lo largo de la historia y de sus vidas.

Así debemos vivir nosotras, recordando lo que Dios ya ha hecho. Podemos estar tan enfocadas en nuestras demandas sin fin que olvidamos todo aquello que Dios ya ha hecho por nosotras y todo aquello que continúa haciendo día a día, al extender Su gracia y misericordia. Creo que las palabras de este pasaje nunca deberían dejar nuestras mentes, para poder mantener el enfoque correcto día a día y no desfallecer ante la dificultad. Cuando hay conocimiento de la bondad y fidelidad de Dios, es difícil ser desagradecidas, porque entendemos que lo que ya ha hecho es suficiente y que nos da mucho más de lo que nos merecemos. ¡No olvides nunca la fidelidad de Dios!

Tengámonos en cuenta unos a otros, a fin de estimularnos al amor y a las buenas obras. No dejemos de congregarnos, como es la costumbre de algunos, sino animémonos unos a otros; y con más razón ahora que vemos que aquel día se acerca.

HEBREOS 10:24-25

Asistir a la iglesia no es lo que nos hace cristianas o lo que nos otorga la salvación; sin embargo, es crucial para la vida de toda creyente. A veces recibo preguntas sobre si es necesario asistir a la iglesia o si es posible ser cristiana y no asistir. A esto respondo dos cosas que es importante tener presentes siempre. Por un lado y los más importante, Dios, por medio de Su Palabra, nos dice que no dejemos de congregarnos. Eso en sí debería ser suficiente razón para no dejar de hacerlo, sin importar nuestras opiniones. Debería ser una respuesta natural de obediencia a lo que Él ha establecido. Por otro lado, vemos la importancia de la comunidad, del cuerpo de Cristo y el rol que juega en nuestras vidas.

La vida cristiana no es fácil; tiene sus complicaciones y momentos donde necesitamos de otras personas de nuestro alrededor. A la luz de la Palabra, nuestra fe es personal, pero no se vive únicamente de manera individual. De verdad que ser parte de una comunidad es de suma importancia, porque nos rodeamos de personas que están en la misma carrera y corriendo en la misma dirección.

Además, sabemos que las personas con quienes nos juntamos, las conversaciones que tenemos y las actividades en las que participamos influyen en nuestra vida, y en consecuencia, en nuestra fe. Así que no hay nada mejor que encontrar a personas que nos ayuden y que podamos ayudar. Si eres alguien que lucha con ir a la iglesia o que tal vez no tienes cerca una iglesia con sana doctrina, ¡ora respecto a eso! Recuerda que puedes elevar todo en oración y que Dios puede trabajar en tu corazón de una manera que no imaginas.

Los pensamientos, planes y tiempos de Dios son totalmente distintos a los nuestros. Él tiene un plan mucho mayor de lo que podríamos imaginar o siquiera comprender. Sin embargo, el problema es que a veces ignoramos eso y queremos adaptar la Palabra, el tiempo y los planes de Dios a los nuestros. No solo eso, sino que también nos atrevemos a acusar a Dios de no hacer las cosas a tiempo.

La realidad es que, si estamos esperando que Dios actúe en nuestro tiempo y conforme a nuestra voluntad, constantemente nos encontraremos frustradas y tambaleando en nuestra fe. Dios cumple Su Palabra, y Sus tiempos son perfectos tal y como lo dicen las Escrituras. Inclusive podemos ver constantemente cómo Jesús hacía referencia a los tiempos del Padre porque Él vivía enfocado en el reino de Dios y no en la agenda de la tierra.

También creo importante recalcar que las promesas de Dios son aquellas que encontramos en Su Palabra y no las que nuestra mente o emociones nos dicen. A veces, en nuestro deseo de querer tener algo en esta vida, decimos que es una promesa de Dios cuando no lo es y lo culpamos cuando no sucede. Recordemos que Él es Dios, nuestro Padre, Salvador, Redentor y Creador, por lo tanto, nosotras nos sometemos a Él y no Él a nosotras.

Quiero retarte a que antes de levantar la mano en contra de Dios y rezongar por todas las cosas que te están sucediendo, en humildad puedas rendir tus perspectivas y pedirle que te ayude a obedecer, esperar y vivir conforme a Su voluntad. De la misma manera, antes de decir que algo es una promesa de Dios, primero corre a Su Palabra y corrobora que realmente lo sea.

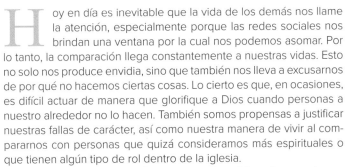

Este es mi mandamiento: Que se amen unos a otros, como yo los he amado.

JUAN 15:12

Hoy en día es inevitable que la vida de los demás nos llame la atención, especialmente porque las redes sociales nos brindan una ventana por la cual nos podemos asomar. Por lo tanto, la comparación llega constantemente a nuestras vidas. Esto no solo nos produce envidia, sino que también nos lleva a excusarnos de por qué no hacemos ciertas cosas. Lo cierto es que, en ocasiones, es difícil actuar de manera que glorifique a Dios cuando personas a nuestro alrededor no lo hacen. También somos propensas a justificar nuestras fallas de carácter, así como nuestra manera de vivir al compararnos con personas que quizá consideramos más espirituales o que tienen algún tipo de rol dentro de la iglesia.

Sin embargo, la vida que Dios nos manda a vivir no tiene nada que ver con nosotras ni los demás, sino con Cristo mismo. Nuestra obediencia es respuesta a nuestra salvación, y nuestro ejemplo y mayor motivación es Jesús. Tratar de vivir como seguidoras de Cristo con la mirada en el hombre es la actitud incorrecta. Todo vuelve a Jesús, a lo que Él ha hecho, a la manera en la que vivió y a los mandatos que nos ha dejado. Asimismo, debemos entender que nuestra mayor guía son las Escrituras y que no hay mayor autoridad u opinión.

Por eso mismo es clave que prioricemos la lectura de la Biblia, porque así conocemos que nuestro estándar es Cristo, y descubrimos lo que se espera de nosotras. No vivas limitada a la vida de las demás personas, sino que recuerda que vives para Él. Cada vez que se te dificulte vivir a la luz de la Palabra, no voltees a tu alrededor; mira la cruz y en humildad pídele a Dios un corazón dispuesto a obedecer.

Aunque mi cuerpo y mi corazón desfallecen, tú,
Dios mío, eres la roca de mi corazón, ¡eres la
herencia que para siempre me ha tocado!

SALMO 73:26

Me encanta el contraste que podemos ver en este pasaje. Básicamente está diciendo que, más allá de nuestra percepción, la verdad sigue siendo la misma. Aunque el salmista pudiera sentirse por los suelos, su mirada seguía fija en Dios y Su carácter infalible. Esta es una disciplina que debemos esmerarnos por tener: aprender a recordar la verdad y no cuestionar, sin importar cómo nos sintamos o por lo que estemos pasando.

Nuestras emociones y dificultades en ocasiones pueden nublar nuestra mirada y hasta llegan a afectar nuestra fe. Cometemos el error de permitir que nuestras emociones dicten lo que creemos en ese momento e influencian la manera en la que interpretamos las Escrituras. Admiro estas palabras porque, en medio de esa aflicción, el salmista siguió proclamando la grandeza de Dios, lo mantuvo como su centro y esperanza. En ningún momento dejó que su ánimo distorsionara lo que sabía de Dios. Cuando no estamos plantadas en la verdad, llegan vientos y nos terminan tumbando por completo. Si eres alguien que constantemente duda de Dios y dejas que tus emociones y pensamientos cuestionen lo que Él ya ha dicho, recuerda que la verdad de Dios es constante, mientras que tus emociones están constantemente cambiando y son inestables.

Quiero retarte a que no permitas que tus emociones determinen tu confianza y enfoque en Dios. Aunque sientas y experimentes las situaciones más complicadas, aférrate a las verdades de Dios y proclámalas aun en medio del dolor. Dios sigue siendo Dios en toda ocasión y sin importar nuestras emociones. Recuerda que, para poder aferrarte a la verdad, debes conocerla; así que, cuanto más tiempo pases en las Escrituras, más las conocerás y las recordarás en esos momentos en los que tu corazón sea tentado a cuestionarla.

De cierto, de cierto les digo: El que oye mi palabra,
y cree al que me envió, tiene vida eterna; y no será
condenado, sino que ha pasado de muerte a vida.

JUAN 5:24

Una y otra vez vemos el énfasis en la importancia de creer. A diferencia de muchas religiones o denominaciones, en el cristianismo no se trata de lo que podamos obtener por nuestros esfuerzos. Creemos que el sacrificio de Jesús en la cruz es más que suficiente, y era algo que no había posibilidad de obtener por nuestras fuerzas. Si hubiera sido algo que pudiéramos lograr por nosotras mismas, entonces no habría esa necesidad de que alguien más lo hiciera. Por lo tanto, solo se nos pide creer en la obra redentora de Cristo.

Pero no es tan solo decir: «Creo», sino que cuando creemos en Jesús, depositamos nuestra confianza en Él y comenzamos a vivir en devoción. Entender la cruz causa un cambio inevitable en nuestras vidas y el Espíritu Santo comienza a obrar en nosotras en el proceso de santificación. Aun en nuestro caminar con Cristo, no dependemos de nosotras sino de Él. Al redimirnos, ¡Dios comienza a trabajar en nosotras para que nos parezcamos más a Él!

Recordemos que, aunque las acciones no nos garantizan el cielo y no son el medio para la salvación, siempre serán el reflejo de lo que creemos. Es imposible decir que creemos en Jesús y seguir viviendo de la manera en que vivíamos antes o como vive el mundo. Hemos sido crucificadas juntamente con Cristo y ahora tenemos una vida nueva para vivir para Él. Esto significa que Él nos capacita para vivir en obediencia y de acuerdo con Su Palabra. Quiero retarte a que, cuando pienses en vivir para Cristo y obedecer Su Palabra, no lo veas como una carga, sino como una respuesta a Su misericordia.

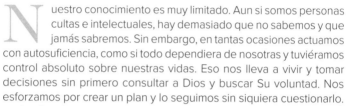

N uestro conocimiento es muy limitado. Aun si somos personas cultas e intelectuales, hay demasiado que no sabemos y que jamás sabremos. Sin embargo, en tantas ocasiones actuamos con autosuficiencia, como si todo dependiera de nosotras y tuviéramos control absoluto sobre nuestras vidas. Eso nos lleva a vivir y tomar decisiones sin primero consultar a Dios y buscar Su voluntad. Nos esforzamos por crear un plan y lo seguimos sin siquiera cuestionarlo.

Aquí es donde debemos entender que Dios es Dios y que solo Él tiene control sobre nuestras vidas. No solo eso, sino que para vivir conforme a Su voluntad y propósitos, es necesario pedirle dirección. Pero ¿cómo lo hacemos? Tal como lo dice este pasaje, la Palabra de Dios es lámpara a nuestros pies. Debemos constantemente recargarnos en Dios y en Su Palabra, reconociendo que es Él quien nos guía y muestra el camino por el que debemos ir.

Hay diversos caminos que aparecen en nuestras vidas por los cuales podemos irnos por error, nos llevan en la dirección opuesta a la que debemos ir. A veces estamos demasiado acostumbradas a vivir como mejor nos parece, sin realmente preguntarle a Dios cuáles son Sus planes. Es importante entender que, tanto nosotras como nuestro alrededor, estamos constantemente cambiando, madurando y creciendo, por lo tanto, nuestra forma de pensar y lo que queremos cambia. No podemos depender de nosotras mismas para seguir el camino correcto; necesitamos guía, y Dios la provee mediante Su Palabra.

Quiero desafiarte a que, cada vez que te encuentres planeando tu vida soñada, te tomes unos momentos para recordar que fuiste creada por Él y para Él. No permitas que tus emociones o la sociedad te digan cómo vivir y qué hacer; más bien, recuerda que Dios ha provisto una manera de guiarte por el buen camino.

Cuando pecamos, cuando sabemos que hemos fallado delante de Dios, en esos momentos que entra convicción en nuestros corazones sobre nuestras acciones, es normal sentir tristeza. Es un momento donde nos damos cuenta de nuestras insuficiencias y nos enfrentamos con la realidad de que hemos pecado contra Dios. Esto nos lleva a decepcionarnos de nosotras y hasta llegamos a sentir frustración por nuestras acciones.

Sin embargo, en nuestra carne siempre queremos huir de ese sentimiento porque nos confronta. Esa realidad nos lleva a querer huir del arrepentimiento o a creer que somos buenas y que no hay nada en nosotras que debamos cambiar. En nuestra humanidad queremos creer que estamos en lo correcto siempre, especialmente si nos lleva a la comodidad. No obstante, es importante entender que la clase de tristeza que nos lleva a arrepentirnos es la misma que nos hace ver nuestra necesidad de un salvador. Ese arrepentimiento es el que nos lleva a cambiar nuestra manera de vivir y seguir a Cristo. Entender nuestra insuficiencia es lo que nos hace ver nuestra dependencia de Dios. Asimismo, fortalece nuestra confianza en Él porque entendemos que, aun en nuestro peor momento, podemos correr a Él y encontrar gracia y misericordia.

No nos quedemos atoradas en los sentimientos de condenación, sino que corramos a los pies de Cristo con un corazón arrepentido y esforcémonos por no volver atrás. Aunque la lucha con nuestra carne es real, el Espíritu Santo nos fortalece en nuestras debilidades para poder resistir ante la tentación. No trates de ser una «buena cristiana» en tus propias fuerzas, sino que entiende que aun para obedecer necesitas a Dios. Deja que la tristeza y arrepentimiento te acerquen a Cristo.

*Yo satisfaré el hambre y la sed de
la gente triste y fatigada.*

JEREMÍAS 31:25

A lo largo de los últimos años, Dios ha estado tratando en mi vida el tema de la satisfacción y la plenitud en Él. Esto es algo que por años he sabido en mi mente pero que me ha costado vivir, porque soy distraída. Este es un tema que de verdad hace una diferencia enorme en nuestras vidas porque constantemente luchamos con ciertos vacíos que buscamos saciar con soluciones temporales.

Estos vacíos se presentan de diversas maneras: desde inseguridades, problemas de autoestima, ansiedades, falta de aceptación, soledad, inconformidad y la lista continúa. A veces queremos solucionar estas cosas con amistades, una relación, cambios físicos, un trabajo, unas vacaciones, compras, comida y, según la persona, cualquier cosa se puede volver una «solución». Lo cierto es que al correr a eso que creemos que nos dará satisfacción, no estamos confiando en que Dios lo puede hacer.

Me fascinan las palabras de este pasaje porque, ante necesidades reales, Dios dice que es Él quien podrá satisfacerlas. Si entendemos esta realidad, aprendemos a depender de Él y a correr hacia Él sin importar la situación. A veces no podemos llegar a sentirnos realmente plenas porque estamos buscando esa plenitud fuera de Dios, y ahí es imposible encontrarla. A veces vivimos como si fuéramos dueñas de nuestras vidas, negando la realidad de que somos la creación de alguien y que fuimos diseñadas para Dios mismo.

No hay nada fuera de Dios en que podamos encontrar mayor plenitud. Sea lo que sea que pienses que necesitas en tu vida, recuerda que Dios es más que suficiente, y si esta verdad te es difícil de entender, ¡pídele al Espíritu Santo que te traiga revelación! Tu vida será diferente al entender y creer que en Dios tienes y encuentras todo lo que necesitas, y no en las cosas materiales y temporales de esta tierra.

Porque toda la ley se cumple en esta sola palabra:
«Amarás a tu prójimo como a ti mismo».

GÁLATAS 5:14

L a Palabra de Dios es extensa y compleja. Hay diversos pasajes que son difíciles de entender, que causan controversia o simplemente nos dejan con dudas. Sin embargo, a veces nos encontramos ante pasajes como este, sencillo y directo, y que dice que *toda* la ley se cumple en amar al prójimo. Nos da una indicación clara y concreta. Meditemos y contemplemos lo que quieren decir estas palabras.

Claramente esto no lo podemos lograr con el amor que conocemos; o sea, el amor que aprendemos de esta tierra. Necesitamos ese amor que Dios tiene y que nos enseña a través de Su Palabra. Como lo he mencionado cantidad de veces, vivimos en un mundo regido por el *yo*, completamente egoísta, que busca su propio beneficio antes que el de los demás y considera que servir al prójimo nos hace inferiores. La clase de amor que Dios enseña se tiene que interpretar bajo la misma Biblia, no bajo la luz del mundo; si no, no lo podremos comprender en su totalidad.

Por lo mismo, es importante escudriñar constantemente las Escrituras, porque es imposible agradar a Dios y vivir en obediencia, si lo queremos hacer a la luz del mundo. Aun si hay verdades que podemos espigar del mundo sin necesariamente leer la Biblia, debemos recordar que en nuestra carne seguimos luchando. En nuestra naturaleza no queremos morir a nosotras, no queremos dejar el orgullo a un lado y ser vistas inferiores de alguna manera.

Así que no basta con tener un conocimiento general, debemos hacer morir en nosotras todo lo que no se alinee a Dios. No siempre será fácil, pero recordemos que es el Espíritu Santo quien nos capacita. ¡Busquemos amar a los demás a la luz del amor de Dios y no del mundo!

Porque no nos ha dado Dios un espíritu de cobardía,
sino de poder, de amor y de dominio propio.

2 TIMOTEO 1:7

Sin duda, vivir para Cristo es cosa de valientes. No solo digo esto porque podamos ser criticadas o rechazadas, sino porque nos lleva hasta el punto de estar dispuestas a entregar nuestras vidas para predicar el evangelio. Es una vida en la cual no solo hablamos de morir a nuestra carne en cuestiones del diario vivir, sino de una manera literal si esto es necesario. Al leer esto, quizá sentiste un poco de miedo, pero quiero animarte a que continúes leyendo con un corazón abierto y expectante.

En ocasiones nos puede llegar ese miedo de decir que somos cristianas o de hablarle de Dios a otras personas porque no sabemos cuál será su reacción. Nos da miedo pensar en tener que renunciar a amistades, relaciones o sueños. Y, en efecto, a nuestra carne le da miedo; sí, somos débiles en nuestra carne. Pero ahí no termina todo. Quiero que leas este versículo, lo memorices y lo tengas presente en esos momentos de tu vida. Estas palabras son una realidad para tu vida, y no son solo para motivarte, para que no tengas inseguridades y te sientas empoderada; son palabras de vida que te acompañarán para vivir para Cristo.

¡Lo maravilloso es que Dios nos capacita! No nos pide nada en lo cual no nos vaya a capacitar. Esto aplica tanto para morir a nuestra carne como para vivir para Él. Entonces, como el deber de toda creyente es comunicar el evangelio, podemos confiar en que también en eso dependemos de Él. Recordemos que Jesús nos envía a hablar de Él, pero también nos promete acompañarnos y no dejarnos solas. Así que ten presente esta gran verdad y, ante tus miedos e inseguridades, recuerda que esta es la verdad.

Cuando contemplo el cielo, obra de tus dedos, y la
luna y las estrellas que has creado, me pregunto:
¿Qué es el ser humano, para que en él pienses? ¿Qué
es la humanidad, para que la tomes en cuenta?

SALMO 8:3-4

¿No crees que es una locura que Dios nos tenga en cuenta? Es impresionante que, mediante el sacrificio de Jesús, nos adopte en Su familia y quiera una relación con nosotras. Pensar que al Creador del universo le importa nuestra vida, nuestro corazón, las situaciones por las que pasamos, y que quiera tener una comunión personal con nosotras, es algo que debería volarnos la cabeza.

De verdad que tantas veces nos acostumbramos al concepto de que exista Dios que perdemos la capacidad de asombro. Ese es un error que afecta mucho nuestra manera de relacionamos con Él. A veces nos acercamos con una postura demandante, como si Dios nos debiera favores o como si Su existencia fuera para nuestro beneficio, y perdemos toda reverencia ante Él. Debemos entender el gran honor y privilegio de poder tener ese acceso y establecer una relación con Él.

Como lo consideramos algo tan normal, caemos en esa apatía de no leer la Palabra, de no querer ir a la iglesia u orar porque de algún modo pensamos que le estamos haciendo un favor a Dios en lugar de verlo por lo que es. Somos indignas de acercarnos a Él y, gracias al sacrificio de Jesús, fuimos reconciliadas y ahora nos podemos acercar sin temor. No solo eso, ¡sino que Dios desea tener esa relación con nosotras! Quiero retarte a que no pierdas el asombro ante la realidad de que Dios te ama, te escogió y, aunque no te necesita, quiere usarte para Sus planes. Humillémonos ante el Creador y pidámosle que nos ayude a desearlo y a vivir para Él como merece que lo hagamos.

Claro que ninguna disciplina nos pone alegres al momento de recibirla, sino más bien tristes; pero después de ser ejercitados en ella, nos produce un fruto apacible de justicia.

HEBREOS 12:11

E s un grave error ver a nuestro cristianismo como una manera de obtener una vida perfecta y libre de cualquier tipo de incomodidad. Pensar de esta manera nos privará de abrazar el proceso de santificación en el cual nos encontramos. Recordemos que antes de Cristo, estábamos muertas y esclavizadas al pecado, mas ahora tenemos vida eterna y somos libres del pecado. Esa libertad y nueva vida, aunque tienen un efecto inmediato, se continúan desarrollando y perfeccionando en nosotras día a día.

Aunque no suene tan agradable a nuestra carne, es maravilloso que el Espíritu Santo nos confronte día a día para ir cambiando y pareciéndonos más a Cristo. A nadie le gusta pensar que está equivocado. Creo que a ninguna nos gusta ser confrontadas por alguien más por alguna actitud o comportamiento que esté mal en nosotras. Sin embargo, la disciplina y la corrección son de gran beneficio para nosotras. La verdad es que no somos perfectas y tenemos diferentes áreas que necesitan ser moldeadas y perfeccionadas. Por lo tanto, es inevitable que nos encontremos en esos momentos de disciplina o corrección.

La realidad es que requiere mucha humildad de nuestra parte aceptar la corrección, porque toca dejar el orgullo a un lado. Aunque esto pueda ser difícil en el momento y, tal como lo dice este versículo, no nos pone alegres; al final del día es de beneficio para nosotras y produce frutos buenos. Tengamos presente que nuestro proceso de santificación durará hasta que Cristo vuelva por la Iglesia. Eso quiere decir que constantemente estaremos siendo pulidas en áreas que no se alinean a Él. Así que no te desanimes ante la corrección, considérala como algo que te hace más como Cristo.

Jesús le respondió: «Amarás al Señor tu Dios con todo tu corazón, y con toda tu alma, y con toda tu mente». Éste es el primero y más importante mandamiento. Y el segundo es semejante al primero: «Amarás a tu prójimo como a ti mismo».

MATEO 22:37-39

¿Cuál es el mandamiento más importante? Amar a Dios con todo lo que somos. Muchas veces nos atoramos en tecnicismos y cosas tan superficiales y secundarias, y terminamos ignorando este gran mandamiento. Nos importan tanto la ropa, las apariencias, la música y la comida, que negamos el mandamiento más importante. Quizá de labios podemos decir que amamos a Dios con todo lo que somos, pero eso no es suficiente. Lo que realmente comprueba esta verdad es si hay evidencia en nuestras vidas o no.

Antes de querer pasar a entender todas las profecías y pasajes más complejos, y sentarte en tu silla de superioridad moral a juzgar la espiritualidad de otras personas, prioriza amar a Dios con todo lo que eres. En ocasiones veo a personas sumamente afanadas por resolver las incógnitas más profundas de la fe, establecer una lista de cosas para hacer o no hacer o determinar si tienen una posición en la iglesia, cuando no hay un amor genuino por Dios; no hay ni siquiera una disciplina de pasar tiempo con Él día a día.

Es necesario entender que amar a Dios con todo lo que somos es el comienzo en nuestro diario caminar. Al amar a Dios, amamos a los demás; servimos, obedecemos, crecemos, menguamos y hacemos todo lo que supone nuestra fe. Pon a Dios en primer lugar en tu vida; y si esto es algo con lo que batallas, recuerda que también le puedes pedir ayuda al respecto. No hay mayor mandamiento que amar a Dios por sobre todo, y al hacerlo, cumpliremos con el resto como resultado.

Día y noche busquemos a Dios. Créeme que no te digo estas palabras desde una posición de superioridad, sino que me uno a esta verdad de que buscamos tantas cosas antes que buscar a Dios. Nuestra naturaleza y la manera en la que nos hemos acostumbrado a vivir nos impulsan a buscar estabilidad, finanzas, sueños, amistades, de todo menos a Dios. Dejamos a Dios al último, cuando es lo primero que necesitamos.

De los mayores retos que tenemos como creyentes es que, al estar en esta tierra, es fácil ser distraídas y dejarnos llevar por el caos de nuestro alrededor, por las responsabilidades, las presiones, las necesidades y demás; dejamos a Dios para después cuando la vida esté más calmada. ¡Es por eso que te hablo de intencionalidad! Día a día debemos tomar la decisión de permanecer y priorizar ese tiempo con Dios; si no, siempre habrá algo que salga de imprevisto.

Nuestra relación con Dios y dependencia de Él deben ser constantes y permanentes. No dejes de buscar a Dios, aun cuando tu vida parece estar súper ocupada. Si Él es importante para ti, entonces harás tiempo. Esto no tiene que venir de una presión absurda y legalista de *tener que hacer* algo, sino de un entendimiento de que no hay nada mejor fuera de nuestro Padre. Viene de entender que lo necesitamos en cada instante de nuestras vidas. ¡No pierdas el privilegio de vivir para Cristo!

Todas podemos poner excusas sobre por qué no buscamos a Dios, pero te quiero retar a que en este momento seas intencional y pienses en tres maneras prácticas en que lo puedes buscar día a día. Recuerda que tus hábitos diarios se convierten en tus disciplinas, así que dejemos las excusas a un lado y pongámonos en acción.

Tû y yo merecíamos juicio y muerte, pero hemos recibido gracia. Mantengamos eso en mente y GLORIFIQUEMOS A DIOS.

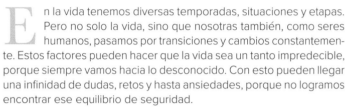

En la vida tenemos diversas temporadas, situaciones y etapas. Pero no solo la vida, sino que nosotras también, como seres humanos, pasamos por transiciones y cambios constantemente. Estos factores pueden hacer que la vida sea un tanto impredecible, porque siempre vamos hacia lo desconocido. Con esto pueden llegar una infinidad de dudas, retos y hasta ansiedades, porque no logramos encontrar ese equilibrio de seguridad.

Lo mismo sucede con las personas a nuestro alrededor. Por lo tanto, no podemos encontrar esa constancia por ningún lugar. Hay personas que llegan a nuestras vidas y luego se van, y pareciera que con el tiempo vamos ganando y perdiendo cosas. Algo maravilloso dentro del caos de la inconstancia de la vida es que Dios sigue siendo el mismo siempre. Esto nos debe traer esperanza, porque sabemos que Su carácter (revelado a través de su Palabra) descansa totalmente en Su integridad y no en factores terrenales.

Esto quiere decir que en medio de cualquier situación, podemos aferrarnos a Su verdad porque no depende de nada fuera de Él. Es decir, en la dificultad, afrenta, dolor, pérdida y cualquier otra situación, Dios sigue siendo bueno, fiel, justo y no te soltará ni te desamparará, porque así lo ha prometido. Entender y creer esto te ayudará a caminar con seguridad ante la inconstancia de la vida. Hay una paz sobrenatural en saber que Dios siempre será constante a lo largo de nuestra vida aquí en la tierra y por la eternidad.

Quiero retarte a que la Palabra de Dios sea tu pan diario. Entre más conoces a Dios, más puedes confiar en Él, y no hay manera de conocerlo fuera de la Biblia. Cuando te encuentres ante situaciones donde parece que pierdes el piso, aférrate a la verdad de Dios y recuerda que sin importar lo que haya a tu alrededor, Él se mantiene fiel siempre.

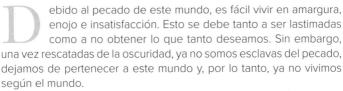

D ebido al pecado de este mundo, es fácil vivir en amargura, enojo e insatisfacción. Esto se debe tanto a ser lastimadas como a no obtener lo que tanto deseamos. Sin embargo, una vez rescatadas de la oscuridad, ya no somos esclavas del pecado, dejamos de pertenecer a este mundo y, por lo tanto, ya no vivimos según el mundo.

En la Biblia se nos habla una y otra vez de tener alegría, de estar gozosas siempre y de vivir en contentamiento. Esto no nace de una falsa alegría al fingir que todo está bien, o porque Dios nos promete que la vida será fácil y sin sufrimiento. Un ejemplo muy claro es el apóstol Pablo, el cual una y otra vez habla del contentamiento en medio de carencias, aflicciones y persecuciones. Esa es la clase de gozo que recibimos de Cristo, uno que no se acaba cuando la adversidad aparece.

Esto también se aplica a nuestra relación con Dios. Ya no tenemos que dejar que la vergüenza y la condenación afecten cómo nos relacionamos con Dios porque ¡hemos sido justificadas! Nos podemos acercar a nuestro Padre con gran alegría, teniendo plena confianza de que nos escucha y nos ve mediante el sacrificio de Jesús. Tener esa salvación causa gozo en nosotras, porque ya nadie nos puede quitar eso. Podemos tener la certeza de que, pase lo que pase, la obra redentora de Cristo permanece.

Bajo esa luz seamos intencionales en vivir una vida al servicio de Dios, con gozo en lugar de verlo como una tarea molesta que *tenemos* que hacer. Hay un gozo impresionante en Su presencia, que no se puede comparar con ninguna otra cosa que el mundo pueda ofrecer. Si luchas con mantener el gozo y constantemente estás en un estado de insatisfacción, sé intencional en recordar el gozo de tu salvación, pídele a Dios que te dé hambre de Su Palabra y que te enamore de Él, porque sola no puedes.

Así que la fe proviene del oír, y el oír proviene de la palabra de Dios.

ROMANOS 10:17

¿Te has sentido estancada? Es decir, cuando parece que estás en punto muerto, sin aprender nada nuevo y empiezas a sentir apatía por las cosas de Dios y hasta te sientes distante. ¡Esto sucede cuando nos desconectamos de la Fuente de vida! La verdad es que no podemos crecer en nuestra fe si no estamos leyendo la Palabra de Dios. Es imposible estar sumergidas en el mundo y querer crecer en nuestro conocimiento de Cristo. Nuestra fe es algo que debemos alimentar constantemente. En algún punto u otro de la vida nos enfrentaremos a dudas que surgen de nosotras o comentarios e ideologías que retarán nuestras creencias. Sea cual sea el caso, si no estamos ancladas en la Palabra será fácil ser movidas. Aquí claramente podemos ver que la fe viene de oír la palabra de Dios. Por eso es tan importante y necesario que no dejemos la Biblia únicamente para los domingos.

Con tanta tecnología y distracciones en nuestro celular, es demasiado fácil llenarnos de todo menos de Dios, por lo que se requiere intencionalidad y decisión de nuestra parte para ser sabias en cómo invertimos nuestro tiempo. Esto va desde analizar a quién seguimos en las redes sociales, qué vemos, la música que escuchamos y los programas que miramos. A todo lo que le damos tiempo le estamos permitiendo lanzarnos información que terminamos absorbiendo. Lo mismo sucede con las cosas de Dios.

Quiero retarte a que busques maneras prácticas de llenarte de la Palabra de Dios. Si te sientes estancada, comienza a analizar tu vida y ver aquello con lo que te estás llenando. Recordemos que la Palabra de Dios debe ser nuestro pan diario, y no un pan para ocasiones especiales.

Día 196

Ustedes deben amar a sus enemigos, hacer el bien y dar prestado, sin esperar nada a cambio. Grande será entonces el galardón que recibirán, y serán hijos del Altísimo. Porque él es benigno con los ingratos y con los malvados.

LUCAS 6:35

A veces decimos que la vida sería más fácil si Dios nos hubiera dejado un manual. ¡Claramente no hemos leído la Biblia! En la Palabra de Dios no solo conocemos sobre Él y Su carácter, sino que también nos ha dejado muchísima sabiduría, consejos y reglas para la vida. En los momentos en que nos cruzamos con pasajes como este, el Espíritu Santo nos confronta con la manera en la que hemos estado viviendo.

Hay tantas fuentes de información a nuestro alrededor que tratan de decirnos cómo vivir, pero Dios ya ha establecido esos fundamentos claramente. Como creyentes, es nuestra responsabilidad estudiar la Palabra de Dios y seguirla. Constantemente seremos tentadas con los caminos del mundo, pero siempre podremos permanecer ancladas en Dios conforme pasemos más tiempo en Su Palabra. Además, aprenderemos a vivir una vida agradable a Él sin importar cómo actúan los de nuestro alrededor, porque nuestra motivación será vivir en obediencia al Padre.

Aunque ciertamente la Biblia no habla sobre *todas* las cosas específicamente, cuanto más la leemos, más nos damos cuenta de que sí hay un camino claro que seguir y podemos descartar todo aquello que no se alinea con lo que dice.

Entonces, antes de querer descubrir los misterios más grandes de la Biblia o ver cómo viven las personas a tu alrededor, prioriza conocer la voluntad de Dios a través de Su Palabra. No te conformes con vivir como el resto del mundo, porque tú ya tienes acceso al Padre y Su verdad.

¡Que el Dios de la esperanza los llene de todo gozo y paz en la fe, para que rebosen de esperanza por el poder del Espíritu Santo!

ROMANOS 15:13

Estamos demasiado acostumbradas a pensar que podemos encontrar gozo, paz y fe fuera de Dios, como si realmente existiera otra fuente fuera de Él que nos pueda ofrecer algo permanente y suficiente. Eso ha causado que tengamos ciertas expectativas que creemos nos brindarán eso que anhelamos. Cuando tenemos días malos, pensamos que ir de compras, comer, ver a nuestros amigos o dormir nos traerá ese gozo o paz que necesitamos. En consecuencia, cuando viene la dificultad, ponemos nuestra fe y esperanza en el resultado de la situación o las personas, en lugar de Dios. Esto claramente es lo opuesto de lo que dice la Biblia. *Todo,* absolutamente todo lo que necesitamos proviene únicamente de Dios. Este ha sido un concepto que debo admitir me ha llevado (y aún me lleva) tiempo entender y vivir, porque en nuestra humanidad constantemente nos queremos recargar en lo que podemos ver o creemos tener control. Y de verdad que conlleva mucha intencionalidad regresar nuestro enfoque totalmente en Dios.

Es importante entender y tener esto presente, porque esas tentaciones de querer buscar fuera de Dios siempre estarán presentes. Y se sienten tan naturales que en ocasiones no las cuestionamos o no vemos nada malo en buscar de esa manera. Pero quiero retarte a dos cosas. Primero, cuando te encuentres buscando ese gozo, paz y fe en cosas externas, analiza si es algo perdurable, pon atención a cuánto tiempo dura ese resultado, porque usualmente es extremadamente momentáneo. Segundo, en esos momentos que estás por correr a la solución que crees necesitar, primero corre a Dios; en humildad, abre tu corazón y pídele que sea Él quien sacie lo que necesitas.

Quien se junta con sabios, sabio se vuelve;
quien se junta con necios, acaba mal.

PROVERBIOS 13:20

Ya hemos tocado el tema de las amistades y la importancia de ser sabias con las personas de las que nos rodeamos, pero nunca está de más hablarlo. La realidad es que no siempre podremos elegir a las personas que están a nuestro alrededor, sea en la escuela, el trabajo, incluso a nuestra propia familia. Pero lo que sí podemos elegir es con qué personas asociarnos y a quiénes hacer parte de nuestro círculo cercano. Esto no se trata de ser groseras o hacer acepción de personas. Puedo llevarme bien con personas en mi escuela, pero no ir a pedirles consejos ni pasar la mayoría de mi tiempo con ellas.

Lo admitamos o no, las personas con las que nos rodeamos tienen una influencia en nuestras vidas en todos los sentidos. Esto es así porque son las personas con quienes conversamos, quienes nos aconsejan y con las que pasamos nuestro tiempo libre. Por eso mismo debemos tener cuidado al momento de escogerlas. No veas esto desde el punto humano de buscar quién te ayudará a ser exitosa y cumplir tus sueños, sino que busca personas que te acerquen a Dios, que tengan un mismo sentir en lo espiritual y con quienes puedas hacer comunidad.

En la Palabra de Dios vemos la importancia de la comunidad y cómo ahora tenemos una familia en Cristo. Es maravilloso rodearnos de personas que nos exhortan en la Palabra, nos apuntan a la cruz y corren la misma carrera que nosotras. Nuevamente, no se trata de vivir en una burbuja y huir de personas que no creen lo mismo que nosotras, sino de entender que cada amistad tiene un efecto positivo o negativo en nuestras vidas. ¡Sé intencional con tus amistades!

*¡Vean a Dios, mi salvador! Puedo estar confiado
y sin temor alguno, porque el Señor es mi
fortaleza y mi canción; ¡él es mi salvador!*

ISAÍAS 12:2

Tu entendimiento de Dios marcará una gran diferencia en tu vida. Si no conocemos quién es Él a la luz de Su Palabra (que es el medio por el cual ha decidido revelarse), entonces empezamos a formarnos una idea equivocada. Esto sucede al darle características o cuestionarlo a la luz del carácter humano y del mundo caído en el que vivimos. Una frase que digo con regularidad es que no podemos confiar en un Dios que no conocemos.

Esto se ve claramente reflejado en pasajes como este, donde hay un conocimiento y una convicción de quién es Dios, lo que nos lleva a tener tal confianza, fe y seguridad aunque el mundo parezca caerse en pedazos. Es impresionante ver historias o leer pasajes en los que los personajes tenían tanta confianza en los peores momentos, porque tenían una convicción firme sobre quién es Dios. ¡A eso debemos aspirar! No nos conformemos con llamarnos creyentes y seguir viviendo llenas de incógnitas sobre nuestro Creador y Salvador. Entendamos que tenemos el privilegio de conocerlo de manera personal.

Si sientes que en los momentos difíciles te es complicado confiar en Dios, quizá es momento de reflexionar en lo que piensas de Él. Como mencioné, es difícil confiar en Dios cuando no lo conocemos. ¿Y cómo lo conocemos? ¡Leyendo Su Palabra! Cada vez que tú y yo pasamos tiempo en la Biblia conocemos más de Él, de Su carácter, de Su fidelidad constante hacia Su pueblo, de Su infinito amor y todo aquello que nos puede dar seguridad y confianza en nuestras vidas. Sé intencional en tus tiempos de lectura para conocer más de Dios, y pídele que Su Espíritu traiga revelación y convicción a tu corazón.

Nuestra naturaleza pecaminosa puede llevarnos a ser demasiado egoístas. Puede que no nos demos cuenta de esto por pensar que lo que estamos haciendo no es egoísta; sin embargo, lo que muestra egoísmo es justamente lo que no hacemos. Es fácil caer en la mentalidad de solo hacer lo que nos corresponde, lo que es *nuestra responsabilidad,* y dejamos de pensar en los demás. Hay tanto en nuestras vidas (actitudes, maneras de pensar y acciones) que muchas veces, sin darnos cuenta, todo eso está regido por el pecado.

Me pondré como ejemplo para explicar prácticamente a lo que me refiero. Cuando aún vivía en casa de mis papás, en ocasiones iba a la cocina a agarrar algo de comer y me daba cuenta de que los platos estaban sucios. Para ser sincera, a veces luchaba conmigo misma porque me daba flojera lavarlos, y a veces pensaba: «En un rato, mi mamá lo hará». Pero después pensaba que lavarlos podía ser una manera de ser servicial, ya que tengo el tiempo para hacerlo y ya estoy ahí. Puede sonar como un ejemplo insignificante, pero hay mucho como esto que a veces ignoramos, y no hacemos el bien cada vez que tenemos la oportunidad.

Lo cierto es que somos llamadas a vivir una vida que imite a Jesús, no a buscar la manera más cómoda de hacerlo. Te quiero retar a que seas más intencional en tu diario vivir y que busques maneras de reflejar a Cristo, especialmente cuando estas demandan que mueras a tu carne. ¡No ignores las oportunidades de hacer el bien a los demás!

¿Qué otro Dios hay como tú, que perdona la maldad y olvida el pecado del remanente de su pueblo? Tú no guardas el enojo todo el tiempo, porque te deleitas en la misericordia.

MIQUEAS 7:18

Nuestro pecado y culpa delante de Dios son graves. Muchas veces olvidamos esto porque medimos nuestra «santidad» o qué tan buenas somos a la luz de la vida de otras personas. Creemos no ser tan malas porque no matamos, no le hacemos daño a nadie y nos medimos conforme a lo que nuestra cultura y tiempos determinan como bueno o malo. Miramos los pecados más evidentes de los que nos rodean y luego vemos cómo nosotras no vivimos de esa manera, ignorando totalmente el pecado que también hay en nuestras vidas.

Cuando leemos la Palabra de Dios y vemos la medida a la cual deberíamos llegar según lo que nuestro Dios santo ha establecido, nos damos cuenta de qué tan cortas nos quedamos. Si nos comparamos con personas pecadoras, es fácil encontrar áreas en las cuales nosotras no batallamos como esas personas. Pero, cuando nos miramos en el espejo de la santidad de Cristo, vemos que ahí no hay mancha y que por más «buenas» que creamos ser, realmente somos un trapo sucio en comparación. Es ahí cuando logramos tener convicción de qué tan indignas somos de Su presencia y de tener una relación con Él.

Esto no es para condenación ni para alejarnos de Dios, sino que debe llevarnos a humillarnos delante de Él y a darnos cuenta de cuán bueno es Él para con nosotras. Nos da todo lo que nunca podríamos obtener por nuestros propios esfuerzos. Solo al mantenernos constantemente en la Palabra de Dios y meditar en lo que ha hecho por nosotras podremos vivir vidas dependientes de Él, mujeres que lo buscan y que ven el valor de perder todo por Su causa.

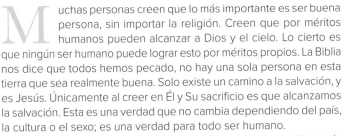

Muchas personas creen que lo más importante es ser buena persona, sin importar la religión. Creen que por méritos humanos pueden alcanzar a Dios y el cielo. Lo cierto es que ningún ser humano puede lograr esto por méritos propios. La Biblia nos dice que todos hemos pecado, no hay una sola persona en esta tierra que sea realmente buena. Solo existe un camino a la salvación, y es Jesús. Únicamente al creer en Él y Su sacrificio es que alcanzamos la salvación. Esta es una verdad que no cambia dependiendo del país, la cultura o el sexo; es una verdad para todo ser humano.

Tú y yo sabemos esa verdad, ¿cierto? Sabemos que no existe nada fuera de Cristo y que no hay otra manera de salvación o acceso a Dios. Entonces, ¿por qué nos guardamos esa información? Una vez reconciliadas con el Padre, se nos da la tarea de ir y llevar esas buenas nuevas a todas las personas que no lo conocen. Es triste ver a las creyentes calladas mientras el mundo cada vez es más desvergonzado en hablar y hacer un escándalo con tal de que sus ideales sean escuchados.

La realidad es que no sabemos ni el día ni la hora en los que Cristo regresará, y por lo mismo debemos estar ocupadas en lo que nos ha dejado: ir y hacer discípulos por todas las naciones. Para esto no es necesario que te mudes a otro país; puedes comenzar hoy en tu ciudad, con la gente de tu alrededor. Quiero retarte a que vivas con la mirada en el reino de Dios, y esto solo puede suceder cuando día a día nos llenamos de Él.

> *No hagan nada por contienda o por vanagloria. Al contrario, háganlo con humildad y considerando cada uno a los demás como superiores a sí mismo.*
>
> FILIPENSES 2:3

¡Qué pasaje! Sin duda, evidencia la manera en la que en ocasiones actuamos con tanto egoísmo. Tristemente, a veces solo nos enfocamos en evitar esos pecados que a nuestros ojos son muy grandes, y nos conformamos con eso. Es importante analizar pasajes como estos y darnos cuenta de que todavía hay luchas con el pecado que se presentan en nuestra mente y corazón constantemente. Lo cierto es que la lucha con nuestra carne es real. Quien diga que no tiene tentaciones ni pecado está cegado a su pecado.

Nuestra carne por naturaleza se inclina al pecado; de ahí nuestra necesidad de un Salvador, porque era imposible lograrlo en nuestras fuerzas. Sin embargo, al recibir salvación, recibimos una vida nueva. Dios comienza a obrar en nosotras, nos hace libres del pecado y nos capacita para hacer buenas obras. Por eso mismo debemos prestar mucha atención a no vivir y actuar conforme a nuestra vieja naturaleza sino buscar obedecer, glorificar y reflejar a Dios en nuestro diario vivir.

Sin importar cómo vive el resto del mundo, Dios nos ha dejado Su Palabra, y conforme a ella es que debemos vivir. Si se nos dificulta, ¡corramos a Él para que nos ayude en nuestra debilidad! Analiza constantemente tu vida a la luz de la Biblia y recuerda que esa es nuestra guía para vivir. Claro que llegarán luchas y momentos donde parecerá abrumador ver nuestras fallas e insuficiencia, pero podemos descansar en la obra redentora de Cristo y en la verdad de que el Espíritu Santo nos guía y ayuda en ese proceso.

Muéstrame tu misericordia por la mañana, porque en ti he puesto mi confianza. Muéstrame el camino que debo seguir, porque en tus manos he puesto mi vida.

SALMO 143:8

L o increíble de la salvación que hemos recibido es que ya no hay separación entre Dios y nosotras. Podemos vivir y caminar con seguridad, sabiendo que nuestra relación con Dios no puede ser alterada por ningún factor de esta tierra, porque hemos sido reconciliadas mediante el sacrificio de Jesucristo. En el momento que ponemos nuestra confianza en la obra redentora de Jesús nuestra vida entera da un giro extremo. Pasamos de muerte a vida, de enemistad a intimidad con Dios. Al hacer esto, podemos tener completa confianza en esa reconciliación con Dios, quien nos adopta en Su familia y nos hace Sus hijas.

Es importante tener esto en mente y recordarlo día a día, porque somos propensas a olvidarlo. Cuando menos lo pensamos, tenemos nuestro enfoque en las cosas de esta tierra o llega la condenación y nos trata de encarcelar, evitando que nos acerquemos confiadas al Padre. Lo cierto es que si ya hemos puesto nuestra confianza en Él, nuestra vida está en Sus manos y podemos tener certeza de que nos escucha y está presente.

Ponte como propósito el recordar esta verdad constantemente, porque es así como puedes acercarte y presentar tus peticiones a Dios confiada de que no estás hablando al aire. Hay una seguridad y paz tan grande que van de la mano cuando ya no vivimos para nosotras ni esclavizadas al pecado. Hay una transformación maravillosa que realmente nos da una vida nueva, no solo en esta tierra sino también por la eternidad.

Sin importar con lo que estés luchando en este momento, regresa a estas verdades y aférrate a Dios. Quiero retarte a que medites y memorices este pasaje para que en momentos complicados puedas ser redireccionada a la verdad.

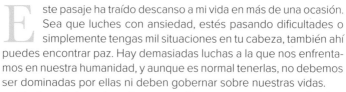

*Por eso me acuesto y duermo en paz, porque
solo tú, Señor, me haces vivir confiado.*

SALMO 4:8

E ste pasaje ha traído descanso a mi vida en más de una ocasión. Sea que luches con ansiedad, estés pasando dificultades o simplemente tengas mil situaciones en tu cabeza, también ahí puedes encontrar paz. Hay demasiadas luchas a la que nos enfrentamos en nuestra humanidad, y aunque es normal tenerlas, no debemos ser dominadas por ellas ni deben gobernar sobre nuestras vidas. Muchos de los salmos fueron escritos en momentos complicados. Pasajes como este no nacen de una vida perfecta y libre de cualquier tipo de dolor, sino de una confianza genuina en Dios. Me parece hermoso este pasaje porque el autor reconoce que se acuesta y duerme en paz solo porque Dios le da esa confianza. No descansa en la seguridad de obtener lo que anhela, ni porque es libre de circunstancias difíciles; la única razón es Dios mismo.

Debemos comprender que, ya sea que se trate de cosas espirituales o de algo tan sencillo como dormir, Dios está involucrado. En ocasiones podemos caer en hábitos de autosuficiencia donde olvidamos que somos sostenidas por Él, y es por eso que llegan la ansiedad y el miedo, porque dejamos de reconocer la soberanía de Dios sobre nosotras. Cuando entendemos que todo nuestro existir depende de Dios, aun cuando ante nuestros ojos haya caos, podemos descansar sabiendo quién nos sostiene. Cuando nuestra confianza está en Él, obtenemos una paz que nos acompaña en cada área de nuestras vidas.

Sin importar tu situación o cómo te sientas, es importante que entiendas que esta es la verdad. Tus sentimientos, emociones o circunstancias no determinan la verdad. La Palabra de Dios permanece aun cuando nuestro alrededor cambie. ¡Recuerda tu dependencia de Cristo!

Uno solo puede ser vencido, pero dos presentan resistencia. El cordón de tres hilos no se rompe fácilmente.

ECLESIASTÉS 4:12

Este pasaje es comúnmente usado para los matrimonios, pero también se puede aplicar a las amistades y a la comunidad que nos rodea. Ya hemos mencionado que la vida cristiana no está hecha para caminar solas. Aunque es cierto que nuestra salvación es individual y personal, la Biblia nos habla en distintas ocasiones sobre el consejo de los demás, las autoridades, las amistades y, sí, el matrimonio. En ocasiones pensamos que podemos vivir como cristianas sin congregarnos ni reunirnos con otros creyentes, pero por algo Dios nos habla de que es fácil que uno solo sea vencido.

La vida es complicada. Hay debilidades, tentaciones y trabas que se presentan, y en ocasiones nos sentimos cansadas y débiles, y no podemos continuar. Cuando hay personas a nuestro alrededor nos pueden levantar cuando caemos, orar por nosotras, alentarnos, recordarnos la verdad de Dios cuando simplemente no la podemos recordar, pueden estar a nuestro lado en esos momentos de dificultad. Tener una comunidad y una familia en Cristo es un gran regalo que viene al ser adoptadas como hijas de Dios. Si esto no fuera algo importante o necesario, entonces no estaría escrito en la Palabra, pero sí lo está.

Sé intencional en rodearte de personas que amen a Dios. No trates de vivir una vida de fe aislada de los demás. Sé que a veces nos puede dar miedo ser vulnerables con las personas, tenemos problemas de confianza o simplemente parece no haber nadie a nuestro alrededor. No importa cuál sea la razón por la cual vives de manera aislada de otras creyentes, ¡ora al respecto! Recuerda que Dios, mediante Su Espíritu, es el que obra en ti, te capacita y te guía.

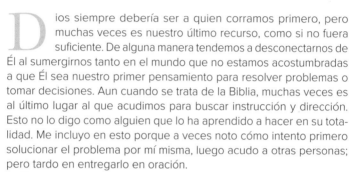

¿Hay alguien entre ustedes, que esté afligido?
Que ore a Dios...

SANTIAGO 5:13

Dios siempre debería ser a quien corramos primero, pero muchas veces es nuestro último recurso, como si no fuera suficiente. De alguna manera tendemos a desconectarnos de Él al sumergirnos tanto en el mundo que no estamos acostumbradas a que Él sea nuestro primer pensamiento para resolver problemas o tomar decisiones. Aun cuando se trata de la Biblia, muchas veces es al último lugar al que acudimos para buscar instrucción y dirección. Esto no lo digo como alguien que lo ha aprendido a hacer en su totalidad. Me incluyo en esto porque a veces noto cómo intento primero solucionar el problema por mí misma, luego acudo a otras personas; pero tardo en entregarlo en oración.

Esto no es algo que sucederá de la noche a la mañana, es un hábito que se tiene que formar al dar pasos prácticos todos los días. Requiere intencionalidad de nuestra parte recordar que el amparo siempre debe ser Dios, que nos reconcilió consigo mismo y que ahora tenemos el privilegio de una comunión íntima con Él. Además, gracias al sacrificio de Jesús nos podemos acercar confiadamente al trono de gracia.

Recuerda que un hábito toma tiempo y que es el resultado de las acciones que realizas en tu día a día. Así que comienza a analizar tu vida e identificar maneras en las que usualmente no corres a Dios; y considera qué podrías hacer para corregirlo. Por ejemplo, empezar tu día con una oración, orar antes de empezar con tu trabajo o los quehaceres del hogar. Crear momentos en forma intencional para hablar con Dios marcará una diferencia en tu vida. Intenta mantener presente que Dios siempre está ahí y que no hay nada que no le interese. Aun cuando vuelvas a olvidarlo y creas que ya es muy tarde, ¡acércate! Solo mediante la repetición y el intento constante podrás hacer un hábito.

Día 208

> *Sobrelleven los unos las cargas de los otros,*
> *y cumplan así la ley de Cristo.*

GÁLATAS 6:2

Hace unos días, hablamos sobre la importancia de la comunidad. Esta no es solamente para beneficiarnos a nosotras, sino que también hay un amor increíble en sobrellevar las cargas de los demás, tal como lo dice este versículo. Todas queremos ser ayudadas, que nos escuchen, apoyen y brinden lo que necesitemos en momentos complicados. Pero en muchas ocasiones fallamos en ser recíprocas con los demás.

Sobrellevar las cargas de otros es una manera de amarlos con el amor sacrificial de Cristo. Definitivamente, esto no es fácil, porque nos duele en nuestro egoísmo al pensar en nuestro tiempo, lo que es conveniente y cómodo para nosotras. Pero ahí es donde tomamos la postura de siervas y velamos por el bien de otras personas antes que el nuestro. Muchas veces vemos lo inconveniente que es estar disponibles para alguien (créanme que a veces lucho con eso también), pero es ahí donde amamos con un amor sacrificial y buscamos reflejar a Cristo, aunque nos resulte difícil en nuestra carne.

Quiero retarte a que en este momento pienses en alguna persona que sepas que está pasando por un momento difícil. ¿Ya la tienes en mente? Ahora piensa en una manera en la que puedas estar para esa persona, ya sea enviándole un mensaje para ver como está, saliendo a tomar un café para conversar, preguntándole cómo puedes orar por su situación, o cualquier otra cosa práctica. Eso sí, te advierto que sobrellevar las cargas de otras personas viene con el costo de morir a nosotras mismas. Aun si no tienes a nadie a tu alrededor que tenga una necesidad, escríbele a tus amigos y pregúntales cómo puedes estar orando por ellos. ¡No sabes lo importante que esto puede ser!

La historia de Marta y María es bastante conocida, pero si no la has escuchado, te la cuento brevemente. Estas hermanas, junto con su hermano Lázaro, eran amigas de Jesús y caminaban con Él. Un día, Jesús estaba de visita en su casa. María, al escuchar que Jesús enseñaba, se sentó a Sus pies y atentamente escuchaba y disfrutaba de Su presencia. Dejó que el mundo pasara a un segundo plano y su única preocupación era escuchar la voz del Maestro. Por otro lado, Marta estaba ahogada en los preparativos, los quehaceres de la casa y atender a la visita, estaba en modo anfitriona. Pero estaba tan afanada y ocupada, que no estaba disfrutando la hermosa visita que tenía.

Aunque esta es una historia muy rica en su lectura, y podríamos hablar al respecto durante horas, me gustaría que pudiéramos ver la vida de Marta y compararla con la nuestra. No podemos negar que hay responsabilidades en nuestras vidas que debemos atender, pero en ocasiones, nos podemos perder tanto en la productividad que se nos olvida escoger la mejor parte, que es Cristo. Especialmente en la sociedad y los tiempos que vivimos, se nos aplaude si estamos cansadas, abrumadas, con la agenda llena, si somos productivas y no tenemos tiempo para descansar, pero, ¿quién dice que así es como debemos de vivir?

Sinceramente, esta es una de las áreas en las que más batallo. A veces me pierdo tanto en querer limpiar, tener todo en orden, planear todo y que nada se salga de control, que llego a estar abrumada a tal punto de no disfrutar la presencia de Dios. Esto es simplemente un reflejo de nuestro pecado de no descansar en Dios y verlo como nuestra mejor porción.

Te quiero retar a que reorganices tu lista de prioridades, porque no hablo de ser flojas y no hacer nada, sino de no priorizar otras cosas por encima de nuestra relación con Dios. ¡Sé intencional con tus prioridades y elige la mejor parte!

La batalla que libramos no es contra gente de carne y hueso, sino contra principados y potestades, contra los que gobiernan las tinieblas de este mundo, ¡contra huestes espirituales de maldad en las regiones celestes!

EFESIOS 6:12

Todas somos culpables de fijarnos únicamente en aquello que vemos. Nos acostumbramos a nuestras vidas cotidianas y poco a poco comenzamos a vivir según los afanes terrenales. Cuando menos pensamos, estamos bajo ataque y todo parece salir mal: nuestro carácter está fuera de control, nos sentimos frías espiritualmente, nuestras relaciones se ven afectadas, hay afán, ansiedad, miedo, incertidumbre, y lo tratamos de resolver con nuestras fuerzas. Sin embargo, como podemos leer en este pasaje, la lucha a la cual nos enfrentamos día a día no se encuentra en el mundo físico sino en el mundo espiritual.

La realidad es que es demasiado fácil culpar a todo el mundo, a nuestra familia, a la sociedad, a nuestras inseguridades y a un millón de cosas, cuando, en realidad, lo que nos sucede es solo un reflejo de una guerra espiritual constante. Con esto no me refiero a culpar al diablo por todo y no tomar responsabilidad por nuestras acciones, sino que en muchas ocasiones estamos tan cegadas a lo que vemos que se nos olvida que la guerra a la que nos enfrentamos no se pelea con puños sino con oración.

Cuando nos enfrentamos a depresión, angustia, confusión, problemas con los de nuestro alrededor, donde parece que por más que intentamos todo está saliendo mal, quizá es momento de hacer algo diferente. Te quiero retar a que, en medio de cualquier situación en tu vida, seas intencional en correr a Dios y Su Palabra. Lo cierto es que aun si no obtenemos el resultado que deseamos, Dios nos da la fuerza y la paz que necesitamos para caminar en las adversidades de la vida.

Así también mi palabra, cuando sale de mi boca, no vuelve a mí vacía, sino que hace todo lo que yo quiero, y tiene éxito en todo aquello para lo cual la envié.

ISAÍAS 55:11

La soberanía de Dios es profunda y demasiado amplia para nuestro entendimiento. Es un concepto tan extraño a nuestra humanidad que a veces se nos hace más fácil ignorarlo que contemplarlo. Esto nos lleva a vivir dudando y cuestionando a Dios, al igual que intentando tomar las riendas de nuestras vidas por esa misma falta de confianza en Él.

Las palabras de este pasaje deberían resonar en nuestros corazones y traernos paz. Es un recordatorio de que todo lo que Dios ha dicho sucederá, sin importar los factores externos o lo que podamos ver frente a nosotras en este momento. Esta es una verdad que definitivamente no deberíamos ignorar, porque creo que es lo que nos lleva a entender que Dios tiene infinito poder, conocimiento y sabiduría. Sus planes, maneras de obrar y tiempos no se manejan de la misma manera en que lo hacemos nosotras y, por lo tanto, no puede ser juzgado de la misma manera.

Tantas veces llegamos a momentos de duda, decepción y frustración porque nos limitamos a nuestro entendimiento y a lo que vemos. Tener fe en Dios también implica creer que la Biblia es Su Palabra y que lo que dice ahí es la verdad, sin importar cómo nos sentimos.

Te quiero retar a que antes de cuestionar y dudar de Dios, dudes de ti misma, de tus pensamientos y emociones. No podemos vivir como seguidoras de Cristo si no estamos plantadas en Su Palabra, creyendo que todo lo que está ahí es la verdad y que las cosas son y serán como Él lo ha declarado.

Procura con diligencia presentarte ante Dios aprobado, como obrero que no tiene de qué avergonzarse y que usa bien la palabra de verdad.

2 TIMOTEO 2:15

Este versículo habla sobre usar bien la Palabra de verdad. Hoy en día podemos ver cómo la Palabra de Dios es sacada de contexto constantemente. Hay movimientos que han agarrado únicamente las partes de la Biblia que les gusta y conviene, pero desacreditan totalmente el resto. Es triste que a veces nosotras podemos hacer lo mismo sin darnos cuenta al aislar versículos que suenan motivadores, sin contemplar el contexto completo de lo que están enseñando.

Aunque es verdad que los pastores deberían ser hombres de Dios que estudien la Palabra y la enseñen con diligencia, lo cierto es que siempre habrá falsos pastores y maestros. Por lo tanto, no podemos simplemente dejarnos llevar por todo lo que se nos enseñe desde un púlpito, al igual que no podemos excusarnos alegando que eso es lo que se nos ha dicho por años. Lo cierto es que tenemos el privilegio de tener Biblias, de poder estudiar, tenemos acceso a una diversidad de recursos que nos ayudan a profundizar. Por lo tanto, no tenemos excusa para no estudiar.

El problema de no conocer bien las Escrituras es que terminamos llevando vidas que no se alinean con la Palabra, tenemos creencias con fundamentos de doctrina falsa y terminamos enseñando esas «verdades» a otras personas. Cuando no tenemos una disciplina y un deseo de estudiar la Palabra de Dios, es muy fácil usarla de manera incorrecta.

Quiero desafiarte a que sea una prioridad para ti estudiar la Biblia, que realmente lo veas como una responsabilidad que tienes como hija de Dios. Cuanto más estudies y aprendas, más identificarás ideas falsas que has creído y entenderás cuándo te están enseñando algo que va en contra de lo que Dios ha establecido.

Por lo tanto, no nos desanimamos. Y aunque por fuera nos vamos desgastando, por dentro nos vamos renovando de día en día.

2 CORINTIOS 4:16

La vida pasa muy rápido, las temporadas cambian y la muerte es impredecible e inevitable. Sin embargo, gracias a Cristo podemos tener una esperanza a pesar de todo esto. Somos conscientes de que este mundo pasará, pero no es un final permanente sino que hay una vida venidera en la cual pasaremos la eternidad con el Padre gracias al sacrificio de Jesús.

Cuando estamos muy llenas de este mundo, empieza a entrar el temor de la muerte, porque amamos nuestra vida en esta tierra. Además, quizás no estemos muy seguras de nuestra eternidad y de dónde la pasaremos. Antes de continuar, quiero decirte y recordarte que si estás viva, entonces todavía tienes oportunidad de arreglar las cosas con Dios, de poner tu fe en Cristo y vivir para Él. Si te encuentras abrumada y afanada por esta vida, te invito a que reflexiones y consideres si tienes tu fe puesta en Cristo o en tus esfuerzos y méritos. Cuando vivimos únicamente para este mundo podemos ver el desgaste, pero cuando nuestra mirada está en la eternidad, nos vamos renovando día a día, tal como dice el pasaje.

Si notas que el temor del mundo te inunda y que constantemente te sientes abrumada, es momento de analizar en dónde tienes puesta tu confianza. Por eso hago tanto énfasis en recordar el evangelio todos los días, porque ahí encontramos la mayor esperanza. Y a la luz de eso, debemos ver e interpretar nuestras vidas.

Así que te quiero retar a que de cualquier manera mantengas el evangelio presente y, en momentos donde parece que la vida te arrastra o te quiere distraer, vuelvas tu mirada a Jesús y Su sacrificio.

No me avergüenzo del evangelio, porque es poder de Dios para la salvación de todo aquel que cree: en primer lugar, para los judíos, y también para los que no lo son.

ROMANOS 1:16

El evangelio es la noticia de que, estando perdidas y condenadas por nuestro pecado, Jesús murió por nosotras y nos ha otorgado salvación. La noticia de que Dios creó un camino donde no lo había y que, al poner nuestra confianza en Cristo, somos justificadas y reconciliadas con Él. ¡Es la noticia de redención mediante el sacrificio de Jesús!

Con esta salvación, tenemos una esperanza de que al final de los tiempos nos podremos presentar con seguridad delante del Padre y pasar la eternidad en Su presencia. Y esto no solo tiene efecto en la eternidad, sino que aun en esta tierra nos da acceso al Padre y transforma todo lo que somos. ¡Es la mejor noticia! Sin embargo, en ocasiones nos la guardamos y no la compartimos. Es más, le damos más énfasis y hablamos de otras verdades parciales que suenan más motivadoras y llamativas para el mundo.

Pero la noticia del evangelio no es para quedarnos calladas sino para compartirla con la gente de nuestro alrededor. Quiero retarte a que seas más intencional en hablar de Cristo con las personas que te rodean. Esta información es de vida o muerte porque tiene que ver con nuestro destino eterno. No esperemos hasta mañana o a cuando sea conveniente, porque no sabemos cuándo será nuestra última oportunidad de compartir esta valiosa información con los demás.

Si entendemos el valor del sacrificio de Jesús y cómo puede tener un gran impacto en los que nos rodean que aún no lo han conocido, entonces no nos quedemos calladas. ¡Es tiempo de hablar con denuedo de la obra redentora de Cristo!

Así que, todo lo que quieran que la gente haga con ustedes, eso mismo hagan ustedes con ellos, porque en esto se resumen la ley y los profetas.

MATEO 7:12

El pecado en nosotras es totalmente real. Hay una lucha continua que a veces no nos damos cuenta de que está presente en nosotras. Aunque esto se puede ver reflejado en muchas áreas de nuestra vida, en esta ocasión me gustaría que pensáramos en cómo nos afecta en la manera en que nos relacionamos con otras personas. Muchas veces ignoramos el pecado que es evidente en la manera en la que pensamos, hablamos y actuamos con los demás. A menudo nos dejamos llevar por cómo el mundo vive, porque se nos hace normal. Desde que somos niñas y vamos a la escuela y nos relacionamos con otras personas, vamos aprendiendo ciertas maneras de actuar. Por lo tanto, nos suele parecer normal nuestra forma de vivir porque es la norma de nuestra sociedad. Pero algo que debemos tener en cuenta es que, en el mundo, se trata a las personas según su posición, lo que «merecen», lo que han hecho en su vida o hacia tu vida; se actúa desde la conveniencia, según se obtiene algún beneficio, y la lista continúa.

Sinceramente, es súper fácil caer en esas mismas actitudes y dejar que afecten nuestra manera de tratar a los demás. Sin embargo, debemos actuar según la Palabra de Dios, y en ninguna parte ella nos dice que aquellos requisitos son los que usamos para determinar nuestro trato a otros. Recordemos que nuestro mayor ejemplo es Cristo, y conforme a Él y la Palabra es que tratamos a los demás.

Quiero retarte a que seas intencional en tu manera de vivir y que puedas reflejar a Cristo en tu trato hacia los demás. ¡Que el mundo pueda ver una diferencia en tu vida!

Dios es quien puede CAPACITARTE Y AYUDARTE en tu lucha continua con la carne.

> *Tú, Señor, estás cerca de quienes te invocan,*
> *de quienes te invocan con sinceridad.*
>
> SALMO 145:18

Al ser hijas de Dios, podemos tener seguridad cuando nos acercamos a Él y lo buscamos con sinceridad. A diferencia de aquellas personas que no han sido salvas, no tenemos por qué dudar ni por un segundo de que somos vistas, escuchadas y cuidadas por nuestro Creador. Esta es una realidad que nunca debemos olvidar ni dejar que nuestras emociones nos engañen con lo contrario. Aunque el mundo esté en caos y nuestra fe parezca desistir, podemos pararnos firmes en las palabras que Dios ya ha hablado, creyendo que todo lo que dice se cumplirá.

Me encanta tener presente pasajes como estos, porque en esos momentos donde mi carne quiere dudar de que Dios me escucha y que está ahí puedo recordarlos y meditar en ellos para mantenerme firme en la verdad de Dios. Muchas veces dejamos que nuestras emociones determinen lo que creemos y cómo buscamos a Dios; por eso es importante estudiar la Palabra de Dios, porque es la *verdad*. Nuestras emociones y sentimientos son inestables, cambian constantemente y no podemos apoyarnos en ellos para determinar la verdad; debemos depender totalmente de Dios y Su Palabra.

Si sientes que hay un área en particular en tu vida con la que batallas, quiero retarte a que busques pasajes de la Biblia que se relacionen con ello. Memorízalos y apúntalos en algún lugar accesible que puedas ver fácilmente. Esta ha sido una táctica que incorporo en mi vida y siempre da resultado. La Biblia nos dice que la misma Palabra de Dios es nuestra espada; es decir, aquello con lo que peleamos. Entonces, cuando vienen luchas, dudas, emociones o situaciones que me quieren llevar a cuestionar a Dios o tener ideas erróneas, ¡corro a esos pasajes y recuerdo que esa es la verdad!

E s evidente que la vida cristiana no es una vida pasiva. No es suficiente con sentarse los domingos a recibir. No es suficiente con leer la Biblia, escuchar música cristiana o participar en actividades de la iglesia. Aunque estas son cosas buenas y en las cuales deberíamos participar, hay mucho trabajo por hacer y no nos podemos quedar atoradas en la mentalidad de que es la responsabilidad de alguien más.

Lo cierto es que todas tenemos diferentes capacidades, habilidades y llamados, pero como lo dice también la Biblia, somos un cuerpo con diferentes roles. Es decir, todas somos parte de la misma misión aunque ejerzamos diferentes roles. Por ejemplo, en este momento que estoy escribiendo, visiblemente mis manos están haciendo una tarea pero no están actuando solas; están involucrados mis otros sentidos y partes del cuerpo, cada uno haciendo lo que le corresponde. De la misma manera podemos ver el cuerpo de Cristo.

Cristo nos ha dejado la tarea de hacer discípulos entre las naciones y nos ha dado el ministerio de la reconciliación. Es decir, se nos ha dado la tarea de enseñar el evangelio y de capacitar a otras personas para que también sean seguidoras de Jesús. Esto es algo que toda creyente debe hacer. Tristemente, es algo que se hace muy poco y que no está presente en la vida de las hijas de Dios. A veces pensamos que en la práctica esto debe llevarse a cabo de una manera específica, pero lo cierto es que se puede hacer en cada área y temporada de vida. Todas tenemos la tarea de hacer discípulos, y eso puede hacerse en cualquier lugar y a cualquier edad. Así que, ¡manos a la obra!

Manténganse, pues, firmes en la libertad con que Cristo nos hizo libres, y no se sometan otra vez al yugo de la esclavitud.

GÁLATAS 5:1

El concepto de libertad es uno muy buscado. Podemos verlo en películas, series y música donde se ve como algo valioso el llegar a ser libres, el ser lo que queremos y no ser detenidas por nada ni nadie. La sociedad ve la libertad como algo que obtenemos por nosotras mismas y únicamente para nuestro beneficio. Se ve como una meta que dará satisfacción, plenitud y cumplirá el propósito para la vida. Es por eso que a veces ciertas películas parecen tan inspiradoras y mueven nuestras emociones, llevándonos a anhelar que algún día podamos encontrar tal libertad en nuestras vidas.

La realidad es que en este mundo y en esta sociedad jamás podremos encontrar libertad, solo un espejismo de una libertad falsa. La razón es que el mundo está bajo el dominio del pecado, por lo tanto, todo está sometido en esclavitud a ese pecado. La única manera de ser libres es mediante Cristo. Una vez que ponemos nuestra confianza en Jesús y Su obra redentora nos hace libres del pecado, en ese momento el pecado ya no tiene dominio sobre nosotras y podemos vivir una vida diferente a la que teníamos antes.

Algo importante de entender sobre esta libertad es que no es una libertad para vivir como queramos y dejarnos llevar por nuestra carne, porque en ese caso nos estaríamos sometiendo nuevamente al pecado. La libertad que Dios nos da es la capacidad de actuar en contra de la naturaleza pecaminosa *para buenas obras*. Aunque somos nuevas criaturas, seguimos viviendo en un cuerpo y mundo pecaminosos, por lo cual el pecado y la tentación siguen presentes. Por lo mismo, este pasaje nos habla de no volver a la esclavitud del pecado de la cual Cristo ya nos ha rescatado. Recordemos que aunque no obtenemos salvación por nuestras acciones, cuando realmente hemos sido salvas respondemos en obediencia al Padre.

> *Jesús les dijo: «Yo soy el pan de vida. El que a mí viene, nunca tendrá hambre; y el que en mí cree, no tendrá sed jamás».*
>
> JUAN 6:35

Cabe aclarar que este pasaje no está hablando de provisión meramente física, sino espiritual. A la luz de esto, me llama mucho la atención cuando Jesús dijo que Su comida era hacer la voluntad del Padre, porque hablaba justamente de lo que dice este pasaje. Jesús vivió en esta tierra con el enfoque y entendimiento de que no había nada más valioso que vivir bajo la voluntad del Padre y cumplir la tarea que se le había designado. Jesús modeló la vida que todo creyente debería aspirar a tener.

Lo cierto es que en muchas ocasiones nos concentramos en suplir nuestras necesidades físicas (que claramente son necesarias), pero mayor es nuestra necesidad espiritual y tendemos a dejarla hasta el final. Nos dejamos llevar por nuestra humanidad y llegamos a perder el enfoque totalmente del reino de Dios y lo que se nos ha llamado a hacer. A veces pensamos que primero debemos preocuparnos de la carne para entonces atender al espíritu, pero no podríamos estar más equivocadas. ¡Es necesario primero buscar a Dios y todo lo demás después!

Quiero invitarte a que medites en este pasaje y pienses en todo el esfuerzo y tiempo que inviertes en tus necesidades físicas (comida, ropa, belleza y ejercicio) y que lo compares con lo que inviertes en las cosas de Dios. No tengas miedo de ser vulnerable, porque es justamente de esa manera que podemos arrepentirnos y comenzar a hacer algo diferente. Recordemos que aunque la necesidad física es importante, será constante y este mundo pasará, ¡pero la necesidad espiritual nos afectará por el resto de la eternidad!

> *Si el Señor no edifica la casa, de nada sirve que los edificadores se esfuercen. Si el Señor no protege la ciudad, de nada sirve que los guardias la vigilen.*
>
> SALMO 127:1

Al vivir en nuestras maneras erróneas de autosuficiencia, tendemos a hacer nuestros planes y vivir como si todo dependiera de nosotras. Llega un punto donde ni siquiera oramos o contemplamos lo que Dios quisiera de nuestras vidas y simplemente emprendemos el camino que anhelamos. Esto evidencia la manera en que vemos nuestras vidas y a Dios mismo.

Es importante reconocer que Dios es Dios por encima de nuestros planes y deseos. Que es Él quien nos ha creado, que nos ha dado vida, nos ha rescatado y tiene un plan y propósito para nuestras vidas. Me encanta la manera en que lo presenta este pasaje, porque dice que de nada sirve que los edificadores se esfuercen. Cuando algo no es la voluntad de Dios, de nada sirve todo aquello que tú y yo podamos hacer en nuestras fuerzas.

Un ejemplo sencillo y claro que pude ver en mi vida es cómo por cinco años, antes de creer en Cristo, me esforcé en hacer crecer un canal de YouTube donde solo estaba buscando mi voluntad y planes. A pesar de todos mis esfuerzos y dedicación, nunca tuve el resultado que buscaba. Después de esos cinco años, cuando comencé a seguir a Cristo, a buscar Su voluntad y desear traer gloria a Él, comencé el nuevo canal que tengo y superó cualquier cosa que podría haber soñado. Estoy totalmente segura de que, aunque me he esforzado, invertido y sacrificado, la razón de que haya funcionado es que Dios es quien va delante de lo que hago. No dejes a Dios a un lado como si solo fuera algo para añadir; recuerda que Él es Dios y que tenerlo *todo* sin Él es no tener nada realmente.

Muchos movimientos que han surgido últimamente con más potencia han distorsionado sobremanera la Palabra de Dios, prometiendo que Dios quiere que seas emprendedora, exitosa, tu propia jefa, y diversas promesas que tienen que ver con el éxito terrenal. Sin embargo, nada de esas supuestas promesas pueden ser encontradas en la Biblia. Lo que sí podemos encontrar son estas palabras de Jesús, que dice que al seguirlo nos hará pescadoras de hombres. ¡Eso está conectado directamente con hacer discípulos!

A veces complicamos demasiado lo que debemos ser y hacer, cuando la Palabra de Dios ya lo ha dejado en claro. Nuestra gran tarea y en lo que nos debemos convertir es en hacedoras de discípulas. Sé que puede parecer una tarea grande e intimidante, pero no significa que ya mañana tienes que formar a muchas personas.

Si soy sincera, aunque he servido en varios ministerios en la iglesia, por un tiempo solo tenía a una joven con la cual invertía ese tiempo extra discipulando. Te lo cuento para que veas que no tiene nada de malo empezar con una persona. El problema es cuando solo ponemos excusas para no hacer esa gran comisión.

Te quiero retar a que voltees a tu alrededor y veas con quién puedes comenzar reuniéndote y teniendo esa intencionalidad de hacer discípulos. Lo cierto es que, para comenzar, hace falta iniciativa de nuestra parte. Quizás al comienzo no sepas muy bien cómo hacerlo; puedes llegar a equivocarte o estar muy nerviosa, pero aun en eso debes descansar y saber que es Dios a través de ti haciendo Su obra. No desperdicies tu vida al buscar sueños meramente terrenales, sino vive para cumplir la voluntad de tu Salvador.

Así que somos embajadores en nombre de Cristo, y como si Dios les rogara a ustedes por medio de nosotros, en nombre de Cristo les rogamos: «Reconcíliense con Dios»

2 CORINTIOS 5:20

Como pudimos aprender en el devocional anterior, hay una tarea que se nos ha dado en el momento que somos hechas hijas de Dios. Ahora nos hemos vuelto Sus representantes en esta tierra, ya que tenemos conocimiento del mensaje del evangelio que tiene poder para salvación. Por lo tanto, ahora debemos llevar ese mensaje a otras personas que no conocen de Él y enseñarles todo aquello que se nos ha enseñado.

En estos tiempos de redes sociales, todos quieren ser alguien, tener una plataforma y ser embajadores de las marcas más cotizadas. En este contexto, buscan ser la cara o el representante de tales marcas. Hacen esto al usar el producto, hablar de eso constantemente y generar que otras personas también quieran usarlo. La verdad es que tú y yo tenemos el privilegio de ser embajadoras en nombre de Cristo, pero ¡hacemos a un lado ese privilegio! Lo vemos como algo innecesario o como si no tuviera valor alguno.

El mundo necesita escuchar de Jesús, necesita las buenas nuevas y debemos poner en marcha nuestra fe para llevarlas. Esto no significa que lo hagamos exclusivamente en las redes sociales, comienza principalmente con las personas de nuestro alrededor, amistades, familia, escuela, trabajo, comunidad, y simplemente en donde nos encontramos en esta temporada de la vida.

Quiero retarte a que seas intencional en hablar las buenas nuevas del evangelio, y para esto no hay una *edad* o *tiempo* correctos. Hay tantos temas sociales que se están llevando la atención aun dentro de la iglesia y tomando el lugar que el evangelio debería tener, ¡así que no nos quedemos calladas! Aun si nadie a tu alrededor lo está haciendo, recuerda que tu obediencia es a Cristo y no a las personas, y que es Él quien te capacita para esta gran obra.

Yo sembré, y Apolos regó, pero el crecimiento lo ha dado Dios.

1 CORINTIOS 3:6

Cuando hablamos del reino de Dios, todo se trata de Él. Claro que colaboramos y formamos parte de él, sin embargo, no somos las protagonistas. Me encantan las palabras de este versículo, porque a veces somos muy prontas para buscar reconocimiento y posicionamiento sin entender que todo es por y para Él. Aunque tú y yo nos esforcemos, trabajemos y veamos que lo que estamos haciendo tiene resultado, debemos recordar que es Dios quien da el crecimiento. Tú y yo somos Sus instrumentos, pero Él es quien hace la obra.

Esto aplica tanto para no poner la mira sobre el hombre, como para no buscar que los hombres nos miren a nosotras. Muchas veces las divisiones en el cuerpo de Cristo vienen justamente de esos deseos de estar en lo correcto, de falta de humildad, egoísmo, comparación y vanagloria. Tristemente, a veces vemos la iglesia y el reino de Dios como algo privado y personal e ignoramos que cada creyente forma parte de ese cuerpo, que tenemos roles distintos pero que apuntan a un mismo lado.

Vivir para Dios requiere que reconozcamos que todo es por gracia. Si te toca limpiar, ser líder, estar a cargo de un ministerio, enfocarte en tu casa, o lo que sea, debes reconocer que es por gracia y para la gloria de Dios. No caigamos en las maneras en las que el mundo busca ser visto y alabado, sino que reflejemos el carácter de Cristo en humildad y sumisión a Dios. Esto nos costará morir a nosotras mismas continuamente, pero cuando parezca difícil o nos demos cuenta de que hemos caído en buscar el agrado de las personas, podemos pedirle a Dios que nos ayude en nuestra debilidad. ¡Seamos intencionales en siempre darle la gloria y honra a Dios por sobre todas las cosas!

¡Bendito seas, Señor! ¡Grande ha sido tu misericordia por mí! ¡Me pusiste en una ciudad fortificada!

SALMO 31:21

Hemos visto la importancia de meditar en la cruz y lo que Jesús hizo por nosotras. La razón por la que hago tanto énfasis en esto es porque he visto la diferencia en mi diario vivir al hacerlo. Nuestro enfoque determina cómo vivimos, qué hacemos y para qué hacemos las cosas. A veces podemos cometer el error de solo pensar en Dios los domingos o cuando necesitamos algo, e ignoramos que nuestra vida entera es para Él.

Tener un verdadero entendimiento de lo que sucedió en esa cruz y contemplarlo constantemente nos llevará a la humildad y rendimiento total delante de Dios. A un asombro donde podemos entender la suficiencia de lo que ya ha hecho por nosotras y qué tan digno es de toda nuestra alabanza y adoración. La misericordia y la gracia de Dios han sido impresionantes hacia nuestras vidas. Sin ellas, estaríamos totalmente perdidas no solo en esta tierra sino por la eternidad. ¡Ha sucedido un milagro impresionante en nuestras vidas y nunca hay que perder el enfoque de eso!

Quiero retarte una vez más a que día a día contemples el sacrificio de Jesús. Piensa en todo lo que tu pecado merece, en las miles de formas en que le fallas a Dios aun siendo salva; medita en lo que Él te ha dado en lugar de lo que mereces. Permite que eso te lleve a una vida de constante alabanza a Dios. Que tus labios bendigan a tu Creador y Salvador. ¡Que la ingratitud no te ciegue! Creo firmemente en que tener esto presente constantemente cambia la manera en que nos acercamos a Dios, a Su Palabra y nuestra forma de vivir.

Ustedes son la luz del mundo. Una ciudad asentada sobre un monte no se puede esconder... De la misma manera, que la luz de ustedes alumbre delante de todos, para que todos vean sus buenas obras y glorifiquen a su Padre, que está en los cielos.

MATEO 5:14, 16

Este pasaje nos revela un poco sobre cómo nuestra nueva vida debe vivirse en esta tierra, y sobre lo que implica. También nos enseña acerca de nuestro propósito en Cristo. Me gustaría que pusiéramos atención a cómo este pasaje habla sobre una luz que alumbra delante de todos, al punto que puede ser vista por todas las personas. Eso quiere decir que hay una diferencia bien visible que no se puede confundir con ninguna otra cosa, sino que sobresale.

Hoy en día podemos ver cómo muchos cristianos se quieren mezclar un poco con el mundo, agarran ideas y movimientos y hacen una mezcla para poder «alcanzar» a más personas o simplemente vivir una vida más cómoda. La realidad es que si como cristianas vivimos de una manera que pueda ser confundida con personas que no conocen de Cristo, entonces estamos haciendo algo mal. En nuestra naturaleza buscamos ser aceptadas y adaptarnos a nuestro alrededor, por eso debemos recordar que la Palabra de Dios dice que ya no somos más de este mundo sino que nuestra ciudadanía está en los cielos. Eso significa que seremos y debemos ser diferentes a las personas que sí son de este mundo.

Esa luz con la que debemos alumbrar son nuestras buenas obras, las cuales no son para ser aplaudidas, sino para que la gente glorifique a Dios. Nuestras vidas deben apuntar a Cristo y llevar a otras personas a glorificarlo de la misma manera. No busques ocultar la luz de Jesús, sino, con orgullo, sé luz en un mundo lleno de tinieblas.

Ésa es la orden que el Señor nos dio, cuando dijo: «Te he puesto como luz para las naciones, para que lleves salvación hasta los confines de la tierra».

HECHOS 13:47

¿Recuerdas la luz sobre la que hablábamos ayer? Brillar según las Escrituras no es hacerlo con una luz que apunte a nosotras, sino a Jesús para llevar salvación hasta los confines de la tierra. Vivamos en obediencia a Cristo, llevando el mensaje del evangelio a las personas que no lo han escuchado todavía. Es importante saber que para esto hemos sido llamadas, porque tantas veces estamos buscando un llamado y un propósito, como si no lo hubiéramos recibido.

Hoy en día todo el mundo busca brillar para ser visto, para obtener validación, seguidores y algún tipo de admiración de los demás. Si como creyentes estamos viviendo de esta manera, entonces no hemos entendido para qué somos salvas. No es para que nos quedemos calladas con las buenas nuevas que hemos conocido, sino que nuestra vida debe ser una luz que apunte a Jesús, vivir para predicar el evangelio.

No hay mensaje más importante y necesario que aquel de Jesús crucificado y resucitado. Esforcémonos por mantener el enfoque en nuestras vidas, porque lo cierto es que hay demasiadas distracciones a nuestro alrededor que buscan quitar nuestra atención de lo que es realmente importante. No olvides que, al conocer la salvación de Cristo, tienes la tarea y la responsabilidad de llevar esa noticia a las personas que aún no la han escuchado. A veces queremos aventar esa responsabilidad a los líderes y pastores, pero lo cierto es que también es nuestra responsabilidad predicar a Jesús crucificado y resucitado. No pierdas tiempo atorada en la vanagloria de esta vida; vive según tu propósito y glorifica a Dios.

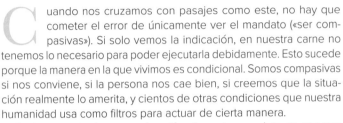

Cuando nos cruzamos con pasajes como este, no hay que cometer el error de únicamente ver el mandato («ser compasivas»). Si solo vemos la indicación, en nuestra carne no tenemos lo necesario para poder ejecutarla debidamente. Esto sucede porque la manera en la que vivimos es condicional. Somos compasivas si nos conviene, si la persona nos cae bien, si creemos que la situación realmente lo amerita, y cientos de otras condiciones que nuestra humanidad usa como filtros para actuar de cierta manera.

Lo interesante de poner atención al pasaje completo es que nos llama a la compasión a la luz de nuestro Padre. Se trata de imitarlo y buscar ser más como Él. Es crucial para nuestra vida como creyentes entender esto porque será la clave para la obediencia. Si buscamos imitar a Dios, llegaremos a la conclusión de que Su carácter no depende de nosotras, y que tampoco nos da lo que merecemos. De la misma manera, debemos imitar el carácter de Cristo en obediencia, independientemente de cómo actúe la gente a nuestro alrededor.

Reaccionar e interactuar de una manera que glorifica a Dios no será el resultado de nuestra naturaleza pecaminosa, sino de Su obra en nuestras vidas. Es crucial que cada día nos llenemos de Su Palabra e invirtamos tiempo en oración, porque es la única manera en que podremos estar atentas a la convicción del Espíritu Santo.

Recordemos que para poder madurar y crecer en lo espiritual, necesitamos la ayuda de Dios. ¡Tan solo nota cómo nuestro estándar de vida es Él mismo! Eso es imposible de lograr solo en nuestro esfuerzo; necesitamos de Él. Así que, en esos momentos donde se te haga difícil hacer el bien y te cueste reflejar a Cristo, recuerda correr a Él y pedirle ayuda. Debemos reconocer que somos débiles, así que recuerda no perder el enfoque en Cristo y recordar que Él es tu estándar y la razón de tu vivir. Si pierdes esto de vista, serás tentada a actuar según el pecado que te rodea.

Has perdonado la iniquidad de tu pueblo,
has perdonado todos sus pecados.

SALMO 85:2

No sé si a ti te pasa, pero cada vez que pienso en el perdón de Dios, me sigue volando la cabeza. No solo cuando pienso en quién era antes de creer en Jesús, sino también cuando contemplo cómo sigo fallando y luchando con el pecado. Al ver el pecado tan horrible en mi corazón (una pretensión de superioridad moral, egoísmo y soberbia), no puedo comprender cómo Dios no se cansa de mí, sino que continúa amándome y extendiéndome Su perdón. Nos cuesta perdonar cosas pequeñas de las personas a nuestro alrededor, que suelen ser superficiales e insignificantes. Eso destaca de manera más profunda la clase de Dios que tenemos, porque Él es santo, jamás ha pecado, no ha hecho ningún mal a nadie y nosotras le hemos dado la espalda, le hemos fallado y hecho cosas abominables ante Su santidad, y aún así nos ha extendido perdón. La gracia y la misericordia de Dios son tan increíblemente profundas que se nos dificulta entenderlas en su totalidad.

Hay personas a las que no les gusta pensar en la gracia de Dios o siquiera predicarla, porque creen que puede darse la oportunidad para el libertinaje y llevar a las personas a tener una mentalidad que diga: «Puedo hacer lo que sea, ya que Dios perdona mis pecados». Sin embargo, creo firmemente que cuando Dios trae convicción a nuestros corazones de nuestra insuficiencia, de nuestro pecado y de Su santidad, es imposible desear vivir en aquello que sabes que te separaba de Dios y que te condenaba para la eternidad. Creo firmemente que saber sobre la gracia y la misericordia de Dios te impulsa a querer conocerlo más, agradarle y obedecerle. De la misma manera, esa gracia nos debe llevar a perdonar a los de nuestro alrededor, al recordar la inmensa gracia que hemos recibido.

En el amor no hay temor, sino que el perfecto amor echa fuera el temor, porque el temor lleva en sí castigo. Por lo tanto, el que teme, no ha sido perfeccionado en el amor.

1 JUAN 4:18

¿Sabes cuál es una manera práctica para ver cómo estamos espiritualmente? Ver los frutos de nuestras vidas. Así como este versículo dice que el temor refleja y demuestra algo, de la misma manera, otras luchas con las que batallamos reflejan lo que realmente vivimos. A veces pensamos que el enemigo nos está atacando porque estamos enfrentando ciertas luchas, pero no nos detenemos a pensar que quizá esas cuestiones simplemente son resultado de nuestra manera de vivir.

No hace mucho tiempo, escuché a alguien decir que la ansiedad era pecado, y sinceramente me conmocionó. Esta persona explicaba cómo la ansiedad muchas veces surge de una falta de confianza; es decir, cuando comenzamos a depender de nosotras y de las situaciones de nuestro alrededor y quitamos la mirada de Dios. Por el solo hecho de quitar nuestra dependencia de Dios, estamos pecando. Eso me confrontó muchísimo, pero tiene todo el sentido. Cuando dejamos de depender de Dios y de permanecer en Él, en nuestras vidas surgen inseguridades, miedos, ansiedades y un millón de consecuencias de nuestro mundo caído.

Es crucial que encuentres verdades bíblicas que te regresen nuevamente al verdadero norte, cuando te encuentres en momentos en los que te sueltas de Dios para agarrarte del mundo. Con esto te quiero retar a que analices tu vida. Piensa en esos resultados que tienes, ya sean buenos o malos. En oración y vulnerabilidad, pon atención a las áreas en las que has dejado de depender de Dios. Esta es la única manera de llegar al arrepentimiento y cambiar el rumbo.

Cuando llegue ese día, el Señor reinará sobre toda la tierra, y él será el único Señor, y su nombre será el único nombre.

ZACARÍAS 14:9

Todos queremos tener esperanza. La buscamos al querer un buen trabajo que nos dé estabilidad económica, al encontrar la carrera correcta en la cual podamos triunfar, o hacer todo lo que esté en nuestras manos para evitar las enfermedades. Esa clase de esperanza humana tiene un resultado impredecible. Podemos esperar que algo suceda, pero no podemos tener certeza de que realmente sucederá; por lo tanto, esa esperanza es fluctuante.

A diferencia de leer un libro, ver una película o incluso pensar sobre el futuro, no tenemos una seguridad de lo que sucederá. Entonces, es una esperanza sin fundamento que puede ser fácilmente destruida. Como hijas de Dios, la mayor y verdadera esperanza que tenemos es saber cómo terminará esta vida, sin importar el caos que vemos a nuestro alrededor. Dios ha probado desde el Antiguo Testamento que lo que dice, sucede; que es Él quien tiene autoridad sobre todo y que Su voluntad se establece por todas las cosas. No ha fallado en Su Palabra y no lo hará.

Ahí se encuentra una de las más grandes diferencias entre lo que creemos y lo que el mundo ofrece. Casi todas las profecías se han cumplido (aún faltan algunas, como la segunda venida de Cristo) de manera sobrenatural, y si investigamos las probabilidades de que una profecía se cumpla, nos sorprenderíamos todavía más. Menciono esto porque al conocer más y más la Biblia, lo que dice y lo que está por venir, podemos vivir día a día con nuestra mirada en Cristo, confiadas en que Él ya ha vencido la muerte y el pecado; y sabemos que ninguna esperanza que el mundo pueda ofrecer se compara con la esperanza que Él nos ha dado.

Oren sin cesar.

1 TESALONICENSES 5:17

¡Qué tarea! Suena tan sencillo este mandato de orar sin cesar, pero qué complicado es cuando nuestras agendas están llenas y nuestras mentes parecen una estación de tren, con mil pensamientos y preocupaciones que pasan por hora. Sin embargo, creo que por eso mismo se nos da este mandato. Es tan fácil perder el enfoque, irnos en direcciones equivocadas y terminar tan llenas de todo menos de Dios.

Las excusas siempre estarán presentes y hasta nos sobrarán para justificar nuestra falta de oración. Pero no hay ninguna excusa realmente válida para evadir la oración. Este es uno entre tantos pasajes que nos hablan de la importancia de estar constantemente en comunión con el Padre. Parte de orar sin cesar es reconocer en humildad que necesitamos de Dios y que dependemos de Él. Es entender que no hay ni una sola área en la que seamos independientes. A veces nos es fácil ir por la vida sin pensar en Dios, sin contemplarlo a Él ni a Su Palabra, y lo cierto es que el hábito de la oración nos ayuda a mantenernos enfocadas.

Quisiera compartirte dos maneras prácticas que procuro incorporar en mi vida cada vez que noto que la oración no está muy presente. La primera es priorizar la oración en las mañanas, sin importar lo que pueda estar sucediendo; así me aseguro de empezar enfocada en Dios y encomiendo mi día a Él, aun si esto es una oración pequeña. La segunda es usar mi tiempo en mi auto. No importa a donde vaya, uso ese tiempo para orar; puede ser por mí, o si me veré con alguna persona, oro por ella. Si voy camino al estudio bíblico, oro por las líderes, por las chicas, por la iglesia, lo que sea. ¡Busca maneras y no excusas!

Porque deseo verlos para impartirles algún don espiritual, a fin de que sean fortalecidos; es decir, para que nos fortalezcamos unos a otros con esta fe que ustedes y yo compartimos.

ROMANOS 1:11-12

Pablo ha sido un apóstol muy influyente en la iglesia. Él fue quien escribió Romanos, una de las cartas más cargadas de teología. Plantó varias iglesias e hizo diversos viajes misioneros. Fue un apóstol que tuvo un gran impacto y sigue siendo admirado por muchos. Sin embargo, aquí leemos que al momento de ir a visitar a los romanos, él también deseaba ser fortalecido por ellos.

¿Qué podemos notar? ¡Humildad! Como cristianas, qué fácil es caer en la arrogancia de creer que lo sabemos todo o que alguien nuevo en la fe no puede aportar algo a nuestras vidas. Nos podemos llegar a sentir superiores a otras personas debido a nuestro conocimiento, tiempo en la iglesia y aun por la posición que tengamos dentro de esta. Lo cierto es que nunca debemos olvidar que todo eso también es por gracia. Tu conocimiento de Dios, la nueva vida que tienes, todo lo que sucede en tu vida es por mera gracia divina y no porque seas superior a alguien más.

Por eso creo que vale la pena analizar y meditar un poco en este pasaje. Sin importar cuántos años lleves en el cristianismo, siempre se puede aprender de las personas alrededor. Cualquier conocimiento que tengamos no debemos usarlo para vanagloriarnos, sino para impartirlo a otras personas para su beneficio. La humildad es de los atributos principales del cristianismo y eso reta a nuestra carne; por eso, hay que estar alertas de no caer en la soberbia, la cual impide nuestro crecimiento y el de los de nuestro alrededor. ¡Busquemos el bien de los demás!

> *Las cosas que se escribieron antes, se escribieron*
> *para nuestra enseñanza, a fin de que*
> *tengamos esperanza por medio de la paciencia*
> *y la consolación de las Escrituras.*

ROMANOS 15:4

La Biblia es un libro complejo, compuesto por diversos libros y con diferentes categorías. Una de esas categorías es la de los libros proféticos. Esto quiere decir que son libros que fueron escritos cientos de años antes de que ciertas cosas se cumplieran. La mayoría de las profecías se encuentran en el Antiguo Testamento y son cumplidas o reveladas en el Nuevo Testamento. La venida, la muerte y la resurrección de Cristo cumplieron cientos de profecías. Por esa y otras razones podemos confiar en que lo que dice la Biblia es verdad y que realmente es la Palabra de Dios.

Es fácil creer en lo que dicen las noticias, las redes sociales, los artículos y cualquier otra fuente de información, pero a veces se nos dificulta creer en lo que dice la Biblia. En nuestra vida debemos priorizar el estudio y el conocimiento de la Palabra de Dios para evitar ser engañadas. Recordemos que como hijas de Dios ya no vivimos conforme al mundo, sus ideales y caminos, sino a la luz de Jesús y lo que ya ha establecido. Esto no puede ser una realidad si nuestra fuente de verdad se encuentra fuera de la Biblia.

Sé que en ocasiones es complejo estudiar la Biblia, pero por eso mismo no hay que separar el Antiguo Testamento y verlo como irrelevante, porque lo cierto es que al estudiarlo nos ayuda a entender con más profundidad el Nuevo. Asimismo, hay muchos recursos a nuestro alrededor que nos pueden ayudar a hacer esto una realidad. Quiero retarte a que busques maneras prácticas de anclarte en las Escrituras porque, así como lo dice este pasaje, lo que antes se escribió es para nuestra enseñanza y eso fue con el propósito de darnos esperanza y consolación.

> *Pero si vivimos en la luz, así como él está en la luz, tenemos comunión unos con otros, y la sangre de Jesús, su Hijo, nos limpia de todo pecado.*
>
> 1 JUAN 1:7

Es crucial entender que nuestra salvación es un regalo absoluto de parte de Dios que no depende de nuestras acciones, ni es algo que podamos ganar. De igual manera, es súper importante entender que una verdadera salvación y una fe genuina en Jesús producirán obras (resultados) de nuestra parte. Dios nos ha limpiado de pecado, pero no para que vivamos felizmente pecando sino para tener una libertad para hacer buenas obras, y si llegamos a caer, no debemos quedarnos atrapadas ahí.

En el devocional anterior mencioné brevemente la importancia de vivir ancladas en la Palabra. Hay diversas razones por las cuales debemos ver la Biblia como nuestro pan espiritual diario. Una de ellas es que ahí aprendemos cómo vivir. Por medio de ella, el Espíritu Santo nos confronta con nuestro pecado y nos guía al camino correcto. Ese es el manual de vida que nos guía para vivir vidas agradables a Dios y donde podemos encontrar respuestas a nuestras preguntas.

Recordemos que al momento de ser salvas no dejamos de ser humanas. Las luchas continuarán hasta la venida de Jesús por Su Iglesia. Teniendo eso en mente, nuestro enfoque día a día debe ser obedecer y agradar a Dios, pero esto no es posible si no conocemos aquello que espera de nosotras. No podemos imitar a Cristo si no conocemos Su carácter. Podemos ver claramente en este pasaje aquello que distingue a los hijos de Dios. Así que prioriza vivir a la luz de las Escrituras y no a la luz de los estereotipos de estos tiempos.

Manténganse atentos y firmes en la fe; sean
fuertes y valientes. Háganlo todo con amor.

1 CORINTIOS 16:13-14

Constantemente hablo sobre las distracciones que existen y a las que nos enfrentamos con regularidad. No lo hago para traer algún tipo de presión, sino para que nos demos cuenta de cuántas veces en la Palabra habla de mantenernos atentas y firmes. Si esto no fuera algo real y constantemente presente, entonces Dios no lo habría mencionado tanto en Su Palabra. Hay una guerra y un mundo espiritual que olvidamos con demasiada facilidad, porque nos quedamos atoradas únicamente en aquello que podemos ver.

Las distracciones no se limitan únicamente a quitar nuestro enfoque de Jesús, sino que también incluyen cómo vivimos. Vemos cómo este pasaje nos dice que hagamos todo con amor, pero ¡qué fácil es distraernos con las maneras egoístas en las que actúa el mundo! También se nos dice que nos mantengamos atentas y firmes, que seamos fuertes y valientes. Esas instrucciones deberían llevarnos a entender que si nuestro caminar en Cristo fuera una línea recta, sin problemas, preocupaciones o dificultad, ¡entonces no habría necesidad de tales palabras! En nuestra humanidad tendemos a buscar la mayor comodidad posible y huimos del peligro. Pero muchas veces, esa mentalidad nos puede privar de vivir a la luz de la Palabra, porque seguir a Cristo nos saca totalmente de nuestra comodidad y naturaleza humana.

Que todos los días nuestra prioridad sea conocer la Palabra de Dios, hacerla nuestro eje y la que dicta lo que creemos y vivimos. Hay demasiadas voces y opiniones, pero como cristianas, debemos poner la Palabra de Dios por encima de todas las cosas. Si hay un área en la cual puedes reconocer que no estás reflejando tanto a Cristo, busca qué dice la Palabra y comienza a orar ese pasaje sobre tu vida, pidiéndole al Señor que te ayude en tus debilidades.

Este es un pasaje que trae muchísima esperanza en pocas palabras. Nos dice que la paga del pecado, esto es, lo que merecemos, es la muerte. Esto por sí solo es la peor noticia, porque no sé tú, pero yo he pecado y continúo pecando aun cuando me esfuerzo por ser mejor cada día. Como seres humanos somos imperfectas y fallamos de diversas maneras, y a veces ni siquiera nos damos cuenta. Por lo tanto, si la salvación dependiera de nosotras, estaríamos perdidas, porque haber pecado solo una vez ya es como haber transgredido toda la ley y por lo tanto merecemos muerte.

Pero... la dádiva de Dios, el regalo inmerecido que nos da a través del sacrificio de Jesús, es la vida eterna. Nosotras, que merecíamos muerte, hemos recibido salvación por la gracia de Dios. Esto es algo que no debemos olvidar. No dejemos de meditar en el regalo y milagro más asombroso que hemos recibido. Ese regalo no se queda en aquella primera vez que creíste en Jesús, sino que continúa teniendo efecto cada día de tu vida, aun en tus peores momentos.

Quiero retarte a meditar en el evangelio todos los días de tu vida. No solo para que te goces de la salvación que has recibido, sino también para que veas la importancia de compartir esta noticia con personas a tu alrededor, ya que es un tema de vida o muerte eterna. A veces nos acostumbramos tanto a cantar y decir que Cristo murió por nosotras, que perdemos el asombro de lo que ha sucedido pero, como mencioné, sigue teniendo efecto en tu vida. Cuando meditamos constantemente en estas verdades, nuestra forma de vivir cambia y nuestras ganas de compartir el mensaje se hacen más fuertes.

La mujer no debe ponerse ropa de hombre, ni el hombre debe ponerse ropa de mujer, pues todo el que hace esto resulta repugnante al Señor tu Dios.

DEUTERONOMIO 22:5

Nuestra sociedad sigue luchando con los principios bíblicos y se esmera por desacreditar la Biblia al llamarla anticuada. Cree que porque la sociedad y tecnología han avanzado, entonces la Biblia debería avanzar y evolucionar acorde a la humanidad. Sin embargo, tenemos un Dios de palabra, un Dios que no cambia ni se ajusta al ser humano, sino que dicta cómo son las cosas y cómo debemos vivir.

Aunque seremos tentadas constantemente a amoldarnos a lo que sucede en el mundo y la moda, debemos siempre estar ancladas a la Palabra de Dios y recordar que esa es la verdad. Muchos quieren decir que la Biblia no habla realmente de la sexualidad, de roles, o de todo lo que tenga que ver con el tema, pero lo cierto es que sí. En este y en una infinidad más de pasajes podemos ver cómo Dios ya ha hablado y establecido lo que es agradable y correcto ante Sus ojos.

Hay personas que leen este pasaje de una manera muy superficial y se encierran en que las mujeres no usen pantalón porque es ropa de hombre, pero este pasaje es mucho más profundo. Podemos ver hoy en día hombres y mujeres que se visten como el sexo opuesto y quieren cambiar su identidad sexual. Las líneas de la feminidad y la masculinidad cada vez se hacen más borrosas, y de esto habla el pasaje. Dios creó al hombre y la mujer, y en Su Palabra habla de mantener esa distinción y los roles sin confusión. ¡No seamos prontas en aceptar ideas y movimientos que terminan yendo en contra de la Palabra de Dios!

La palabra de Cristo habite ricamente en ustedes. Instrúyanse y exhórtense unos a otros con toda sabiduría; canten al Señor salmos, himnos y cánticos espirituales, con gratitud de corazón.

COLOSENSES 3:16

Me deleito cada vez que noto cómo Dios nos da instrucciones de cómo vivir en esta tierra. Aunque hay muchos temas de los cuales no habla directamente, creo con firmeza que, al alinearnos a ciertos principios establecidos, eso termina afectando el resto de nuestras vidas. En Su sabiduría, Dios ha decidido qué cosas revelarnos e instruirnos. Por lo tanto, podemos descansar en que eso es más que suficiente.

Nunca me cansaré de enfatizar la importancia de tener la Palabra de Dios como prioridad en nuestras vidas. Tristemente, siendo incluso cristianas dejamos la Biblia de lado. Hay miles de excusas de por qué no se lee o, es más, a veces ni siquiera está presente la importancia de leerla y obedecerla. Si esto es algo con lo que batallas, ¡Dios te puede ayudar! Pídele que te enseñe a depender de Su Palabra y a necesitarla. Él es fiel con nosotras y nos puede ayudar en nuestras debilidades.

Muchas veces tenemos cientos de preguntas sobre nuestro propósito, cómo agradar a Dios o cómo conocer Su voluntad. Es justamente en Su Palabra donde aprenderemos a vivir en obediencia a Él. Aquí nos dice que nos instruyamos unos a otros en sabiduría, pero ¿qué es la sabiduría? ¿Cómo la obtenemos? El libro de Proverbios nos dice que el principio de la sabiduría es el temor a Dios. Podemos ver cómo todo se conecta entre sí y la Biblia se interpreta y complementa a sí misma. Cada vez que tengas luchas en tu vida, necesidad de dirección o hasta esperanza, ¡vuelve a las Escrituras!

La idea de que solo te esfuerces por ser buena y dar lo mejor de ti para vivir una vida plena suena tentadora. Por eso debemos MEDITAR EN EL EVANGELIO TODOS LOS DÍAS para reenfocarnos en lo que es verdad.

Hace un tiempo, una persona del liderazgo de la iglesia estaba totalmente convencida de que ya nunca pecaba. Creía que porque no cometía pecados grandes y evidentes que se ven en las vidas de personas no creyentes, eso significaba que ya no había pecado en su vida. Aunque nuestras vidas hayan cambiado, se vean diferente a como vivíamos y sean opuestas a como vive el mundo, la realidad es que no dejamos de luchar con el pecado. El pecado no solo son cosas grandes sino aun lo pequeño que se esconde en nuestra mente y corazón.

Por eso encontramos pasajes como estos, que nos impulsan a confesar nuestros pecados a otras personas. Esto no significa que vas a ir por la vida hablándole a todo el mundo de tus luchas, sino que dentro de tu comunidad tendrás esas personas de confianza. Pueden ser tus amistades o tu pareja. Usualmente, las personas que pasan más tiempo contigo podrán ver tus fallas más claramente que personas que frecuentas muy rara vez. Aunque puede ser intimidante confesar tu pecado, cada vez se vuelve más fácil y podemos ver los beneficios.

Recordemos que ahora tenemos libertad para ya no tener que vivir en esclavitud al pecado, pero sigue siendo una lucha diaria que no podemos pelear solas. Para empezar, necesitamos del Espíritu Santo y vivir en dependencia total a Él, además de vivir en comunidad. Como cristianas, es importante ver el valor de la vulnerabilidad y de tener una comunidad a nuestro alrededor para poder abrir nuestro corazón y tener a personas que estén al tanto de nuestras vidas, a quienes podamos rendir cuentas y que puedan estar orando por nosotras. Si no tienes a nadie a tu alrededor a quien puedas rendir cuentas, ora y pídele a Dios que mande a personas y sé intencional a la hora de participar de tu comunidad.

Que la gracia y la paz les sea multiplicada por medio del conocimiento de Dios y de nuestro Señor Jesús.

2 PEDRO 1:2

El conocimiento de quién es Cristo y lo que ha hecho por nosotras no solamente nos beneficia en el sentido de la salvación. Si ponemos atención a este pasaje, el medio por el cual se produce una multiplicación de gracia y paz ¡es ese conocimiento! El momento en el que creemos en el sacrificio de Jesús es el día número uno de una larga jornada de conocerlo, debemos crecer en ese conocimiento y obediencia. No pretendamos conocer todo de nuestro Salvador, porque así olvidamos que es Dios; y en realidad es mucho más complejo que cualquier ser humano.

Con tristeza vemos que, muchas personas, aun dentro de la iglesia, piensan que es suficiente con creer que Dios existe, pero no es así. Él nos ha dejado Su Palabra, y a través de ella conocemos más acerca de quién es Él. Ahí aprendemos sobre Su carácter, deidad, leyes y sobre las profundidades del sacrificio de Jesús. No hay mayor conocimiento que podamos encontrar fuera de las Escrituras sobre Dios. Es fácil caer en el error de intentar crear nuestras propias definiciones y decir frases como: «Yo no creo en un Dios que haría esto», o «Yo creo que Dios querría esto de mí», y frases similares que nos transforman en la autoridad que define a Dios, ¡y esto no debe ser así!

Dios ya ha hablado y nos ha dejado la Biblia para que lo podamos conocer y nos podamos acercar, así que no cometamos el error de creer que es suficiente con creer que Dios es real. ¡Seamos intencionales en conocerlo! No olvides que todo lo que necesitas para tu caminar con Dios se encuentra en la Palabra, y entre más crezcas en conocimiento, más te alinearás a Él y verás fruto en tu vida.

> *Por eso, ustedes deben esforzarse por añadir virtud a su fe, conocimiento a su virtud, dominio propio al conocimiento; paciencia al dominio propio, piedad a la paciencia, afecto fraternal a la piedad, y amor al afecto fraternal. Si todo esto abunda en ustedes, serán muy útiles y productivos en el conocimiento de nuestro Señor Jesucristo.*

2 PEDRO 1:5-8

Ayer hablamos sobre el conocimiento. Dentro del conocimiento que Dios nos da sobre sí mismo, también nos da instrucciones sobre lo conocido del mundo, y sobre la manera en la que debemos vivir. Me llama muchísimo la atención que aquí nos da instrucciones sobre añadiduras a la fe, a la virtud, al conocimiento, al dominio propio, a la paciencia, a la piedad y al afecto fraternal. Si ponemos atención, todos se complementan entre sí, lo cual me hace pensar en la importancia de considerar pasajes como este.

Hay personas que podrían jactarse de su conocimiento, pero aquí dice que se debe añadir dominio propio, y al dominio propio añadirle paciencia, y así sucesivamente. En nuestra humanidad, podemos pervertir hasta lo más bueno. Un conocimiento desenfrenado puede volverse arrogante y egoísta. Entonces, de nada sirve tener un conocimiento que no glorifica a Dios. Lo mismo sucede con cualquier virtud que podamos tener: si no está alineada a Dios y es seguida por otras virtudes, corremos el riesgo de vivir de manera carnal.

Lo que me encanta de pasajes como este es que nos confrontan con que nada en esta vida es algo aislado, sino que hay complementos importantes para hacer un total. De igual manera, vemos que Dios nos da instrucciones específicas sobre maneras prácticas de vivir. Cuando vayas creciendo espiritualmente y tengas dudas, no acudas a otro lugar más que a la Palabra. ¡No olvides que la Biblia es el mejor manual de vida!

Alégrate joven; aprovecha tu juventud. Bríndale placer a tu corazón mientras dure tu adolescencia. Déjate llevar por donde tu corazón y tus ojos quieran llevarte. Pero debes saber que de todo esto Dios te pedirá cuentas.

ECLESIASTÉS 11:9

Quizá cuando comenzaste a leer este pasaje, te emocionaste un poco al creer que podías seguir tu corazón y tus pasiones... y después llegaste al *pero*. Creo que este es un pasaje que vale muchísimo la pena meditar, especialmente ante la mentalidad que tiene nuestra sociedad. Cada vez más se hace énfasis en perseguir aquello que nos hace felices. Se nos dice que disfrutemos de la vida y que nos preocupemos después. Se ha hecho un ídolo del «yo» y se nos insta a buscar una manera egoísta de vivir.

Cuando somos jóvenes, queremos comernos el mundo. Soñamos y hacemos planes sobre lo que queremos hacer con nuestras vidas, y el mundo nos impulsa a perseguir los deseos de nuestro corazón. Lo que nadie nos dice, o simplemente se ignora, es que algún día rendiremos cuentas de nuestras vidas. Daremos cuenta por cómo invertimos nuestro tiempo, por nuestras acciones y por nuestras palabras. Saber esto no es para vivir con miedo de cada paso que damos (ya que como hijas de Dios, podemos estar seguras de nuestra salvación), sino para tener conciencia al momento de vivir.

A veces vivimos con la mente en esta tierra, como si fuéramos inmortales, pero la realidad es que Dios está ahí y le importa tu vida. Quiero retarte a que, más que seguir tus emociones y tu corazón, seas intencional en vivir de una manera que glorifique a Dios. No vivas desperdiciando tus días y tu tiempo en cosas vanas, sino que busca la voluntad de Dios por sobre todas las cosas.

Todo este discurso termina en lo siguiente: Teme a Dios, y cumple sus mandamientos. Eso es el todo del hombre. Por lo demás, Dios habrá de juzgar toda obra, buena o mala, junto con toda acción encubierta.

ECLESIASTÉS 12:13-14

Como hablamos ayer, algún día rendiremos cuentas de la manera en que vivimos. Esto más que una amenaza, debemos verlo como una guía para no vivir de manera vana como el resto del mundo, porque tristemente somos distraídas con facilidad. Tal vez te preguntes: «¿Cómo hago para vivir una buena vida delante de Dios?». En este pasaje lo dice de una manera muy clara: hay que temer a Dios y obedecerlo.

¡Claro que esto es un reto! Pero nos sirve de guía para alinearnos a lo que Él nos pide. A veces, en nuestra humanidad tenemos ciertas prioridades o creencias de lo que debemos ser y hacer, y terminamos tan absortas en eso que ignoramos la Palabra de Dios. Por eso, pasajes como este nos retan en nuestra carne a dejar de vivir de esa forma y buscar a Dios de manera ferviente.

Recordemos que el día que somos salvas no nos convertimos en personas perfectas; es un proceso de santificación que durará toda nuestra vida hasta que Cristo regrese por Su Iglesia. Menciono esto porque a veces nos podemos frustrar al ver que no somos tan «buenas cristianas», y como es más fácil seguir a un mundo donde tú eres la máxima autoridad, eso puede desviarnos de vivir vidas que honren y glorifiquen a Dios. Recuerda que necesitas de Dios para poder obedecerlo. Es Él quien te capacita a través de Su Espíritu. No puedes vivir una vida que glorifique a Dios estando alejada de Él. Ante la dificultad y tu debilidad, no corras de Dios, ¡corre *a* Dios!

En varias ocasiones, en el Nuevo Testamento leemos versículos similares a este, que dicen que el reino de Dios se ha acercado, que estamos en los últimos tiempos, y frases similares a estas que se enfatizan mucho en esta temporada. Lo que confunde a muchas personas es que esto fue escrito hace miles de años y pueden creer que la Biblia erró al decir que *el tiempo se ha cumplido*. Pero es importante entender a qué se refieren estos pasajes a la luz de la Biblia entera.

Recordemos que todo el Antiguo Testamento apuntaba a la venida del Mesías. Desde Génesis, encontramos la primera profecía sobre Aquel que iba a aplastar la cabeza de la serpiente. El Nuevo Testamento está escondido en el Antiguo. Todo el Antiguo Testamento está cubierto de profecías y alusiones a lo que estaba por venir. Otro dato importante es que entre el Antiguo y el Nuevo Testamento pasaron alrededor de 400 años donde no se levantó un nuevo profeta, y hubo un silencio.

En el momento que Jesús vino a esta tierra, llegó el reino de Dios aquí, y sucedió lo tan esperado en el Antiguo Testamento. Jesús vino y murió por nuestros pecados. Por tanto, ahora estamos en un período de tiempo donde debemos hablar de las buenas nuevas del evangelio, ya que esperamos la segunda venida de Cristo. Por eso estamos en los últimos tiempos, porque estamos en la era mesiánica y Cristo no tarda en regresar.

Con esto en mente, debemos vivir con la conciencia de que en cualquier momento Cristo puede regresar por Su Iglesia, y entender la urgencia de hablar del evangelio a aquellas personas que aún no lo han conocido. ¡Así que seamos intencionales en predicar a Cristo crucificado y resucitado!

En todos los aspectos de nuestras vidas debemos buscar imitar a Cristo. Él es el ejemplo a seguir y el estándar de la vida cristiana, así que pongamos atención a la manera en la que vivía y aprendamos de Él. Una y otra vez, los Evangelios muestran que, aunque Jesús tenía tiempos en comunidad tanto con Sus discípulos como con grandes multitudes, y dedicaba tiempo a enseñar a los demás y caminar junto a ellos, eso no era lo único que hacía. Podemos ver que para Él era importante tener tiempos a solas con el Padre. Es claro que, con intencionalidad, buscaba orar, ya sea muy de mañana o muy de noche.

Debo admitir que yo también batallo con imitar a Jesús, especialmente en esa disciplina de tener momentos a solas con el Padre. A veces, los sueños y los afanes de la vida ganan y por eso debemos ser conscientes de la necesidad de pasar tiempo con Dios y ver cómo ponerlo en práctica. Es importante notar que si Jesús mismo veía la necesidad de estar en intimidad con el Padre, ¡cuánto más nosotras! Lo cierto es que a veces vivimos tan independientes de Dios que no notamos la gran necesidad que tenemos de Él.

He mencionado cómo en ocasiones encontramos demasiadas excusas para no pasar tiempo en oración, pero podemos encontrar maneras prácticas de hacerlo, es una necesidad que tenemos aunque no nos demos cuenta. Es la única manera de estar realmente en dependencia de Dios y asegurarnos de buscar Su voluntad por sobre todas las cosas. Así como hay ciertas cosas que consideramos importantes y las hacemos prioridad en nuestra vida, de la misma manera veamos la importancia de pasar tiempo con el Padre y hagámoslo una prioridad.

Porque ni siquiera el Hijo del Hombre vino
para ser servido, sino para servir y para
dar su vida en rescate por muchos.

MARCOS 10:45

Me encantan estas palabras de Jesús, porque nos confronta con el verdadero estándar de vida. Si había alguien a quien se debía servir y tratar como rey, era a Jesús. Sin embargo, Él vino a esta tierra en total humildad, no buscando ser servido sino servir a los demás hasta el punto de entregar Su propia vida. Si ni siquiera Él actuó de una manera de la cual era totalmente digno, cuánto más nosotras no debemos actuar así sin siquiera merecer nada más que la muerte misma.

En nuestra humanidad, tendemos a tener la mentalidad de «Yo merezco», y bajo esa luz vivimos. Lo podemos ver en cosas tan pequeñas como no ayudar a limpiar, no recoger algo del piso ni hacer algo que se pueda ver «inferior» a nuestras cualidades y capacidades. También cuando nos cuesta tomar una postura de servir a personas que a nuestros ojos no lo merecen, o cuando tenemos que morir a nuestro orgullo al sentir que seríamos menos si actuáramos en humildad y servicio. Lo cierto es que nuestra carne siempre va a reaccionar en oposición a lo que Cristo nos llama, porque justamente morir a nuestra carne es lo que nos hace seguidoras de Cristo.

Sé que a veces puede parecer imposible imitar a Cristo cuando vemos todas nuestras deficiencias y limitaciones, pero Dios sabe que no podemos ser perfectas por nuestra cuenta. Por eso Jesús tuvo que venir y tomar nuestro lugar; por ello es que Cristo nos llama a permanecer en Él y a depender de Él, porque es quien nos capacita y santifica. Te quiero retar a que cuando encuentres pasajes como este, no los pases por alto sino que medites en ellos y le pidas a Dios que te dé un corazón conforme al suyo.

> *Cuidado con hacer sus obras de justicia sólo para que la gente los vea. Si lo hacen así, su Padre que está en los cielos no les dará ninguna recompensa.*

MATEO 6:1

Nuestro corazón puede ser tan perverso que podemos torcer hasta las cosas más buenas e inocentes. Admito que he sido culpable de actuar de maneras buenas solo porque alguien me estaba mirando o porque quería parecer *buena*. Lo sé... es vergonzoso. Pero esa es la realidad de nuestra condición caída y pecaminosa. Es importante tener esto en mente porque debemos estar alertas a lo que hacemos y por qué lo hacemos. Quizás es algo con lo que lucharemos el resto de nuestras vidas, pero debemos esforzarnos por hacer las cosas de corazón como para Dios y no para los demás.

Por la misma razón, con regularidad podemos leer en la Biblia que se nos llama a estar alertas y permanecer firmes, porque nos resulta fácil perder el enfoque y desviarnos. Aunque somos nuevas criaturas en Cristo, lo cierto es que cada día luchamos con nuestra carne. Pero entre más crecemos en nuestra relación con Cristo y en el conocimiento de Su Palabra, mediante Su Espíritu Santo podemos darnos cuenta cuando estamos reaccionando desde el pecado, para poder lidiar con él. Es importante entender que la lucha con el pecado sigue presente, porque así no nos acostumbramos a vivir en nuestros errores sino que buscamos someternos a la obediencia a Dios.

Entre más nos humillemos, más aprenderemos a vivir para la gloria de Dios y no para nuestra gloria. Eso causará que dejemos de buscar el aplauso y la aprobación de las personas para buscar que nuestras vidas, lo que hacemos y hablamos, apunten a Cristo. Si alguien ve algo bueno en ti, que note que es el reflejo de Jesús en tu vida. Seamos sinceras con nuestras faltas y debilidades, entreguémoslas a Dios y pidámosle ayuda para vivir más para Él y menos para nosotras.

Por lo tanto, no se preocupen ni se pregunten: «¿Qué comeremos, o qué beberemos, o qué vestiremos?». Porque la gente anda tras todo esto, pero su Padre celestial sabe que ustedes tienen necesidad de todas estas cosas.

MATEO 6:31-32

La verdad es que este capítulo de Mateo es uno que Dios usa constantemente para regresarme a la realidad de que dependo totalmente de Él. No sé cómo eres tú, pero yo tiendo a afanarme demasiado ante situaciones en las cuales siento que debo saber todas las respuestas, hacer el plan perfecto y conocer el futuro para poder continuar y estar en paz. Si no tengo eso, siento que no funciono. Y es justo en esa manera de vivir donde llego a sentirme tan cansada y frustrada porque estoy poniendo todo el peso sobre mis hombros, pero es cuando llega el Espíritu Santo con Su ternura y firmeza a recordarme este pasaje.

Cuando nos convertimos en seguidoras de Cristo, nuestra vida entera debe ser transformada. Nuestra perspectiva debería cambiar de terrenal a eterna y ya no buscar todas aquellas cosas que solíamos buscar. Uno de los mayores cambios que tendría que haber en nuestra vida es la nueva conciencia de que Dios nos está sosteniendo, que nos ama y nos ha adoptado en Su familia. Ya no tenemos que seguir corriendo como el resto del mundo, cansadas y dependiendo de nosotras mismas. Aunque evidentemente nuestras necesidades terrenales no cesan al ser cristianas, eso ya no debería de ser nuestro enfoque.

Querer suplir nuestras necesidades humanas no es malo en sí, pero es fácil que eso se vuelva nuestra prioridad y objetivo de vida. Aunque seguimos en esta tierra, nuestra carrera debe estar enfocada en lo eterno; por lo tanto, no descuidemos lo que se nos ha encomendado con tal de vivir sin necesidades. Quiero retarte a que no te sientas tan cómoda en esta tierra y a que tus afanes no te priven de vivir una vida plena en Cristo.

Como cristianas debemos reconocer que nuestra vida ya no nos pertenece, porque ha sido comprada a precio de sangre. Eso significa que, a diferencia del resto del mundo, no vivimos según nos place, sino según lo que le agrada y trae gloria a Dios. Tiene que haber un cambio radical de cómo éramos antes de Cristo a cómo somos ahora en Él, y eso incluye lo que perseguimos y buscamos ser.

Hoy en día podemos ver que las prioridades de la mayoría de las personas tienen que ver con la perspectiva que los demás puedan tener sobre ellas. El enfoque está en verse deseables, exitosas, realizadas, respetadas ante la sociedad, y son prioridades totalmente egocéntricas y llenas de vanagloria. En contraste, vemos cómo en este pasaje habla sobre tener una conciencia limpia frente a Dios y a los hombres. Nuestro enfoque debería ser vivir en obediencia a Dios, vidas que lo adoren y glorifiquen, y en consecuencia, mostrar vidas rectas delante de los hombres.

Hemos hablado muchas veces de lo fácil que es perder el enfoque y ninguna está exenta de esto. Por eso mismo es importante tener un tiempo con Dios cada día, porque necesitamos Su ayuda para obedecer y reflejarlo en esta tierra. Vivir una vida recta que agrade a Dios no es lo más fácil y en ocasiones causará perder amistades y familiares. Pero incluso en esas dificultades, Él es quien nos equipa y fortalece. Así que no persigas las prioridades y estándares del mundo, sino que busca que tu vida sea una de obediencia a tu Dios y Salvador.

Confía en el Señor de todo corazón, y no te apoyes en tu propia prudencia. Reconócelo en todos tus caminos, y él enderezará tus sendas. No seas sabio en tu propia opinión; teme al Señor y apártate del mal.

PROVERBIOS 3:5-7

«Escribe tu historia», «Eres la autora de tu destino» y «Toma las riendas de tu vida» son solo algunas frases que escuchamos sobre nuestras vidas. Desde pequeñas se nos habla sobre hacer determinadas cosas y vivir de cierta manera, ya sea porque nuestros papás tienen ciertas expectativas o porque se nos inculca la idea de que tenemos la libertad de seguir los deseos de nuestro corazón. Sea cual sea el caso, la realidad es que somos humanas que cometemos errores y que tenemos un conocimiento limitado.

No solo eso, sino que también es importante recordar que no fuimos autocreadas; hay un Creador, una mente maestra detrás de todo con un plan para Su creación. Teniendo esto en mente, debemos regresar a la Palabra de Dios, que nos dice en versículos como este que no intentemos ser sabias por nosotras mismas, ni creernos autosuficientes.

Esto va totalmente ligado a nuestra salvación. Al ser salvas, se nos da una nueva identidad como hijas de Dios y la tarea de anunciar el evangelio y hacer discípulos. Por lo tanto, ya no vamos por la vida buscando lo que queremos hacer, sino que debemos buscar alinearnos a los planes y propósitos de Dios.

No es sorprendente que el mundo viva creyéndose dueño de sí mismo; pero nosotras, como hijas de Dios, debemos vivir de una manera que refleje nuestro sometimiento al Padre. Quiero desafiarte a que, al momento de soñar y tomar decisiones sobre tu vida, busques la voluntad de Dios, a que anheles más que cualquier otra cosa poder agradarle y obedecerle, por encima de vivir una vida plena según tus expectativas y deseos.

*Si decimos que no tenemos pecado, nos engañamos
a nosotros mismos, y la verdad no está en nosotros.
Si confesamos nuestros pecados, él es fiel y justo para
perdonar nuestros pecados y limpiarnos de toda maldad.*

1 JUAN 1:8-9

En ocasiones, el miedo de fallar y sentir condenación nos puede cegar y llevarnos a pensar que somos buenas. Lo peligroso es que realmente llegamos a creerlo y vamos por la vida pensando que no hay pecado en nuestras vidas. Admito que he caído en eso. Hubo momentos en mi vida donde, a la luz del mundo o en comparación con otras personas, soy súper buena. Tristemente, por mucho tiempo me sentaba en mi silla de pretensión de superioridad moral porque me comparaba con lo que mis ojos podían ver.

La gravedad de esto es que nuestro estándar no es el mundo o la sociedad, sino Dios mismo. El mundo entero está lleno de pecado; es un mundo caído, y aun dentro del cuerpo de Cristo encontraremos a personas que continúan luchando con el pecado. Por lo tanto, si nos comparamos con los que nos rodean, todas podremos creer que somos más buenas que otras personas. Pero al entender que el estándar de nuestra vida es Dios, entendemos que debemos compararnos a la luz de Su santidad.

Cuando leemos las Escrituras y vemos lo que espera un Dios santo, es inevitable notar que quedamos demasiado cortas y muy lejos de Su santidad. Debemos ser conscientes de nuestro pecado, no para llevarnos a la condenación sino al arrepentimiento, y también para notar nuestra gran necesidad de Cristo; cuando nos creemos buenas, nos sentimos autosuficientes, y por ende, no vemos la necesidad de permanecer en Cristo. Por otro lado, cuando vemos qué tan débiles somos y cuántas limitaciones tenemos, entendemos cuánto necesitamos de Dios en todo lo que hacemos, y eso nos lleva a depender de Él. Así que quiero retarte a que, en oración y humildad, ores a Dios y le pidas que traiga a la luz ese pecado que quizá no sabes que hay en ti. Una vez que lo tengas presente, pídele que te ayude a someterlo en obediencia y que te fortalezca en tu debilidad.

Porque, según el hombre interior, me deleito en la ley
de Dios; pero encuentro que hay otra ley en mis
miembros, la cual se rebela contra la ley de mi
mente y me tiene cautivo a la ley del pecado
que está en mis miembros. ¡Miserable de mí!
¿Quién me librará de este cuerpo de muerte?

ROMANOS 7:22-24

Ayer hablamos del pecado y de cómo, en ocasiones, no queremos reconocer que hay pecado en nosotras por miedo a la condenación o a no sentirnos buenas cristianas. Pero pongamos atención a este pasaje, porque son las palabras de Pablo mismo. Pablo, que tuvo un encuentro extraordinario con Cristo, que fue un teólogo impresionante y escribió la mayoría del Nuevo Testamento, escribió estas palabras. No era ajeno al pecado, sino que también luchaba contra él.

Únicamente si somos conscientes de nuestra condición pecaminosa, podremos valorar la cruz. Creo que uno de los mayores problemas en la Iglesia en el día de hoy es que se ha dejado de predicar a Cristo crucificado, se ha dejado el evangelio a un lado por palabras que puedan motivar o hacer sentir bien a alguien. Esto ha pasado porque hemos dejado de vernos a la luz de la Palabra y de entender que la salvación es relevante a nuestras vidas todos los días, y que no es únicamente para las personas nuevas.

Reconocer que somos pecadoras no es para llevarnos al extremo de sentirnos cómodas en nuestra insuficiencia, sino para ver la gracia de Dios y cuánto necesitamos de Él. Cuando entendemos que estamos en una lucha, dejamos de perder nuestro tiempo y comenzamos a equiparnos, ya que somos conscientes de que día y noche está esa lucha en nuestro interior y nuestros miembros. Únicamente estando plantadas en la Palabra y dependiendo de Cristo podemos enfrentar esa lucha en victoria. ¡No te acostumbres a tu pecado, sino que corre con toda confianza al Padre!

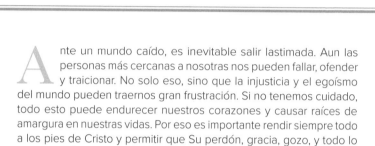

Cuida tu corazón más que otra cosa, porque él es la fuente de la vida.

PROVERBIOS 4:23

Ante un mundo caído, es inevitable salir lastimada. Aun las personas más cercanas a nosotras nos pueden fallar, ofender y traicionar. No solo eso, sino que la injusticia y el egoísmo del mundo pueden traernos gran frustración. Si no tenemos cuidado, todo esto puede endurecer nuestros corazones y causar raíces de amargura en nuestras vidas. Por eso es importante rendir siempre todo a los pies de Cristo y permitir que Su perdón, gracia, gozo, y todo lo bueno de Él reine sobre nuestras vidas.

La verdad es que a veces nos cansamos de hacer siempre lo correcto, porque parece ponernos en una posición de debilidad donde somos más propensas a salir lastimadas. Lo cierto es que en muchas ocasiones nos toca morir a nuestra carne y a querer reaccionar de manera «justa» ante nuestros ojos. Por eso debemos mantener los ojos en Cristo, es la única manera de cuidar nuestro corazón y evitar raíces de amargura ante las acciones pecaminosas de los demás. Esta no es una manera opcional de vivir, sino un mandamiento que encontramos en las Escrituras. Es justo en momentos como estos que se revela nuestro carácter y obediencia a Dios.

Recordemos que cuando amamos, perdonamos y servimos, lo hacemos porque Cristo lo hizo primero, como respuesta al gran milagro que hemos recibido. Debemos aprender a tener el enfoque en Él y no en el mundo, porque solo así podremos guardar nuestro corazón. Quiero animarte a que le pidas a Dios que te enseñe a guardar tu corazón y a que en esos momentos en que la amargura y la desilusión quieren invadir tu corazón, rindas todo a los pies de Cristo, dejando que te fortalezca y te renueve.

No dejes que el enojo te haga perder la cabeza. Solo en el pecho de los necios halla lugar el enojo.

ECLESIASTÉS 7:9

E l enojo es una emoción natural. Cada ser humano llega a experimentar enojo en algún punto de la vida. Algo importante que debemos entender es que el problema no es sentir emoción sino lo que hacemos con ella, la manera en que reaccionamos. Sinceramente, creo que es imposible no enojarse nunca, porque hay situaciones que lo van a ameritar. Pero la Palabra nos dice que no pequemos con ese enojo, al igual que no perdamos la cabeza. Entonces, no se trata de condenarnos si nos enojamos, sino de aprender a someter esa emoción a la obediencia de Cristo.

Aunque es válido enojarse, eso no quiere decir que tenemos que actuar según nuestro enojo sino según el perdón, la gracia, la misericordia y la sabiduría de Dios. Debo admitir que hubo momentos en mi vida en los que me sorprendí de cómo actué ante el enojo, y créeme que me siento lejos de estar orgullosa de eso. Pero no me hundo en la condenación de mis fallas ante mis emociones, sino que esto me ha hecho darme cuenta de que debo tener cuidado de cómo actúo. No solo eso, sino también debo aprender a correr a Dios primero en esos momentos y permitir que sea Él quien obre en la situación y en mi vida.

Quiero retarte a que analices cómo actúas cuando te enojas, y a que si no reaccionas de la manera más correcta, no sientas vergüenza sino que corras al trono de gracia y le pidas a Dios que te capacite. El enojo, al igual que cualquier otra emoción, puede llevarnos a pecar si no tenemos dominio propio. Sin importar lo que suceda en nuestras vidas, aun en los peores momentos debemos buscar glorificar a Dios.

Jesús hizo muchas otras señales en presencia de sus discípulos, las cuales no están escritas en este libro. Pero éstas se han escrito para que ustedes crean que Jesús es el Cristo, el Hijo de Dios, y para que al creer, tengan vida en su nombre.

JUAN 20:30-31

Es importante entender el porqué y el para qué de la Biblia. Creo que si nos acercamos a ella de manera equivocada, quedarán muchas frustraciones porque estamos intentando que haga algo para lo que no fue creada. A lo que me refiero es a que en muchas ocasiones nos enfocamos demasiado en que la Biblia responda ciertos misterios, como si hay vida en otros planetas, si realmente existieron los dinosaurios, la forma de la Tierra, y diversos aspectos que nos pueden causar un poco de curiosidad y confusión. Sin embargo, la Biblia no está ahí para saciar nuestro conocimiento o como si fuera un tipo de rendición de cuentas de parte de Dios.

Algo interesante que podemos encontrar es que en varios libros de la Biblia, los autores explican la razón detrás del escrito. En el pasaje de hoy, del penúltimo capítulo del Evangelio de Juan, vemos que sucedieron otras cosas, otras señales, otros milagros que no fueron escritos, pero los sucesos sobre los que sí escribió fueron para que podamos creer en Jesús y así obtener vida. La razón por la que estos cuentan sobre la vida de Cristo es para apuntar al Mesías y a la salvación. Todo se trata de Él, de lo que ha hecho y continúa haciendo.

Debemos acercarnos a la Biblia, que es la Palabra de Dios, que es para conocer sobre Él, Su carácter, el evangelio y la manera en la que debemos vivir, y no para rendirnos cuentas. No tengamos una actitud pecaminosa de intentar que todo gire alrededor de nosotras, cuando no es así. Quiero retarte a que permitas que la Biblia te instruya, en lugar de intentar que cumpla con tus expectativas.

Después oí la voz del Señor, que decía:
«¿A quién enviaré? ¿Quién irá por nosotros?».
Y yo respondí: «Aquí estoy yo.
Envíame a mí».

ISAÍAS 6:8

Desde pequeñas soñamos con lo que haremos con nuestras vidas, y creo que hoy en día, con las redes sociales, esas expectativas han crecido aún más porque tenemos una pequeña ventana a la aparente realidad de personas que admiramos. Eso nos puede llevar a perder el enfoque y desear construir nuestro mundo ideal en esta tierra y vivir para alcanzar la plenitud que el mundo promete. Sin embargo, pongamos atención a la Gran Comisión. Analicemos las palabras que Jesús habló a Sus discípulos. Vemos ciertos llamados en la Biblia y creemos que son para otras personas, y aunque sí hubo llamados específicos, hay otros que aplican a cada creyente.

Todo siempre se trata del Señor y de Su reino. Ya hay demasiadas personas que viven para ser alabadas y admiradas, pero hacen falta más cristianas que digan las palabras que leemos en este pasaje: «Envíame a mí, yo voy, cuenta conmigo». Aunque sea lo contrario de lo que dice el mundo, no encontraremos mayor plenitud que cuando morimos a nosotras mismas y vivimos para Dios. Fuimos creadas para Su gloria y Él nos ha dejado una tarea que es ir y hablar de Sus buenas nuevas. ¡Créeme que no comenzamos a vivir realmente hasta que vivimos para Cristo y Su reino!

Así que te quiero retar a que cuestiones cómo estás buscando vivir para Dios. Es fácil distraernos con los deberes y responsabilidades de esta tierra, que perdemos de enfoque totalmente de buscar la voluntad de Dios. ¡Que esto no sea así en tu vida! No pierdas la hermosa oportunidad de ser parte de lo que Dios está haciendo en Su reino. Todo comienza con tener un corazón disponible y flexible. No te aferres a tus expectativas y planes, sino que descansa en la bondad y soberanía de Dios.

Sé que tu bondad y tu misericordia me acompañarán todos los días de mi vida, y que en tu casa, oh Señor, viviré por largos días.

SALMO 23:6

H ay demasiada incertidumbre en nuestro mundo. Si nos ponemos a pensar, no tenemos nada totalmente asegurado más allá de las promesas de Dios. Es decir, en esta tierra no podemos asegurar que algo malo no pasará, que en el trabajo nos irá bien, que podremos salir de deudas, que nuestras amistades no cambiarán; podemos tener alguna idea, pero todo es incierto. Incluso hay incertidumbre dentro de nosotras mismas porque a veces ni nosotras nos entendemos. Y si eres alguien que, como yo, ha sufrido ansiedad, hay momentos en que sientes que hasta tú misma te traicionas.

En ocasiones veo mi vida, mis decisiones y mis luchas, y me asombro de que Dios pudiera amarme o usarme. En mis insuficiencias, luchas e inseguridades podría darle cabida al enemigo para dudar de mi salvación o de la gracia de Dios, pero es ahí donde solo tengo que voltear a las Escrituras y darme cuenta de que Dios no se parece en nada a nosotras. Él es quien dice ser, cumple Su Palabra, y hace lo que ha dicho debido a Su carácter y no a nosotras. ¡Gloria a Dios por eso!

Te quiero animar a que, cuando las mentiras vengan a tu cabeza o la vida se vuelva complicada, busques lo que dice la Palabra al respecto. Quizá no siempre sabrás identificar las mentiras, pero si algún pensamiento o creencia te está causando conflicto, incertidumbre, ansiedad, miedo o cualquier otra emoción que sea opuesta a Dios, eso es un gran indicativo de que quizá no viene de las Escrituras. Lo maravilloso de leer la Palabra es que cada vez conocemos más de Dios y comenzamos a identificar lo que sí y lo que no viene de Él, porque como dice este pasaje: ¡Su bondad y misericordia te acompañarán todos los días!

Día 258

Porque no tenemos un sumo sacerdote que no pueda compadecerse de nuestras debilidades, sino uno que fue tentado en todo de la misma manera que nosotros, aunque sin pecado.

HEBREOS 4:15

D ios es tan bueno, maravilloso, paciente y compasivo con nosotras. No existen palabras suficientes para describir Su grandeza. Sabemos que es un Dios santo que espera santidad de nuestra parte, pero también conoce nuestra humanidad y debilidad. Por eso mismo no nos pide una tarea que depende de nosotras sino que Él nos capacita en nuestras debilidades. Es clave que tengas esto presente, porque eso quita el miedo de ver nuestra condición y de lidiar con nuestras faltas.

Es importante conocer quién es Dios en la totalidad que nos habla la Palabra, porque así no nos limitamos a pensar que es de una manera totalmente equivocada. A pesar de que es Dios, no es indiferente a nosotras, no está alejado con una actitud de juicio y enojo hacia nosotras. Recordemos que ya fuimos redimidas y adoptadas mediante el sacrificio de Cristo. Por lo tanto, podemos ver cómo este pasaje que habla de Él dice que puede compadecerse de nuestras debilidades. Podemos correr a Él cuando sentimos que nuestra carne es débil, que no podemos más; Él no nos ve con actitud de indignación sino de compasión.

No sé a ti, pero a mí me da mucho descanso saber que Dios conoce mis debilidades y limitaciones, y que aun así me puedo acercar confiada porque me ve a través del sacrificio de Jesús, y que día a día hace Su obra en mi vida. Si hay algun área en tu vida con la que estás batallando hoy, quiero animarte a que no te quedes sola. ¡Corre a Dios! Él ya sabe todas las cosas y está esperándote con los brazos abiertos. No hay nada peor que intentar salir victoriosas por nosotras mismas; lo necesitamos a Él totalmente.

*Puesto que Cristo sufrió por nosotros en su cuerpo,
también ustedes deben adoptar esa misma actitud,
porque quien sufre en su cuerpo pone fin al
pecado, para que el tiempo que le queda de vida
en este mundo lo viva conforme a la voluntad
de Dios y no conforme a los deseos humanos.*

1 PEDRO 4:1-2

Me encanta cómo siempre en las Escrituras todo regresa a Cristo. A veces es difícil vivir una vida agradable a Dios porque somos débiles en la carne y tendemos a vivir comparándonos con otros. El otro día meditaba justamente en esto, porque he notado que en ciertas ocasiones actúo de la manera «correcta» esperando que sea recíproco el comportamiento de los demás hacia mí. Me di cuenta de que, aunque obviamente no deseo ser tratada de una manera incorrecta, mi comportamiento debe ser el correcto a la luz de la Palabra para agradar a Dios y no para recibir algo de los demás.

Es fácil perder esto de vista y comenzar a vivir desde un punto egoísta, en lugar de vivir para hacer la voluntad de Dios. Tal como dice este pasaje, debemos adoptar la misma actitud de Cristo. Esa debe ser nuestra meta, y como también menciona el pasaje, esto es para poner fin al pecado. La nueva vida que hemos recibido en Cristo debe vivirse a la luz de Su Palabra y de lo que ya ha establecido. No podemos vivir poniendo excusas o dejando que la ignorancia sea parte de nuestro conocimiento y entendimiento de Cristo.

Quiero retarte a que, en tu diario vivir, siempre tengas presente que tu vida es para glorificar a Dios, sin importar las acciones de los demás. Somos las únicas responsables por lo que hacemos y por nuestras decisiones. No dejemos que el pecado de los demás afecte cómo vivimos, porque a fin de cuentas, buscamos ser más como Cristo y no más como el mundo.

Y a Aquel que es poderoso para hacer que todas las cosas excedan a lo que pedimos o entendemos, según el poder que actúa en nosotros.

EFESIOS 3:20

En ocasiones tomamos pasajes como este y les damos nuestro propio significado. Debo admitir que por mucho tiempo me llegué a encontrar en esa posición, donde creía que lo que decía la Palabra era para cumplir mis expectativas terrenales. La motivación y el «empoderamiento» se han vuelto un tema prominente dentro del cristianismo. En consecuencia, se toman pasajes como estos y se enseñan en el contexto de que tal vez tus sueños y peticiones son tener cierto auto, casa o pareja, y que Dios te va a dar algo aún mejor.

Aunque de alguna manera sí está diciendo eso este pasaje, no lo dice en el sentido humano en el que lo interpretamos. Debemos constantemente recordar que los planes, los tiempos, la perspectiva y la mente de Dios no se comparan en absoluto a nuestra manera de ver la vida. Él tiene la perspectiva de Creador y nosotras la de creación. Por tanto, cuando Su Palabra dice que Él es «poderoso para hacer que todas las cosas excedan a lo que pedimos o entendemos», ¡es a la luz de la eternidad y no a la luz de tu mejor vida en esta tierra! Si siempre interpretamos la Biblia a la luz de nuestro entendimiento y nuestros planes, constantemente nos encontraremos ante la frustración.

Te quiero desafiar a que no vivas con una mentalidad que busca únicamente éxito y comodidad en esta tierra, sino que vivas para la gloria de Dios. Que todo lo que hagas, pienses y planees sea a la luz de la eternidad. Si esto es algo con lo que luchas o que no sabes cómo hacer, ¡corre a Dios! Él es la fuente de todo, y es Él quien mediante Su Espíritu trae entendimiento y te capacita.

Les di a beber leche, pues no eran capaces de asimilar alimento sólido, ni lo son todavía, porque aún son gente carnal. Pues mientras haya entre ustedes celos, contiendas y divisiones, serán gente carnal y vivirán según criterios humanos.

1 CORINTIOS 3:2-3

Nuestra vida como cristianas debería ir avanzando con el tiempo. Es normal que cuando acabamos de conocer el evangelio sigamos batallando con ciertas cosas, que no entendamos temas teológicamente complejos y que luchemos con cuestiones básicas. Pero hay un problema si esto continúa de la misma manera por años. Así como en nuestra vida cotidiana vamos creciendo con el tiempo en estatura, en conocimiento y madurez, lo mismo sucede con nuestra vida espiritual.

No debemos quedarnos atoradas en el mismo lugar, y si estamos en un estancamiento, es momento de analizar qué estamos haciendo con nuestro tiempo. Para crecer en nuestra fe y poder ser cristianas maduras, es importante tener disciplinas espirituales que alimenten nuestro espíritu. El crecimiento y la madurez no suceden de la nada, sino que son un resultado de lo que hacemos día a día. Y lo cierto es que crecer y madurar en nuestra fe y en la Palabra de Dios deberían ser una prioridad en nuestras vidas.

Quiero retarte a que analices tu vida, y no solo a que veas en lo que inviertes tu tiempo; considera cuáles son tus luchas, cómo es tu carácter, qué diferencias puedes ver respecto a unos meses o años atrás. Hacer esto a veces puede traer un poco de vergüenza a nuestras vidas, por lo cual ignoramos aquello que tenemos que mejorar, pero no debe haber ningún tipo de vergüenza. Hacer esto nos da perspectiva de dónde estamos y nos alerta sobre los cambios que es necesario hacer. Y recuerda que siempre podemos correr a Dios y pedirle fuerza y dirección para poder continuar creciendo y mejorando.

Que la gentileza de ustedes sea conocida de todos los hombres. El Señor está cerca.

FILIPENSES 4:5

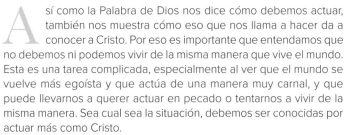

Así como la Palabra de Dios nos dice cómo debemos actuar, también nos muestra cómo eso que nos llama a hacer da a conocer a Cristo. Por eso es importante que entendamos que no debemos ni podemos vivir de la misma manera que vive el mundo. Esta es una tarea complicada, especialmente al ver que el mundo se vuelve más egoísta y que actúa de una manera muy carnal, y que puede llevarnos a querer actuar en pecado o tentarnos a vivir de la misma manera. Sea cual sea la situación, debemos ser conocidas por actuar más como Cristo.

Menciono una y otra vez que nuestras vidas son para glorificar a Dios, conocerlo y hacerlo conocido, porque constantemente lo olvidamos. Sinceramente, creo que es un concepto que nos cuesta comprender en su totalidad porque las demandas de esta vida nos enredan. Pero constantemente debemos regresar a esa verdad porque es el motor para vivir a la luz de la Palabra. Nos ayuda a entender que lo que hacemos es respuesta a nuestra salvación y no a lo que está a nuestro alrededor. Lo creas o no, cuando la gente sabe que somos creyentes observa con más intensidad cómo vivimos. Obviamente, no vamos a ser perfectas y fallaremos; pero llama la atención cuando vivimos, pensamos, hablamos y actuamos de maneras que demuestran que creemos en algo distinto a los demás.

Seamos intencionales en la forma en que vivimos, porque eso también apunta a Cristo y así lo glorificamos. ¡Recordemos que de nada nos sirve tener un alto conocimiento de la Palabra si no la ponemos en práctica! Así que prioriza vivir más como Cristo, buscando una intimidad con Él y pasando tiempo en Su Palabra.

No se preocupen por nada. Que sus peticiones sean conocidas delante de Dios en toda oración y ruego, con acción de gracias.

FILIPENSES 4:6

Voy a ser sincera, y creo que ya lo he mencionado antes, pero en ocasiones suelo batallar con la ansiedad y el estrés. Tiendo a afanarme fácilmente por lo venidero, por mi situación actual, y puedo caer en un abismo de emociones. Hace años me topé con este pasaje y los versículos posteriores, y se volvieron un referente en mi vida. Es a estas palabras a las que vuelvo cada vez que noto que mis emociones quieren comenzar a tomar control.

Cuando me encuentro abrumada por mis emociones y preocupaciones, recuerdo este pasaje y comienzo a orar entregando cada preocupación y sentimiento a Dios. Lo veo como un mandato, una manera de obedecer, y de verdad que funciona cada vez. A veces creemos que por ser *nuestras emociones,* entonces nosotras debemos lidiar con ellas de manera individual, pero lo cierto es que nuestras vidas le pertenecen a Dios, y por ende también nuestras emociones. Por lo tanto, aun en eso debemos rendir cuentas a Dios, ya que Él nos ha dado instrucciones en Su Palabra.

Cuanto más conozcamos de la Palabra y tengamos pasajes memorizados, más aprenderemos a usar esa misma Palabra para esos momentos donde nos queremos inclinar al pecado y nuestra carne. En la misma Biblia nos dice que nuestra espada con la cual peleamos es la Palabra, y es en esos momentos cuando debemos usarla. Cuando luchamos con situaciones, emociones, dolor o cualquier otra cosa, si no tenemos conocimiento de la Palabra tendemos a actuar como el mundo; pero si tenemos la Palabra podremos luchar con la verdad de Dios y permanecer firmes siempre. Así que esfuérzate por obedecer a Dios aun en el área de tus emociones.

N**o** debe llegar el momento
en el que te canses o
te acostumbres a escuchar lo que
JESÚS HA HECHO POR TI.

Este es un versículo sumamente conocido y sacado de contexto. Creo que es una verdad muy poderosa, pero a veces la limitamos a cosas demasiado mundanas, insignificantes y superficiales. Podemos ver que los deportistas usan este pasaje para indicar que pueden ser fuertes, ganar y superar su cansancio. Pero hoy te quiero desafiar a que lo veamos bajo una luz bíblica, que trae aún mayor descanso y esperanza.

En todo este capítulo, Pablo está hablando de la paz, el gozo y el contentamiento en el Señor a pesar de pasar por hambre, persecución, y necesidad, y aun así continuar predicando el evangelio. Vivir para Cristo y Su reino no es fácil, requiere morir a nosotras. En ocasiones, nos hará tener una vida difícil en esta tierra y en algunos casos hasta morir por Su causa, pero todo lo podemos en Cristo que nos fortalece. Estas palabras no son para motivarnos a los éxitos terrenales, sino para tener la confianza y la certeza de que podemos enfrentar aun las peores situaciones, sabiendo que Dios va delante de nosotras.

Vivir para nosotras mismas es muy fácil porque es buscar lo que nos gusta, la comodidad, el reconocimiento, el éxito, el dinero, lo que nos satisface y todo aquello que aparentemente nos hará felices. Pero vivir para Cristo es morir a todo eso, morir a nuestra carne y nuestros deseos, y vivir para dar a conocer al Señor y predicar Su evangelio. Este pasaje nos indica que aun cuando la vida se pone difícil y nos queremos rendir o dudar de proclamarlo, todo lo podemos porque Él nos da esa fuerza para continuar hacia lo que nos ha llamado. Vivir para Cristo no es fácil en nuestras fuerzas, pero qué maravilla es saber que no hace falta que podamos solas, sino que descansemos plenamente en Él.

A veces creemos que la idolatría se encuentra únicamente en aquellas religiones que tienen estatuas e imágenes, pero lo cierto es que aun dentro de la iglesia existe idolatría hacia los pastores o líderes. Aunque podamos tener gran admiración y respeto hacia la vida de una persona y por la manera en que Dios la usa, debemos recordar que sigue siendo humana. A fin de cuentas, todo lo maravilloso que podamos ver en la vida de alguien es el resultado de la gracia de Dios, es Él usando a una persona para Su gloria.

Debemos recordar que aun las personas más espirituales y grandemente usadas siguen teniendo la misma necesidad de un salvador que nosotras tenemos. Nadie llega a un punto de ser igual a Dios o de necesitar menos dependencia de Él. El único digno de nuestra alabanza y adoración es Dios mismo, y nadie más fuera de Él. Podemos ver cómo en algunas denominaciones elevan en gran estima la vida de la virgen, los apóstoles e incluso algunos miembros de la misma iglesia, y les rinden la misma atención, devoción y admiración que a Dios mismo, y esto no debe ser así.

Dios elige usar la vida de diversas personas por pura gracia, pero todo es dado por Él. Lo que sea que se logre, el fruto que se obtenga, todo, todo, todo es porque Él así lo ha permitido. ¡Nada ni nadie se igualará jamás a Dios! Mantengamos esto presente en todo tiempo para no caer en idolatría. Asimismo, si en algún momento Dios te permite estar en una posición de influencia o en la cual recibes admiración, no atesores eso, sino que tu misión siempre sea apuntar a Él.

Permanezcan en mí, y yo en ustedes. Así como el pámpano no puede llevar fruto por sí mismo, si no permanece en la vid, así tampoco ustedes, si no permanecen en mí. Yo soy la vid, y ustedes los pámpanos; el que permanece en mí, y yo en él, éste lleva mucho fruto; porque separados de mí ustedes nada pueden hacer.

JUAN 15:4-5

Este pasaje nos habla de permanecer, pero ¿por qué permanecer? No solo se trata de llegar a Dios, de creer en Él, de confesar a Cristo como nuestro Salvador y ahí se acaba, sino que tenemos que permanecer. Hay una acción continua que procede de la fe en Cristo. Esta es una clave importante para nuestra vida como cristianas, porque lo cierto es que de esto depende el fruto de nuestras vidas. Muchas veces nos frustramos y no entendemos por qué no logramos estar firmes, y mucho tiene que ver con permanecer en Dios. Aquí se nos da un ejemplo del pámpano, y también lo podemos ver en un árbol. Si yo quito una rama, esa rama no puede sobrevivir sin todo el árbol; es necesario que vayan juntos. Lo mismo sucede en nuestras vidas. A veces llegamos a Dios y queremos tener gozo, paz y dirección, pero lejos de Él; no leemos Su Palabra, no nos interesa crecer en conocimiento ni invertir tiempo en oración. Aquí nos dice que fuera de Él no podemos hacer nada.

También podemos notar que para poder tener fruto en nuestras vidas (esa evidencia de Cristo en nosotras), es necesario vivir ancladas y plantadas en Él, porque es la única manera. Quiero retarte a que medites en las maneras en las que puedes permanecer en Dios y lo que significa esto de manera práctica en tu vida. No pretendamos poder vivir sin Cristo, porque como aquí lo dice, ¡no podemos hacer nada separadas de Él!

Puesto que ustedes ya han resucitado con Cristo, busquen las cosas de arriba, donde está Cristo sentado a la derecha de Dios. Pongan la mira en las cosas del cielo, y no en las de la tierra. Porque ustedes ya han muerto, y su vida está escondida con Cristo en Dios.

COLOSENSES 3:1-3

Este pasaje está diciendo que ya hemos resucitado con Cristo. Nos habla del estado en el cual ahora nos encontramos. Esto hace referencia a que cuando tú y yo creemos en Jesús, creemos en Su sacrificio y somos salvas, es como si hubiéramos muerto y resucitado junto con Él. Entonces se nos dice que ya hemos muerto a las cosas de esta tierra junto con Cristo y nuestro enfoque no debe estar en los afanes de esta vida, sino en buscar todo aquello donde está Cristo. ¿Y dónde está? Sentado a la diestra del Padre.

No solo eso, sino que dice que tu vida se encuentra escondida con Cristo en Dios. Hemos tenido un cambio de identidad, de enfoque y prioridades al momento de confesar a Jesús como Señor y Salvador. Tiene que haber una completa transformación en nuestras vidas, porque nuestra antigua vida no es compatible con aquello que hemos recibido por gracia. Así que busquemos y meditemos en lo que nos estamos enfocando.

En tu día a día, ¿te afanas más por las cosas del mundo que por Dios? Hay personas que dicen no tener tiempo para ir a la iglesia, leer la Biblia y orar, pero su tiempo está lleno de otras cosas. Todas tenemos tiempo, pero ¿a qué le damos prioridad y dónde está nuestro enfoque? Si tu enfoque diario está en este mundo, en la comodidad y tus deseos carnales, entonces ahí está tu prioridad y enfoque. ¡Que tu prioridad sea vivir para las cosas de Dios!

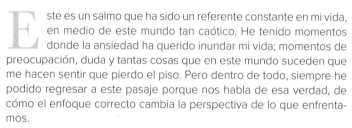

¡Alto! ¡Reconozcan que yo soy Dios!
¡Las naciones me exaltan!
¡La tierra me enaltece!

SALMO 46:10

E ste es un salmo que ha sido un referente constante en mi vida, en medio de este mundo tan caótico. He tenido momentos donde la ansiedad ha querido inundar mi vida; momentos de preocupación, duda y tantas cosas que en este mundo suceden que me hacen sentir que pierdo el piso. Pero dentro de todo, siempre he podido regresar a este pasaje porque nos habla de esa verdad, de cómo el enfoque correcto cambia la perspectiva de lo que enfrentamos.

Me ha gustado leer este pasaje en diversas versiones porque creo que expresan aun con mayor profundidad la verdad poderosa que hay detrás. Sin importar la versión, una y otra vez vemos las palabras «alto» o «detente». Estas palabras son clave porque vivimos a toda prisa, siempre estamos corriendo, y de ahí nace la ansiedad, de dejar que nuestros pensamientos corran descontrolados. Y aquí, Dios nos dice: «Alto, detente, quédate quieta y reconoce que yo soy Dios. En tu conocimiento, tienes que saber que Yo soy Dios, yo tengo el poder, yo sostengo todo, y todo se trata de mí, no de ti ni del caos de tu alrededor».

Quiero retarte a que te hagas el hábito de detenerte en tu rutina para buscar reconocer que Él es Dios, y digno de nuestra atención, alabanza y devoción. A veces dejamos a Dios tan atrás de nuestras cabezas que realmente no reconocemos quién es Él, porque estamos más preocupadas por nuestras vidas y lo que deseamos. Vivir cada día reconociendo que Él es Dios cambia tu manera de vivir y de enfrentar cada situación.

Al principio, se adquieren bienes de prisa;
al final, eso no es ninguna bendición.

PROVERBIOS 20:21

Creo que este pasaje habla mucho del tiempo y las temporadas. A veces, somos muy desesperadas e impacientes en la vida y queremos las cosas rápido. Esto va desde las cosas de Dios a las cosas cotidianas. Nos cuesta esperar y somos prontas para correr hacia el futuro deseando obtener lo que anhelamos. Pero es necesario aprender a ser pacientes y respetar y disfrutar cada temporada, porque a fin de cuentas, todo llega y todo se acaba.

Este pasaje también me gusta leerlo en otras versiones porque nos ayuda a comprender con mayor claridad lo que está tratando de decir. Nos está diciendo que algo fuera de tiempo, aunque sea bueno, si no es en el tiempo correcto, al final no es de bendición. Algo que se obtiene demasiado pronto puede que haya sido hermoso, pero por ser adquirido fuera de tiempo no es algo bueno ni que trae gozo. Esto se puede deber a que falta madurez, responsabilidad o esfuerzo, y son factores que pueden arruinar algo bueno. Es una verdad que vale la pena tomarse unos segundos para meditar y comprender, porque nos muestra cómo algo bueno puede ser corrompido en el tiempo incorrecto.

En los tiempos en los que vivimos, con tanta tecnología, queremos todo rápido y fácil, y se nos olvida que los tiempos de Dios son diferentes a los nuestros. Muchas veces en nuestra desesperación y falta de conocimiento de quién es Dios tendemos a correr fuera de tiempo, tratamos de acelerar una temporada que todavía no es.

Analiza tu vida y las cosas que anhelas. Puede que estas sean buenas y que en su tiempo lleguen; es importante entender esto para no intentar forzar nada ni desperdiciar la temporada que te ha tocado vivir.

Así que, como por la transgresión de uno solo vino la condenación a todos los hombres, de la misma manera por la justicia de uno solo vino la justificación de vida a todos los hombres. Porque así como por la desobediencia de un solo hombre muchos fueron constituidos pecadores, así también por la obediencia de uno solo muchos serán constituidos justos.

ROMANOS 5:18-19

En estos versículos dice que por un solo hombre entró el pecado y llegamos al mundo que tenemos el día de hoy. Aquí podemos pausar un poco y contemplar la realidad de que el mundo en el que vivimos no es uno conforme al Edén, sino al pecado. Adán fue el hombre por el cual entró el pecado. La desobediencia de Adán y Eva causó muerte y pecado para el resto de la humanidad.

Pero la historia no se queda ahí, sino que el pasaje afirma que de la misma manera, por la obediencia de un solo hombre muchos serán constituidos justos. ¡Está hablando de Jesús! Únicamente mediante la perfección, santidad y sacrificio de Cristo es que podemos ser redimidas y consideradas justas. Claramente, podemos notar que no hay nada en nosotras que nos pueda redimir. El pecado de Adán y Eva marcó una sentencia de muerte en nuestras vidas y es exclusivamente por la gracia de Dios que esa sentencia pasa de muerte a vida.

Todas hemos transgredido la ley. Por aquel suceso en el Edén, todas nacemos siendo pecaminosas. No hay manera de que por nuestros propios esfuerzos podamos ser salvas, porque no somos santas ni perfectas. Sin embargo, Jesús, el Cordero sin mancha, hizo lo que nos era imposible hacer. Vivió una vida recta y perfecta sin quebrantar la ley, y así fue un sacrificio apto y pudo tomar nuestro lugar. Es tan importante entender esto, porque nos lleva a una vida de devoción únicamente a Cristo y a dejar de mirar a los demás, incluso a nosotras mismas. Quiero retarte a que tengas presente esta verdad cada día de tu vida. A veces la olvidamos muy rápidamente o creemos que ya solo es relevante a los que aún no han conocido a Dios, pero lo cierto es que esa verdad te acompaña cada día de tu vida y lo continuará haciendo por el resto de la eternidad.

Ciertamente, todas las cosas son de él, y por él, y para él. ¡A él sea la gloria por siempre! Amén.

ROMANOS 11:36

Creo que toda creyente debería vivir día a día meditando en este pasaje para así poder alinearse con esto. Es fácil perder de vista por qué y para qué vivimos. Por alguna razón, muchas veces pensamos que nuestra vida se trata de cumplir nuestros sueños, anhelos y tener la mejor vida posible. Eso nos lleva a cometer uno de los errores más comunes como creyentes, que es perdernos tanto en esta tierra, en los afanes y nuestros anhelos, que comenzamos a vivir para nosotras en lugar de vivir para Dios.

A veces hacemos que la salvación se trate de nosotras, de la conveniencia de no tener que ir al infierno, y la vemos como un beneficio de poder orar y pedir lo que sea y tener esa expectativa de obtenerlo. Sin embargo, un correcto entendimiento de la salvación nos debería llevar a contemplar la hermosura y la soberanía de Dios, y a comprender que la eternidad estará llena de alabanza, adoración y gloria a Dios. Entonces, ¡deberíamos vivir nuestras vidas a la luz de la eternidad!

No veamos la Biblia como un manual para tener la mejor vida posible en esta tierra, sino como un manual para aprender a vivir para Dios. Cambiar nuestro enfoque nos ayudará a entender que fuimos creadas para Su gloria, que en esta tierra debemos proclamar Sus buenas nuevas y traer Su reino. Por eso me encanta este pasaje y creo que debemos tenerlo en mente, porque es demasiado fácil ser engañadas por nuestra carne y vivir de maneras equivocadas. Quiero retarte a que en tu diario vivir tengas presente que todas las cosas, incluida tu vida, son de Él, por Él y para Él. Busca alinearte a esta verdad y despójate de tu egoísmo.

Día 272

Pero eso a mí no me preocupa, pues no considero mi vida de mucho valor, con tal de que pueda terminar con gozo mi carrera y el ministerio que el Señor Jesús me encomendó, de hablar del evangelio y de la gracia de Dios.

HECHOS 20:24

Es importante entender un poco más del contexto para ver el peso de estas palabras. En este pasaje, Pablo habla cómo el Espíritu le había revelado que iba a pasar por muchas dificultades y prácticamente una vida sin nada de glamur; sin embargo, vemos que su respuesta es: *Eso a mí no me preocupa, pues no considero mi vida de mucho valor.* Tenía tal humildad ante Dios que entendía que el único valor verdadero que había en su vida era vivir para Cristo, aun si eso le costaba la vida.

Este es un pasaje que me ha confrontado en mi orgullo y en mi búsqueda de comodidad en esta tierra. En tantas ocasiones vivimos de la manera contraria a la de Pablo. Consideramos nuestras vidas de mucho valor porque vemos ciertas áreas de servicio como inferiores a nosotras, no tenemos tiempo para las cosas de Dios porque ya tenemos nuestro tiempo lleno con aquello que aparentemente nos hace plenas y felices, y llegamos hasta el punto de avergonzarnos de nuestra fe porque no queremos ser señaladas o excluidas. Hay que analizar nuestras vidas y ver si realmente nuestro enfoque está en Dios y en predicar Su evangelio o en satisfacer nuestros corazones.

Es fácil enfocarnos en nuestros planes, sueños y anhelos sin siquiera contemplar a Dios. Comenzamos a sobrevalorar nuestras vidas pensando en todo aquello que creemos merecer, y nos empezamos a aferrar a esta vida y a esta tierra como si la eternidad se encontrara aquí. Analicemos las palabras de Pablo y cómo a él no le importaba sufrir, ser rechazado y tener una vida diferente, porque su valor, contentamiento y paz no se encontraban en las cosas pasajeras de este mundo, sino en la esperanza viva que es Cristo Jesús.

¿Busco acaso el favor de la gente, o el favor de Dios?
¿O trato acaso de agradar a la gente? ¡Si todavía
buscara yo agradar a la gente, no sería siervo de Cristo!

GÁLATAS 1:10

Tengo que admitir que al volver a leer este versículo y compartirlo con ustedes, me cayó como balde de agua fría. No sé si a ti te pasa, pero a veces todavía lucho con que me importe la opinión de las demás personas, especialmente porque comparto de alguna manera mi vida y mi fe de manera pública. Si no tengo mi mirada bien fija en Cristo, comienzo a buscar la aprobación de las personas o a querer vivir de una manera que me evite ser criticada o que se acomode a lo que la gente quiere ver.

Lo cierto es que seguir a Cristo y buscar vivir en santidad muchas veces causará crítica, rechazo o burla de los demás, incluso de otros cristianos. Pero llega el punto en que debemos preguntarnos si lo que estamos haciendo es para agradar a los demás o agradar a Dios. Esto implica morir a nuestra carne y caminar en humildad, como también leímos en Hechos 20:24. Al ser hijas y siervas de Dios, busquemos agradarle con nuestras vidas y obediencia. Que ese siempre sea nuestro enfoque para así poder permanecer firmes, sin importar las opiniones de los demás.

Si nuestro enfoque no está donde debería estar, es fácil empezar a fallar en nuestra obediencia a Cristo con tal de agradar a los demás, y eso es muy peligroso. De la misma manera, un enfoque desviado nos llevará a depender de la aprobación de otros. Una vez que entendamos que se trata de agradar a Dios únicamente, podremos luchar de una manera exitosa.

La próxima vez que te encuentres en una posición en la que tengas que lidiar con la crítica por tu fe y tu devoción, pregúntate de quién buscas el favor, a quién buscas agradar y por qué haces lo que haces.

Día 274

Así ha dicho el Señor: «Cuando se cumplan los setenta años de Babilonia, yo iré a visitarlos, y les cumpliré mi promesa de hacerlos volver a este lugar. Sólo yo sé los planes que tengo para ustedes. Son planes para su bien, y no para su mal, para que tengan un futuro lleno de esperanza».

JEREMÍAS 29:10-11

Todas tenemos planes. Especialmente si eres una persona soñadora, estoy segura de que tienes un millón de cosas que te gustaría hacer y lograr. De igual manera, probablemente te gusta sentir que tienes control de tu vida, lo cual te lleva a planear como loca. Esa manera de pensar y vivir también conduce a buscar pasajes de la Biblia que se alineen con lo que queremos escuchar, pero sin realmente verlos a la luz de la Biblia entera y de quién es Dios.

Al cometer ese error, en muchas ocasiones podemos leer únicamente el versículo 11 (de hecho, creo que es uno de los pasajes más populares) y solo enfocarnos en «planes para su bien, y no para su mal», sin contemplar el pasaje en su totalidad. Algo que me gustaría que notáramos al leer este pasaje es que dice: «Sólo yo sé». Solo Dios sabe; no tú, no yo. Esos planes también pueden incluir espera, sufrimiento, y que nada salga «bien» desde nuestra perspectiva. En tantas ocasiones queremos sentir que tenemos el control y nos aferramos a nuestras opiniones, sueños y tiempos; que al momento de que nuestros planes fallan le adjudicamos eso a Dios. Pero es la voluntad de Dios la que sucede.

No te digo que no planees o sueñes, pero somete todo a Dios, reconociendo que solo Él tiene conocimiento absoluto de los planes que tiene para tu vida y el resto de la humanidad. Quiero retarte a que, antes de que planees y comiences a soñar en lo venidero, sometas todo en humildad a Dios, buscando Su voluntad y no la tuya.

> *Por lo tanto, busquen primeramente el reino de Dios*
> *y su justicia, y todas estas cosas les serán añadidas.*

MATEO 6:33

Este pasaje habla mucho sobre las prioridades en nuestras vidas. En nuestra humanidad, podemos afanarnos demasiado por el dinero, las adquisiciones, las necesidades que tenemos, y empezar a hacer las cosas de Dios a un lado. Es decir, hacemos lo opuesto a lo que dice este pasaje. En lugar de buscar lo de Dios primero, buscamos lo de esta tierra, y si nos sobra tiempo entonces buscamos las cosas de Dios.

Decimos no tener tiempo para orar, leer la Biblia, ir a la iglesia, servir o discipular porque tenemos que trabajar, estudiar, tener vida social, etc. No digo que estas cosas sean malas o que debemos renunciar a ellas en su totalidad, sino que nada de eso tiene más valor que tener intimidad con Dios y vivir para Él. Pongamos atención a lo que dice el pasaje de buscar primero a Dios; todo lo demás viene después. Pero a veces vamos por la vida como si este pasaje dijera: «Esfuérzate en tus propias fuerzas, afánate por sobrevivir, enfócate en tus necesidades físicas y si te sobra tiempo, busca a Dios».

No hay nada que necesitemos más que a Dios; realmente todo fluye cuando ponemos al Señor como número uno en nuestras vidas. Quiero retarte a que comiences a priorizar a Dios genuinamente en tu vida. Sé que esto a veces puede ser difícil, yo también batallo con eso, pero recordemos que podemos pedirle ayuda a Dios aun en estas cosas. No olvidemos que Él es nuestro proveedor y que conoce cada necesidad de nuestra vida. Sé que en nuestra humanidad a veces entramos en modo supervivencia, pero por eso es importante recordar pasajes como este que nos empujan a vivir por fe, confiando plenamente en Dios.

Es difícil que alguien muera por un justo, aunque tal vez haya quien se atreva a morir por una persona buena. Pero Dios muestra su amor por nosotros en que, cuando aún éramos pecadores, Cristo murió por nosotros.

ROMANOS 5:7-8

Este pasaje nos dice que es difícil que una persona dé su vida por una persona buena. Es decir, imaginemos que una persona que todo el mundo considera buena, agradable, que te sorprende que existan personas así, por alguna razón está condenada a morir. A pesar de que esa persona sea tan buena ante los ojos de muchos, difícilmente alguien daría su vida en lugar de ella, aunque sería una posibilidad, ¿cierto? Claramente, esto está basado en si la persona condenada a muerte es merecedora de ser salva o no, porque dudo que alguien diera su vida por una persona culpable.

La gran diferencia de lo que sucedió cuando Jesús murió por nosotras es que no éramos inocentes ni buenas. Dice en estos versículos que siendo pecadoras, Cristo murió por nosotras. Esa es la clase de amor que Dios nos demuestra: que aunque no merecíamos nada más que la muerte, Él hizo el mayor sacrificio por nosotras. No se basó en méritos o en si algún día podríamos pagarlo, sino en Su pura gracia y misericordia. No nos extendió gracia y salvación porque las mereciéramos; esa acción descansa total y únicamente en Su persona.

El evangelio no debería ser un mensaje que nos aburra escuchar o meditar. Deberíamos meditar en él todos los días de nuestra vida para cada vez crecer más en entendimiento. La redención que hemos recibido es incomparable con cualquier acto humano que pudiéramos imaginar, y esa salvación tiene efecto cada día de nuestras vidas hasta la eternidad. ¡No dejes de maravillarte de lo que Cristo hizo por ti!

> *El que tiene mis mandamientos, y los obedece, ése es el que me ama; y el que me ama, será amado por mi Padre, y yo lo amaré, y me manifestaré a él.*

JUAN 14:21

En muchas ocasiones hablamos sobre el amor de Dios hacia nosotras y de nuestro amor hacia Él, y es fácil decir: «Amo a Dios». Podemos decir mil palabras hermosas, levantar nuestras manos en adoración los domingos, escribir sobre el amor de Dios en la biografía de nuestras redes sociales, tatuarlo, hacer actos que dicen que amamos a Dios, pero ¿qué dice la Biblia? Aquel que tiene Sus mandamientos y los obedece, ese es el que lo ama.

Nuestro amor por Dios no es un amor de la boca para afuera; no solo se trata de lo que profesamos, sino de lo que hacemos. Nuestras palabras y acciones no pueden estar desconectadas. Lo mismo sucede en nuestras relaciones humanas: alguien puede decir que ama a una persona, pero las acciones hablan más que las palabras. De la misma manera podemos decir que amamos a Dios, pero si no lo obedecemos y no buscamos agradarlo, ¿realmente lo amamos? Él es quien establece lo que es el amor y cómo debemos amarlo, y nos ha dicho que lo demostremos mediante la obediencia.

Quiero retarte a que tus acciones reflejen lo que tu fe profesa, y si hay áreas en las que se te dificulta, ve en humildad y sinceridad delante de Dios a pedirle ayuda y guía. No nos quedemos atoradas en una relación superficial con Dios, entendamos que nuestras vidas deben dar fruto de nuestra salvación. Aunque no es fácil y en ocasiones fallaremos, tenemos a un Dios fiel que conoce nuestras debilidades y nos fortalece para seguir adelante.

Si el mundo los aborrece, sepan que a mí me ha aborrecido antes que a ustedes. Si ustedes fueran del mundo, el mundo amaría lo suyo; pero el mundo los aborrece porque ustedes no son del mundo, aun cuando yo los elegí del mundo.

JUAN 15:18-19

E stamos en una cultura y una época en las que todas las personas quieren pertenecer. Especialmente con las redes sociales, queremos sentir la aprobación de los demás. Esto sucede aun si no inviertes todo tu tiempo en las redes, pero se ha vuelto normal que otros nos observen, al igual que observar la vida de las demás personas, y eso causa algún tipo de presión de querer ser aprobadas y vivir conforme a lo que es aceptado por nuestra sociedad.

La diferencia de la vida de las personas no creyentes es que su perspectiva es regida por su carne y sus deseos. Por otro lado, nosotras como creyentes buscamos alinearnos a la Biblia y, la mayor parte del tiempo, eso hace que vivamos de manera opuesta a nuestra sociedad. Debido a que cada vez el mundo se vuelve más liberal, nuestra manera de vivir producirá un contraste marcado, y eso conlleva críticas. Por lo mismo que en nuestra carne anhelamos aprobación, llegará la tentación de vivir más alienadas al mundo o de no sobresalir, pero no es así como debemos vivir.

Jesús mismo fue rechazado, y por eso nos lo dice. Ser rechazadas por nuestra fe no es algo nuevo, sino algo que ha sucedido por años, y a Jesús se lo hicieron primero. Si fuéramos parte de este mundo, entonces nos amarían. Pero ¡buenas noticias! No pertenecemos al mundo porque fuimos rescatadas de él. Antes estábamos muertas en pecado y sin esperanza, pero ahora somos hijas de Dios y le pertenecemos, ¡no olvidemos esto! El aplauso del mundo cesará, pero el amor de Dios es para siempre.

Pero pongan en práctica la palabra, y no se limiten sólo a oírla, pues se estarán engañando ustedes mismos. El que oye la palabra pero no la pone en práctica es como el que se mira a sí mismo en un espejo: se ve a sí mismo, pero en cuanto se va, se olvida de cómo es. En cambio, el que fija la mirada en la ley perfecta, que es la ley de la libertad, y no se aparta de ella ni se contenta sólo con oírla y olvidarla, sino que la practica, será dichoso en todo lo que haga.

SANTIAGO 1:22-25

Muchas veces, como cristianas nos conformamos con escuchar la Palabra de Dios el domingo, leer un versículo que aparece en un aplicación, ir a un grupo, etc., y con solo oír la Palabra como si eso fuera lo único que Dios requiere o lo único que necesitamos. Pero Dios nos pide obediencia también. Aquí nos dice que no nos limitemos a tan solo oír Su Palabra, que no nos sea suficiente con escuchar a alguien más hablar de ella, porque nos engañamos a nosotras mismas si no ponemos en práctica aquello que escuchamos.

El punto de estudiar cada día la Biblia es que, mediante la lectura, nuestro espíritu sea confrontado y seamos desafiadas en la manera en que vivimos y pensamos. Ahí conocemos más de quién es Dios y lo que espera de nosotras. Si nos conformamos con solo escuchar pero no hacemos nada al respecto, entonces no sirve de nada. Comparemos esto con el gimnasio. Puedes inscribirte en un gimnasio, recorrer el lugar, aprender sobre las máquinas, incluso ir, pero no es hasta que comienzas a usar esas máquinas que realmente va a haber un cambio y un beneficio. Seamos intencionales en cómo vivimos. Seamos intencionales en dejar que la Palabra de Dios transforme nuestras vidas.

> *En cuanto a su pasada manera de vivir, despójense de su vieja naturaleza, la cual está corrompida por los deseos engañosos; renuévense en el espíritu de su mente, y revístanse de la nueva naturaleza, creada en conformidad con Dios en la justicia y santidad de la verdad.*
>
> EFESIOS 4:22-24

Aunque tenemos un Dios misericordioso que ha muerto por nuestros pecados, eso no significa que podemos seguir viviendo de la misma manera que vivíamos antes de conocerlo. La gracia y el perdón de Dios no son un pase libre para hacer lo que queramos sin tener que sufrir consecuencias. Tener esa mentalidad es evidencia de que no ha habido un verdadero arrepentimiento y entendimiento de nuestra condición humana.

En varias ocasiones, la Biblia nos dice que antes estábamos muertas en nuestros pecados y que ahora tenemos esta oportunidad de una nueva vida. Aunque claramente la salvación es por gracia, una verdadera salvación va a causar una vida distinta en nosotras. La obediencia termina siendo un resultado inevitable de nuestra salvación. Debemos despojarnos y deshacernos de nuestra naturaleza pecaminosa, la cual es descrita en estos versículos como una naturaleza que estaba corrompida y distorsionada por los deseos de la carne, del pecado, del yo. Pero ahora tenemos una nueva vida en Cristo y debemos renovarnos en el espíritu de nuestra mente y revestirnos de nuestra nueva naturaleza.

Es fácil querer vivir en nuestro pecado, en nuestra carne, en viejos patrones, y por eso se nos insta a morir a nuestro pecado y nuestra carne, porque hay una verdadera lucha.

Quiero retarte a que no te quedes cómoda en tu pecado, sino a que cada día te esfuerces en morir a ti misma y seguir a Cristo. No veas esto como una carga para merecer la salvación, sino que, entendiendo que todo es por gracia y que es Él quien te capacita, te puedas levantar y luchar gracias a quien va delante de ti.

No amen al mundo, ni las cosas que están en el mundo. Si alguno ama al mundo, el amor del Padre no está en él. Porque todo lo que hay en el mundo, es decir, los deseos de la carne, los deseos de los ojos, y la vanagloria de la vida, no proviene del Padre, sino del mundo. El mundo y sus deseos pasan; pero el que hace la voluntad de Dios permanece para siempre.

1 JUAN 2:15-17

Es un gran reto ser creyentes, amar a Dios y querer obedecerlo, y al mismo tiempo, vivir en este mundo en el cual tenemos tantas tentaciones de amar nuestras vidas y esta tierra. En varios pasajes de la Biblia leemos este mismo mandato de no amar al mundo, pero lo que me gusta de este en particular es que explica lo que esto significa: los deseos de la carne, los deseos de los ojos, y la vanagloria de la vida. Como leíamos el día anterior, somos llamadas a morir a nosotras y a nuestra carne, y para que esto sea posible, debemos dejar de amar este mundo y lo suyo.

En ocasiones, sin darnos cuenta, nos empezamos a llenar tanto de este mundo, de sus ideales y estándares que eso comienza a ser nuestro enfoque y prioridad. Al vivir de esta manera, comenzamos a seguir esos estándares en lugar de seguir a Cristo, buscamos que la Biblia se adapte a nosotras y a lo que el mundo dice, en lugar de ser transformadas por la Palabra de Dios.

Quiero desafiarte a que te tomes unos minutos, o si es necesario, unos días, y te preguntes: «¿Qué amo?». Esto no de una manera falsa o precipitada, porque en ocasiones es fácil decir que amamos a Dios pero nuestras vidas no están reflejando eso, por lo que es necesario admitirlo para poder empezar a dar pasos en la dirección correcta.

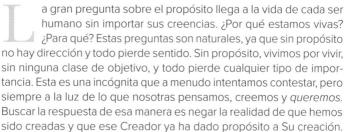

A todos los que llevan mi nombre. Yo los he creado. Yo los formé y los hice para gloria mía.

ISAÍAS 43:7

L a gran pregunta sobre el propósito llega a la vida de cada ser humano sin importar sus creencias. ¿Por qué estamos vivas? ¿Para qué? Estas preguntas son naturales, ya que sin propósito no hay dirección y todo pierde sentido. Sin propósito, vivimos por vivir, sin ninguna clase de objetivo, y todo pierde cualquier tipo de importancia. Esta es una incógnita que a menudo intentamos contestar, pero siempre a la luz de lo que nosotras pensamos, creemos y *queremos*. Buscar la respuesta de esa manera es negar la realidad de que hemos sido creadas y que ese Creador ya ha dado propósito a Su creación.

Este pasaje primeramente nos afirma que Dios nos ha creado. Él es la mente maestra y el Creador, y nosotras somos Su creación. Hay alguien detrás de nuestra existencia que nos formó y nos diseñó. Esto no se queda ahí, sino que el pasaje también dice que el Señor nos hizo para Su gloria. ¡Tu vida es para la gloria de Dios! Ahí está revelado claramente para qué fuiste creada y para qué es tu vida. Esto es súper importante de entender, porque el mundo vive para su propia gloria y buscando satisfacer el *yo*; pero nosotras fuimos creadas para darle gloria a Dios con nuestras vidas.

En días pasados hablamos sobre morir a nosotras y no amar al mundo, porque esa es la única manera que podemos vivir para la gloria de Dios. De esa manera viviremos a la luz de nuestro propósito. Sé que en ocasiones esto puede parecer difícil, y más cuando va en contra de lo que nuestra carne quiere; pero nunca encontraremos mayor plenitud que cuando vivimos para Dios, porque así fuimos diseñadas.

En mi corazón he atesorado tus palabras,
para no pecar contra ti.

SALMO 119:11

omo creyentes, como hijas de Dios que hemos sido redimidas por el sacrificio de Jesús, deberíamos buscar vivir en santidad, en contra de la carne. Se nos da una nueva vida para ser libres del pecado y vivir vidas agradables a Dios. Esto no porque nos otorgue salvación sino porque es un resultado de la libertad del pecado. Sin embargo, cuando nos volvemos cristianas, no es como que la carne se apaga y jamás volvemos a ser tentadas. Continuamos en una lucha de nuestra carne contra el Espíritu y las tentaciones no cesan. ¡Este no es un caso perdido! En este versículo podemos ver que para no pecar contra Dios, el salmista atesoraba Sus palabras en su corazón. ¿Por qué? ¿Cómo lo ayudaba esto? En ocasiones podemos estar tan llenas de nosotras mismas, del mundo y de tantas voces que terminamos viviendo de maneras que no agradan a Dios. Conocer y atesorar la Palabra de Dios siempre nos llevará a atenernos a lo que dice. Es mediante las Escrituras que conocemos lo que es agradable a Dios, y en esos momentos, el Espíritu Santo trae a nuestra memoria la verdad.

Como ya lo hemos estudiado en días anteriores, estamos en una lucha espiritual constante. En la carta a los Efesios podemos aprender sobre la armadura espiritual con la que debemos vestirnos todos los días, y nos dice que la espada con la que peleamos es la Palabra de Dios. Cuanto más conocemos de la Biblia, meditamos en ella y la memorizamos, más podemos mantenernos firmes ante las tentaciones. Quiero retarte a que analices tu vida, tu manera de vivir y veas qué es aquello que atesoras en tu corazón. En general, esto termina siendo evidente en la manera en que actuamos y vivimos.

Por eso le era necesario ser semejante a sus hermanos en todo: para que llegara a ser un sumo sacerdote misericordioso y fiel en lo que a Dios se refiere, y expiara los pecados del pueblo. Puesto que él mismo sufrió la tentación, es poderoso para ayudar a los que son tentados.

HEBREOS 2:17-18

Todas, sin importar quienes somos o nuestro estado espiritual, pasamos por tentaciones. Si seguimos en esta tierra, es inevitable no enfrentarlas. Esto sucede porque vivimos en un mundo caído, lleno de pecado, y en consecuencia seguimos lidiando con el pecado. Sin embargo, esto no es un pase para pecar libremente o para no luchar contra el pecado. Las tentaciones son reales, pero la Palabra de Dios nos dice que luchemos contra ellas y nos da las herramientas para hacerlo.

Veamos como ejemplo este pasaje. ¡Aquí nos dice que Jesús tiene *poder* para ayudarnos en nuestra tentación! En ocasiones nos podemos sentir tan mal por estar luchando con tentaciones que nos alejamos de Dios en vergüenza, sin entender que Él tiene poder para ayudarnos en esos momentos, que justamente necesitamos de Él para salir victoriosas. Sinceramente, me encanta que dice que Él también sufrió tentaciones, pero la gran diferencia es que nunca cedió ante ellas. Jesús caminó esa vida recta que nos correspondía y se convirtió en ese sumo sacerdote que hace expiación por nuestros pecados. Pero no se queda ahí, sino que continúa caminando con nosotras y ayudándonos cuando no podemos más.

Quiero que recuerdes que, aunque las tentaciones son normales en esta tierra, no debemos ceder a ellas, sino actuar en santidad. Y esto no es algo que podamos lograr por nuestras propias fuerzas, ¡así que corramos confiadamente a Cristo!

Muchas veces tenemos una lista enorme de diversas cosas que creemos que nos darán plenitud. Puede ser bajar de peso, vernos de cierta manera, obtener reconocimiento o encontrar una pareja. Sin embargo, cada una de estas cosas falla, ya sea porque no se cumplen o porque al obtenerlas nos damos cuenta de que eso realmente no sacia ni nos hace sentir plenas, y comenzamos a buscar algo más.

Este es un tema que Dios ha tratado con regularidad en mi vida y que continúa tratando, porque me he encontrado ahí en varias ocasiones buscando encontrar plenitud en todos los lugares equivocados. Pero una y otra vez, sin fallar, terminaba en el mismo punto de insatisfacción. ¡La razón es que solo podemos encontrar plenitud en Cristo! Todo lo que nos rodea es temporal y corrompido por el pecado, y es incapaz de saciarnos. Aquí en este pasaje podemos leer que todo está sometido a Cristo y que Él llena todo a plenitud, por lo tanto, debemos fijar nuestra mirada en Él.

Fuimos creadas por Él, para Él y para Su gloria. Entonces, ¿cómo podemos ignorar que es el Creador mismo quien nos llena a plenitud? Todo lo creado está sometido a Sus pies, no hay nada ni nadie más grande que Dios mismo. Volvamos nuestra mirada al Creador y experimentemos Su plenitud. Cuando creas que algo te falta para estar plena, ora respecto a eso y permite que Él llene cada vacío en tu corazón. Si no entendemos que Él es más que suficiente, nos la pasaremos buscando en los lugares equivocados y se nos dificultará entender pasajes como este.

> *Tú guardas en completa paz a quien siempre piensa en ti y pone en ti su confianza.*
>
> ISAÍAS 26:3

Definitivamente, este es uno de mis pasajes favoritos! El caos de la vida y la locura de nuestras emociones y pensamientos en ocasiones nos llevan a momentos de mucha ansiedad, donde tenemos todo menos paz. No creo que exista una persona que quiera vivir en intranquilidad; todas queremos paz. Estamos en un mundo tan caótico que es fácil empezar a analizar todo en exceso, a tener ansiedad, estrés y demasiado ruido. El problema es que no sabemos cómo obtener paz y poder estar realmente tranquilas.

A veces tenemos tantas técnicas que creemos que nos ayudarán, pero terminan siendo insuficientes, porque en un abrir y cerrar de ojos volvemos al mismo caos de antes. Lo maravilloso que tenemos como hijas de Dios es Su Palabra y Sus promesas que permanecen para siempre. Este pasaje nos está diciendo que Él guarda en perfecta paz a aquellos que siempre piensan en Él y depositan su confianza.

Este es un pasaje en el cual me he recargado en esos momentos donde parece que nada me puede ayudar y que mi cabeza no puede frenar. Me recuerda que no hay nada fuera de Dios, que debo vivir anclada a Él y que es la respuesta para esa paz que busco siempre.

Lo impresionante de este pasaje es que la paz que Él otorga no se basa en algo que nosotras podamos hacer sobre nuestra situación; lo único que requiere es que mantengamos nuestra mente en Él y confiemos plenamente. A veces, en los momentos complicados, llenamos nuestra mente de preocupaciones, ansiedades, escenarios ficticios, pensamientos negativos, mentiras y demás, en lugar de llenarnos de la Palabra de Dios. Ten este pasaje presente para esos momentos en los cuales necesites la perfecta y completa paz de Dios.

Un
arrepentimiento
genuino siempre lleva
un CAMBIO EN EL
COMPORTAMIENTO.

Cuando pases por las aguas, yo estaré contigo; cuando cruces los ríos, no te anegarán. Cuando pases por el fuego, no te quemarás, ni las llamas arderán en ti.

ISAÍAS 43:2

Cuando pensamos en tener una vida libre de dolor y dificultad, es fácil creer en un Dios que nos libra de todo mal. Deseamos un Dios que no permita que pasemos dificultad, y que cuando la enfrentemos, nos quite de en medio de la situación. Y si no lo hace, entonces creemos que no nos ama, ni nos ve ni nos escucha. Eso nos lleva a una mentalidad de que una vida perfecta y libre de complicaciones es un resultado y evidencia del amor y cuidado de Dios. ¡Esto es totalmente una mentira! En ninguna parte de la Biblia hay una promesa semejante.

Lo que sí podemos encontrar y de lo cual podemos depender totalmente es que aun cuando pasemos por momentos difíciles, Dios no deja de ser fiel y no nos dejará solas. Todo lo malo es imposible de evadir en esta tierra, porque recordemos que estamos en un mundo caído e inevitablemente somos afectadas de alguna manera u otra por él. La diferencia con las personas no creyentes es que nosotras tenemos promesas como estas de las cuales nos podemos aferrar, sabiendo que podemos estar en la peor situación, pero el Dios todopoderoso nos acompaña y nunca nos suelta.

¡Dejemos de buscar una vida perfecta y libre de dolor! Lo que me encantaría que te llevaras en tu mente este día es que Dios está con nosotras siempre, aun cuando no lo entendemos ni sentimos. En esos momentos de oscuridad, me brinda mucha paz saber que mis circunstancias no determinan la fidelidad o el amor de Dios por mí. Por lo tanto, puedo descansar en Sus promesas y en Su Palabra, porque son verdad. De la misma manera, aférrate a la Palabra de Dios más que a tus emociones.

No faltó una sola de todas las promesas que el Señor le había hecho a la casa de Israel. Todas ellas se cumplieron.

JOSUÉ 21:45

Me gustaría que pudiéramos analizar y desglosar lo que nos está diciendo este pasaje, porque aunque habla de algo específico para Israel, nos revela una verdad impresionante sobre el carácter de Dios. Para empezar, podemos ver que había promesas de parte de Dios y cada una de ellas sin excepción se cumplió. Este pasaje nos dice que no faltó nada de lo que les había dicho. Esto nos revela la fidelidad de Dios sin importar nuestra insuficiencia. Si has leído el Antiguo Testamento, sabes que el pueblo de Israel estuvo lejos de ser perfecto, pero en medio de todo, Dios se mantuvo fiel.

Antes de continuar con esta reflexión, me gustaría que nos detuviéramos un momento en la palabra «promesas». Cabe resaltar que aquí habla de promesas que Dios dio y no que los israelitas crearon. Menciono esto porque las únicas promesas que tenemos de parte de Dios son las que encontramos en Su Palabra; no son promesas personales que sentimos, pensamos o deseamos. Entender esto nos ayudará a no dudar de la fidelidad de Dios si no obtenemos los deseos de nuestro corazón.

Pasajes como este nos pueden ayudar cuando estemos ante momentos de dificultad, porque podemos correr a esta verdad y recordar que Dios se mantiene fiel siempre. Podemos descansar en esa fidelidad y confiar en que lo que nos ha hablado y prometido permanecerá. Por lo tanto, podemos tener la certeza de que nunca nos abandonará, de que nada nos puede separar de Su amor y de que Su Espíritu mora en nosotras. Además, ¡tenemos la mejor promesa de vida eterna mediante el sacrificio de Jesús! No busquemos promesas fuera de la Biblia; aferrémonos a la fidelidad de Dios.

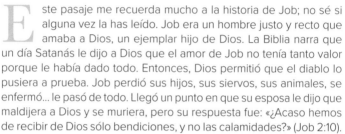

Cuando te llegue un buen día, disfruta de él; y cuando te llegue un mal día, piensa que Dios es el autor de uno y de otro, y que los mortales nunca sabremos lo que vendrá después.

ECLESIASTÉS 7:14

Este pasaje me recuerda mucho a la historia de Job; no sé si alguna vez la has leído. Job era un hombre justo y recto que amaba a Dios, un ejemplar hijo de Dios. La Biblia narra que un día Satanás le dijo a Dios que el amor de Job no tenía tanto valor porque le había dado todo. Entonces, Dios permitió que el diablo lo pusiera a prueba. Job perdió sus hijos, sus siervos, sus animales, se enfermó... le pasó de todo. Llegó un punto en que su esposa le dijo que maldijera a Dios y se muriera, pero su respuesta fue: «¿Acaso hemos de recibir de Dios sólo bendiciones, y no las calamidades?» (Job 2:10).

Esa pregunta nos confronta y apunta a lo que dice este pasaje. Cuando pasamos por la adversidad, actuamos como si Dios hubiera perdido el control y como si el diablo tuviera la culpa. Tendemos a ver las cosas positivas y que nos gustan como un resultado de Dios, y todo lo malo como una señal de Su ausencia. Ahí se nos olvida que Dios es soberano, que nada sucede sin que Él lo permita y, como sucedió en la historia de Job, aun Satanás está debajo de Dios.

Cuanto más entendemos esto, más descanso tenemos, porque podemos pasar por los peores momentos y descansar en la verdad de que Dios sigue teniendo el control. No olvidemos que Él es todo-poderoso y que sigue sentado en Su trono sin importar el caos de nuestra vida. Te quiero retar a que regreses a esta mentalidad en lo alto y bajo de tu vida. Eso siempre lleva a caminar en humildad y reconocer que Dios es Dios.

Este pasaje está diciendo que, si guardamos los mandamientos de Dios, eso equivale a conocerlo. Si no guardamos Sus mandamientos, entonces no lo conocemos. Algo que tenemos que comprender e impregnar en nuestras cabezas como hijas de Dios es que la obediencia es parte de nuestro caminar como cristianas. Pero antes, quiero aclarar unas verdades que se tienden a sacar de contexto y se les da una mala interpretación.

A veces confundimos ciertos términos porque separamos verdades que van en conjunto, como la salvación y la obediencia. Para empezar, la salvación no depende de nuestras obras en lo absoluto, es meramente por gracia, pero una salvación o fe genuina en Cristo va a producir obras, es un resultado inevitable. Es decir, no me puedo ganar el cielo, no hay nada en mis fuerzas para ganarme el cielo, no puedo ser suficientemente buena, no puedo cumplir toda la ley, no hay nada que yo pueda hacer para redimirme; por lo tanto, no hay manera de salvarme. Pero Dios, en Su misericordia, mandó a Cristo Jesús a cargar con mi pecado, a cargar con mi culpa, con la ira de Dios que me correspondía, y ahora me dice que solo tengo que creer en Él.

Hay muchas personas que dicen creer en Dios, pero la vida que viven va opuesta a lo que dice la Biblia. Si creemos en el Dios Creador del universo, que mandó a Su Hijo en nuestro lugar y que nos ha dejado la Biblia como Su Palabra, esa es nuestra guía para lo que tenemos que hacer. Cualquier otra profesión de fe basada en el *yo* es una fe falsa. Como lo dice este pasaje, nuestra obediencia es lo que demuestra que conocemos a Dios.

*Procuren que su conversación siempre sea agradable
y de buen gusto, para que den a cada
uno la respuesta debida.*

COLOSENSES 4:6

Este versículo me dejó pensando, especialmente porque mientras leía el libro de Santiago noté que decía que la lengua, siendo un miembro tan pequeño, es capaz de crear incendios loquísimos a nuestro alrededor. A veces podemos hablar de una manera áspera, con crítica, con chisme, con juicio, mentira, celos, contienda, y crear un caos. Creo que todas tenemos historias que podríamos contar sobre eventos que sucedieron por lo que alguien dijo o por lo que nosotras dijimos.

Me encanta cómo este pasaje dice que nuestra palabra sea siempre agradable. Esto es difícil, muy difícil, especialmente si alguien nos habla mal, si son groseros con nosotras o si nos han lastimado. Es difícil hacer de esto una práctica siempre. Mentiría si te dijera que siempre hablo con gracia. Lo cierto es que a veces me ganan mis emociones y mi justicia humana y hablo palabras que no glorifican a Dios. Especialmente como mujer, me he encontrado en momentos donde noto que el chisme es parte de mis conversaciones, y esa no es una conversación agradable.

El chisme contamina nuestro corazón y revela lo que hay en él. Nuestras palabras son un reflejo de lo que pensamos y creemos, así que te pregunto: ¿qué abunda en tus conversaciones? Si notas que tus conversaciones no son agradables, presta atención a lo que estás hablando y pregúntate si se alinea con la verdad y la voluntad de Dios. Reflejar a Cristo es una tarea que abarca nuestra vida entera, incluidas las palabras que salen de nuestra boca. Así que te dejo el reto de que te propongas tener conversaciones agradables que edifiquen tu vida y la de los que te rodean.

Bien harán ustedes en cumplir la ley suprema de la Escritura: «Amarás a tu prójimo como a ti mismo»; pero si ustedes hacen diferencia entre una persona y otra, cometen un pecado y son culpables ante la ley.

SANTIAGO 2:8-9

Cuando busquemos obedecer a Dios, hagámoslo tomando en cuenta *toda* la Escritura. Menciono esto porque a veces nos podemos limitar a una obediencia parcial a lo que nos resulta fácil o cómodo. Como lo vemos en este pasaje, si hacemos acepción de personas, entonces no estamos amando al prójimo. A veces podemos creer que estamos amando al prójimo porque lo hacemos con las personas que nos caen bien o con quienes es fácil convivir, pero una obediencia parcial es desobediencia.

Debemos recordar que el amor que imitamos no es el humano sino el de Dios. Por lo tanto, el amor no debe dejar de ser cuando la situación se complique. El amor sobrepasa lo que pensamos de una persona; el amor a la luz de la Biblia perdona, no es egoísta, no es celoso, sino sirve, da, no busca lo suyo. El estándar de amor que nos da la Biblia sobrepasa las emociones y nos lleva a tomar decisiones en nuestro diario vivir.

Diferencias entre las personas es un término que a veces mezclamos con nuestros ideales. Hoy en día hay personas que viven en total rebeldía contra Dios, y escuchamos que «hay que amarlos», lo que implica que hay que abrazar su pecado. Amar a alguien, aun dentro de la comunidad cristiana, conlleva confrontar su pecado. No queremos ver a esa persona en la situación en la que está; nos duele y la confrontamos en amor. En las epístolas vemos que muchas veces Pablo confrontaba en amor a las iglesias. Entonces, amar a alguien no significa que aceptas su pecado. ¡Amemos a la luz de la Biblia!

De la misma boca salen bendiciones y maldiciones. Hermanos míos, ¡esto no puede seguir así!

SANTIAGO 3:10

No limitemos este pasaje a pensar únicamente en malas palabras. También implica participar en conversaciones y comentarios que no glorifican a Dios. Escribir esto igualmente me confronta, porque a veces tiendo a dejar a mi boca correr sin contemplar lo que estoy diciendo. Este pasaje nos dice que de una misma boca no deben salir maldiciones y bendiciones. Pero ahora veámoslo con más detalle: con una misma boca no podemos estar alabando a Dios y hablando crítica, chisme, juicio, queja y muchas cosas más.

Como vimos en días anteriores, en estos temas no debemos ver únicamente la acción, sino también el corazón detrás de la acción. Creo firmemente, porque lo dice la Biblia, que todo lo que sale de nuestra boca es un reflejo de lo que hay en nuestro corazón. A veces nos enfocamos tanto en el resultado que no nos tomamos el tiempo de preguntarnos cómo hemos llegado a ese punto. Hay momentos en los que me doy cuenta de cómo estoy actuando, reaccionando o hablando y siento convicción de lo que estoy haciendo. Es ahí donde es necesario parar y analizar lo que está pasando con nuestras vidas.

Si tienes un corazón lleno de envidia, crítica, juicio, egoísmo e inseguridades, eso se transmite en la forma en la que hablamos. Pero si tenemos un corazón lleno de la Palabra de Dios, de Su suficiencia, Su identidad, Su paz y todas las cosas que vienen de Él, entonces eso también va a ser reflejado en nuestra manera de hablar. Seamos intencionales en vivir de manera íntegra en cada área de nuestras vidas. No tengamos incoherencias en nuestra manera de vivir. ¡Glorifiquemos a Dios con todo lo que somos y hacemos!

¿De dónde vienen las guerras y las peleas entre ustedes? ¿Acaso no vienen de sus pasiones, las cuales luchan dentro de ustedes mismos?

SANTIAGO 4:1

A veces vemos el pecado como algo tan externo, cuando en realidad es algo que comienza en lo interno. Justo eso es lo que está cuestionando este pasaje con respecto al pecado que vemos a nuestro alrededor, y la respuesta es que viene de nosotras, de nuestras pasiones que luchan en nuestro interior. Lo cierto es que en este cuerpo caído combatimos contra el pecado constantemente.

Hay veces que noto que reacciono de alguna manera incorrecta ante un comentario o acción (ya sea que lo haga o lo piense) y usualmente me doy cuenta de que detrás de eso hay pecado. Conocí a alguien hace un tiempo que usa mucho la frase: «El pecado detrás del pecado», y es algo que ahora incluyo en mi vocabulario y me encanta, porque detrás del pecado (guerras y pleitos entre las personas), hay otro pecado que está causando eso. Muchas veces, nuestras reacciones son pecaminosas, y las reacciones en sí, aunque incorrectas, no son el problema, sino que el mal está en la raíz del corazón que provoca ese comportamiento.

Me gusta mucho verlo como un árbol. Supongamos que tengo un árbol de manzanas, y este árbol siempre está dando un fruto malo, podrido y agrio. Por más que arranque únicamente el fruto no haré que crezca algo diferente, porque evidentemente el fruto es el reflejo de algo más profundo que surge de la raíz. También lo vemos en la hierba en el jardín: si solo la cortas por arriba, seguirá creciendo a menos que se arranque de raíz.

Hoy quiero retarte a que veas esos problemas y pecados que hay en tu vida y analices si quizá hay algo más profundo con lo cual tengas que lidiar.

*Y también a ustedes, que en otro tiempo eran extranjeros
y enemigos, tanto en sus pensamientos como en sus
acciones, ahora los ha reconciliado completamente en su
cuerpo físico, por medio de la muerte, para presentárselos
a sí mismo santos, sin mancha e irreprensibles.*

COLOSENSES 1:21-22

Antes de ver la parte práctica de este pasaje, es importante entender lo que nos está diciendo. Primero apunta a un antes y un después, al decir que en otro tiempo éramos extrañas y enemigas en nuestra mente, y por lo tanto hacíamos cosas malas, estábamos muertas en pecado. Después, presenta un contraste y muestra que ahora hemos sido reconciliadas en el cuerpo de Jesús por medio de Su muerte. Esa reconciliación no es para quedarnos en el comportamiento de antes, sino para ahora presentarnos santas, sin mancha e irreprensibles delante de Él.

Esto está muy conectado con lo que hablamos de que nuestra vida debe reflejar a Cristo en todo momento. Cometemos el error de separar las cosas de Dios de nuestra vida normal, como si fueran dos cuestiones distintas. Pero lo cierto es que Cristo nos ha reconciliado con Él por completo. Esto incluye lo que hacemos cuando nadie nos ve, lo que escuchamos, lo que vemos, cómo invertimos nuestro tiempo, todo esto a Dios le importa. Debemos recordar que en otro tiempo estábamos muertas en nuestro pecado, en nuestra manera de pensar, vivir y ver la vida, pero ya no debemos vivir de esa manera sino buscar los caminos de Cristo que se encuentran en Su Palabra.

Fallamos con regularidad en esto, porque nos queremos quedar cómodas únicamente con orar por los alimentos, ir los domingos a la iglesia y hacer lo mínimo para cumplir con la apariencia de una vida cristiana. Pero Dios ve y pide más que eso. Entender este pasaje debe impulsarnos a querer vivir de una manera distinta al comprender la gravedad de nuestro pecado y la grandeza de la gracia que hemos recibido.

Aunque todavía no florece la higuera, ni hay uvas en los viñedos, ni hay tampoco aceitunas en los olivos, ni los campos han rendido sus cosechas; aunque no hay ovejas en los rediles ni vacas en los corrales, yo me alegro por ti, Señor; ¡me regocijo en ti, Dios de mi salvación! Tú, Señor, eres mi Dios y fortaleza. Tú, Señor, me das pies ligeros, como de cierva, y me haces andar en mis alturas.

HABACUC 3:17-19

En ocasiones, la vida se pone complicada o no encontramos motivación para hacer nada, parece que todo sale mal, o como dice aquella frase, *el pasto parece* más verde en todas las casas *menos en la nuestra*. Simplemente, hay temporadas en las que parece que nada anda bien. En esos momentos cometemos el error de permitir que nuestras circunstancias determinen nuestra adoración a Dios o nuestra búsqueda de Él. Es decir, cuando las cosas no van tan bien, pensamos: «Dios no me ama, no es real, no lo voy a buscar»; y cuando todo sale bien, pensamos: «Dios es bueno, fiel, me ama», y lo alabamos porque todo va excelente.

Lo que me parece tan poderoso y desafiante de este pasaje es que el salmista afirma que aunque nada florezca, aunque no haya fruto y se pierda todo, «me regocijo en ti». Con todo, aun en lo malo, debemos alegrarnos en nuestro Dios. Quisiera que te hicieras una pregunta: ¿qué pasa si Dios no hace nada por ti? Dios ya hizo lo más maravilloso que pudo haber hecho por nuestras vidas, que es reconciliarnos consigo mismo. Sinceramente, si ya no volviera a hacer nada por ti y por mí en esta vida, eso seguiría siendo más que suficiente, porque tenemos una esperanza eterna. Este mundo se va a acabar, y tenemos asegurada una eternidad junto a Él. Debido a eso, nuestro gozo debe estar en Su salvación y no en nuestras circunstancias.

Si yo hablara lenguas humanas y angélicas, y no tengo amor, vengo a ser como metal resonante, o címbalo retumbante. Y si tuviera el don de profecía, y entendiera todos los misterios, y tuviera todo el conocimiento, y si tuviera toda la fe, de tal manera que trasladara los montes, y no tengo amor, nada soy.

1 CORINTIOS 13:1-2

Casi todas hemos escuchado este pasaje, y a veces lo relacionamos mucho con el romance, limitándolo a un amor de pareja, y hasta lo incluimos en nuestras oraciones pidiéndole a Dios que nos dé un amor como el de 1 Corintios 13. No es que esté totalmente mal hacer esto, pero el pasaje no está hablando de un amor romántico. De hecho, ¡está escrito a una iglesia!

Me llaman la atención estos pasajes, porque en este contexto, Pablo le escribe a una iglesia donde había mucho egoísmo y sus miembros se peleaban por tener dones espirituales que fueran más evidentes que otros. Sus prioridades estaban en ser vistos, tener un lugar de influencia, y buscaban tener experiencias paralelas como las personas idólatras de su alrededor que eran extremas, ruidosas y muy visibles. No deseaban esto para edificar la iglesia o glorificar a Dios, sino para ser vistos y satisfacer sus deseos carnales. Entonces, Pablo los confrontó con amor y les dijo esto: puedes tener dones, talentos y lo más asombroso como mover un monte, pero si no hay amor, de nada sirve.

No sé si lo has notado, pero en nuestra cultura y desde las redes sociales se promueve mucho el mensaje del amor propio; que aunque tiene un disfraz muy bonito y atractivo, cuando vemos lo que realmente está ofreciendo, entendemos que viene de un lugar de pecado y egoísmo, del *yo*, de satisfacer la carne y ponerte a ti primero. Sin embargo, la Palabra de Dios dice que sin amor, no importan todas las otras cosas que pudieras ser o tener. Así que te quiero retar a que no te dejes llevar por las olas de nuestra sociedad y busques amar a los que te rodean de una manera que refleje el amor sacrificial que Cristo ha tenido por ti.

Hermanos, no sean como niños en su modo de razonar.
Sean como niños en cuanto a la malicia, pero en
su modo de razonar actúen como gente madura.

1 CORINTIOS 14:20

No sé si te ha pasado, pero cuando personas dicen chistes o comentarios con doble sentido, por lo general no entiendo; veo a las personas reírse y pido que me lo expliquen, y usualmente eso va acompañado de algún comentario burlón hacia mí por no entender. No digo que sea la persona más inocente del mundo, y no sé si es mi genética o las cosas que veo, pero a veces simplemente no sé de qué hablan los demás.

Mientras leía este pasaje, me puse a pensar cómo el mundo a veces aplaude mucho el conocimiento de las cosas malas y de las perversidades, el poder entender ciertas palabras y conversaciones que sinceramente no tienen nada para tener orgullo. Especialmente si somos hijas de Dios y vamos a las Escrituras, podemos ver que dice que debemos ser niñas cuando se trata de la malicia. Esto no quiere decir que debemos ser inmaduras, y este pasaje lo aclara. Creo que en la sociedad en la que estamos es un poco difícil mantener esa inocencia, porque cada vez las cosas son más explícitas, cada vez son más populares los programas con contenidos sexuales. Y parece que todo lo que nos rodea busca pervertir nuestra mente.

No ignores que cada cosa que escuchamos o vemos se queda en nuestra cabeza. Por eso quiero retarte a que, dentro de un mundo tan pervertido y explícito, busques con todo tu corazón ser inocente para la maldad. Abstente de ciertas cosas y busca ser llena de lo que glorifica a Dios.

> *El hierro se pule con el hierro, y el hombre*
> *se pule en el trato con su prójimo.*
>
> PROVERBIOS 27:17

Sé que el tema de las amistades tiene distintos matices dependiendo de tu edad, la temporada de tu vida y dónde te encuentres. Lo cierto es que a veces podemos pensar que no tenemos buenas amistades o que no tenemos una comunidad dentro de la iglesia, y por eso decidimos juntarnos con personas fuera de la iglesia y hacer una comunidad ahí. Aunque no se trata de vivir en una burbuja donde evadimos a las personas no creyentes, sí se trata de ser intencionales respecto de aquellos que se vuelven nuestra comunidad.

La vida cristiana no es para caminar solas, porque hay momentos de duda donde necesitamos oración, consejo y buenas amistades a nuestro alrededor. Una parte maravillosa de las amistades en Cristo es que, como dice este pasaje, pueden ayudarnos a pulir nuestras vidas. Recordemos que estamos en un proceso de santificación en el cual día a día vamos siendo transformadas a la imagen de Dios. Eso conlleva morir a nuestro pecado, y para eso debemos reconocer ese pecado. Una de las maneras en que sucede es con las personas a nuestro alrededor.

Si estás en la escuela y el trabajo y tienes amistades ahí, ¡qué bueno! No se trata de no juntarte con nadie. Sin embargo, a veces vamos a la iglesia y no hacemos ningún esfuerzo de involucrarnos, y llega un punto en el que nuestras únicas amistades y conversaciones son con personas no creyentes. Como cristianas tenemos que ser sabias, porque una persona que no conoce de Dios jamás nos va a poder aconsejar de acuerdo con la Palabra de Dios ni va a retarnos a vivir una vida que lo refleje. ¡Así que quiero retarte a ser intencional con tus amistades! Si no crees tener a personas a tu alrededor que edifican tu vida, ora al respecto; aun estos temas podemos llevar en oración a Dios.

Samuel le contestó: ¿Y crees que al Señor le gustan tus holocaustos y ofrendas más que la obediencia a sus palabras? Entiende que obedecer al Señor es mejor que ofrecerle sacrificios, y que escucharlo con atención es mejor que ofrecerle la grasa de los carneros.

1 SAMUEL 15:22

Este pasaje apunta mucho a la importancia de la postura del corazón. Es fácil aparentar una vida buena ante los hombres, ya que nadie puede saber las verdaderas intenciones de nuestro corazón. Podemos hacer todo aquello que aparentemente es bueno y requerido de nosotras sin realmente vivir en obediencia a Dios. Por eso me impactó este pasaje, ya que versículos antes el pueblo de Israel había agarrado ciertos animales para ofrecer sacrificios a Dios, pero la respuesta de Samuel a eso fue aleccionadora. Preguntó si a Dios le importaba más eso o que realmente le obedecieran.

Para entender mejor lo que trato de decirte, me pondré como ejemplo. Estuve la mayor parte de mi vida en una escuela cristiana, pero después de algunos años, fui a una escuela secular. Aunque no era como soy el día de hoy, había ciertos valores y creencias en mí que me hacían actuar de una manera distinta, y con regularidad me preguntaban si era cristiana. Por mucho tiempo me conformé con eso porque seguía ciertas «reglas» de lo que debía o no debía hacer, pero no vivía realmente una vida en obediencia y devoción a Dios.

Si nos comparamos con el mundo podremos pensar que somos buenas, o nos podemos perder tanto en el legalismo de hacer o no hacer ciertas cosas que perdemos totalmente la manera en que Dios desea que vivamos. A fin de cuentas, lo que a Dios le importa es que obedezcamos Su Palabra y que vivamos vidas que lo reflejen y representen, que prediquemos Su evangelio y vivamos en intimidad con Él.

Pero el Señor le dijo: «No te dejes llevar por su apariencia ni por su estatura, porque éste no es mi elegido. Yo soy el Señor, y veo más allá de lo que el hombre ve. El hombre mira lo que está delante de sus ojos, pero yo miro el corazón».

1 SAMUEL 16:7

L a historia de David es conocida por muchos, y este pasaje forma parte de ella. Para entender un poco detrás de lo que pasa en este versículo, te la cuento rápidamente. El pueblo de Israel no tenía rey y quería uno, así que Dios aceptó y le dijo a Samuel que fuera a la casa de Isaí y viera a sus hijos. Allí, Él le mostraría quién era Su elegido. Cuando llegó el primero, era físicamente todo lo que alguien podría esperar de un rey, y Samuel pensó que seguramente él era el elegido, pero la respuesta de Dios fue justamente este pasaje.

Creo que este concepto lo entendemos con nuestra cabeza pero no siempre con el corazón. De una forma muy especial, a las mujeres se nos ha puesto una presión tan grande de cómo nos debemos ver, y hay tanta presión con el físico que nos preocupa que nos acepten, y a veces ponemos mucho énfasis en aquello que podemos ver. Si vivimos de esa manera, estamos siendo gobernadas por las inseguridades y no sabemos cómo salir de eso.

El problema de las inseguridades no se soluciona aprendiendo a amarte o aceptarte. Podrás ser una mujer creyente en Dios y esforzarte para ser la más atractiva y popular, pero cuando vamos a la Palabra de Dios y se nos habla de la mujer, ¿en qué momento se nos habla de la belleza física o de estereotipos físicos? Se nos habla de prudencia, modestia, gracia, servicio, sabiduría, trabajo, excelencia, etc. Hasta que no aprendamos a valorar lo que Dios valora, seguiremos siendo arrastradas por lo superficial.

Para entender este pasaje es importante notar que está en el contexto del padecimiento de personas creyentes. Algo que tenemos como cristianas y que el mundo no tiene es una esperanza eterna que influye en nuestras vidas. Entendemos que esta tierra va acabar pero que lo venidero es real y eterno. Entendemos que en este mundo vamos a morir, pero tenemos la convicción de que si creemos en el sacrificio de Jesús, vamos a levantarnos juntamente con Él para pasar la eternidad a su lado.

A esa esperanza se refiere el pasaje cuando nos insta a no ponernos tristes como los que no tienen esperanza. Recuerdo una ocasión cuando todavía era novia de mi esposo, y alguien dentro de la iglesia falleció. Muchas personas estaban súper tristes (es normal sentir esa tristeza y dolor y pasar por un período de duelo), pero percibía esta actitud de falta de esperanza, como si fuera un fin permanente. Recuerdo que Jaasiel (mi esposo) se acercó y me dijo: «El día que me muera, quiero que sepas que es cuando me tenía que morir, y que hay esperanza».

Se me hace tan importante entender esto, porque a veces vemos a personas que se enojan o dejan de creer en Dios porque alguien se murió, pero recordemos que la muerte física es inevitable, y en Cristo esa muerte se convierte en una victoria y vida eterna. Por eso siempre debemos tener la mira en las cosas de Dios y en la eternidad, porque cuando comenzamos a sobrevalorar lo de esta tierra, dudamos de las promesas eternas. Recuerda que tu nueva vida en Cristo trae esperanza a cada área de tu vida.

Hermanos, no queremos que ustedes ignoren nada acerca de los sufrimientos que padecimos en Asia; porque fuimos abrumados de manera extraordinaria y más allá de nuestras fuerzas, de tal modo que hasta perdimos la esperanza de seguir con vida. Pero la sentencia de muerte que pendía sobre nosotros fue para que no confiáramos en nosotros mismos, sino en Dios que resucita a los muertos.

2 CORINTIOS 1:8-9

Muchas veces se nos dice que con Dios todo sale bien, que todo obra para bien, y lo entendemos en un contexto desde nuestra percepción de lo que significa que todo salga bien. Aunque al comienzo suena muy bonito, a final de cuentas trae mucha desilusión, frustración, preguntas o ideas de que Dios no nos ama, ya que inevitablemente suceden cosas malas en nuestra vida. Hace mucho más daño dar una esperanza falsa que decir las cosas como son y encontrar esperanza dentro de eso.

Una vida sin problemas, sin tribulación ni necesidad es una vida que no necesita de Dios. ¿Por qué crees que hay tantas personas millonarias y exitosas que creen que no necesitan a Dios? Porque aparentemente no tienen ninguna necesidad. Piensan que en lo material pueden encontrar esas cosas. Pero los momentos en los que nuestra capacidad humana no alcanza son una oportunidad de ver la mano de Dios y reconocer Su grandeza.

Quiero retarte a que en esos momentos de dificultad te dé paz saber que Dios es quien va delante, que en efecto no tienes control de nada, pero todo está bajo Su control. Es momento de entender que ver la mano de Dios obrar no significa justamente que nos dé las cosas que queremos o el resultado que anhelamos, sino que en medio de la prueba, Su paz, gracia, amor y cuidado nos acompañan. Si siempre fuéramos capaces de solucionar nuestros problemas o de evadir la necesidad, sentiríamos que no necesitamos de Dios; pero es en medio del caos que aprendemos a humillarnos y a depender de Él.

No nos cansemos, pues, de hacer el bien; porque a
su tiempo cosecharemos, si no nos desanimamos.

GÁLATAS 6:9

Tengo que admitir que a veces me canso de ser «buena». Hay momentos en los cuales la maldad del mundo me asombra cuando veo cierta hipocresía, ciertas actitudes o cuando alguien me lastima. En esos momentos me entra la impotencia. Creo que esa impotencia surge cuando actuamos correctamente y sentimos que *perdemos* ante la situación. A veces quisiéramos poder responder de la misma manera que el mundo lo hace hacia nosotras.

Esto va de la mano con morir a nosotras mismas. Hacer el bien en ocasiones nos hará ver débiles, parecerá que las personas se salen con la suya, o como si pudiéramos ser un tapete que el mundo pisa en su camino. Eso nos hace morir a nuestro ego, al orgullo, al *yo*. ¡Ahí es cuando morimos a nuestra carne en obediencia a Dios para glorificarlo! La manera en que podemos lidiar con esos momentos de cansancio o de impotencia al momento de hacer el bien es recordar que lo hacemos en obediencia a Cristo y por las personas. En esos momentos puedes recordar que Dios te empuja a perseverar en esta carrera de la vida y te acompaña capacitándote a cada paso.

Así que, ¡no nos cansemos de hacer el bien! Si llega un momento en el que nos sentimos cansadas de hacer el bien porque vemos la injusticia o el pecado de otras personas, es necesario que fijemos nuestra mirada en Cristo. Recuerda que tus acciones, la forma en que contestas, actúas y tratas a otros no debería ser una respuesta a tu circunstancia, sino a la salvación que has recibido por medio de Cristo Jesús.

Al llegar a la era de Nacón, los bueyes tropezaron y Uzá
estiró la mano para sujetar el arca. Pero el Señor se enojó
muchísimo contra Uzá por haberse atrevido a tocar el
arca, y allí mismo hirió a Uzá, y este cayó fulminado.

2 SAMUEL 6:6-7

En esos tiempos, Dios había dicho claramente que nadie podía tocar el arca. Era Su trono en la tierra, algo sumamente santo que no se podía tocar de manera incidental como si fuera cualquier otro objeto. Uzá vio un problema y quizás tenía buenas intenciones al tocar el arca, pero terminó desobedeciendo lo que Dios ya había estipulado. Tal vez las consecuencias que sufrió Uzá nos pueden parecer extremas, pero debemos recordar que tenemos un Dios santo y Su santidad es mucho más alta de lo que podemos imaginar.

En ocasiones podemos hacer algo aparentemente bueno y con nobles intenciones, pero eso no necesariamente lo hace correcto. Un ejemplo sencillo es el yugo desigual. La Biblia nos dice claramente que no nos unamos en yugo desigual; vemos que Dios no aprueba una relación así. Pero hay momentos en que nos sale la veta evangelista y decimos: «No, pero es que yo lo acercaré a Dios, ¿qué tal si Dios quiere que le predique el evangelio?», y tenemos muchas buenas intenciones pero sobre algo que la Biblia dice que no hagamos.

Mi intención no es provocar miedo a tu vida sino que realmente entendamos que la obediencia es mejor que nuestras buenas intenciones. A veces se nos hace fácil justificar nuestras acciones y esto no debe ser así. Busquemos alinearnos primero con la Palabra de Dios antes de buscarle algo bueno o positivo a lo que estamos por hacer. Es importante que no neguemos una verdad tratando de sustituir la Palabra de Dios con algo aparentemente bueno.

Cuando el arca del Señor llegó a la ciudad de David, Mical, la hija de Saúl, estaba mirando por la ventana, y al ver a David saltar y danzar delante del Señor, sintió por él un profundo desprecio.

2 SAMUEL 6:16

Vivir en forma loca y apasionada por Dios va a ocasionar que otras personas nos vean con desprecio. Lo cierto es que vivir para Cristo y obedecer la Palabra de Dios va a causar que vivamos una vida diferente al mundo, una vida que no es la que es aprobada por los demás, ya sea porque no vemos las mismas cosas o escuchamos la misma música, porque no hablamos de la misma manera o simplemente porque nuestras prioridades no son las mismas. Vivir para Cristo muchas veces hará que la gente te diga que eres una perdedora, que no sabes nada, que eres retrógrada, que no has estudiado o que te han lavado el cerebro. Es más, me han dicho cada una de esas cosas al crear contenido cristiano.

Sin embargo, eso nunca nos debe detener de vivir para Cristo, y por eso me encantó este pasaje y quería compartirlo contigo, porque podemos ver que David, aun antes de que fuera rey, era alguien admirado, un buen soldado, agraciado y escogido por Dios, y al llegar a ser rey siguió viviendo para Dios, lo alababa y tenía una relación con Él. En este caso, Mical, una de sus esposas, lo menospreció al ver cómo él desbordaba de gozo y alabanza delante de Dios. Nadie está exento de recibir ciertos tratos o burlas de otras personas.

Es tiempo de ponernos a pensar y analizar: ¿para quién estamos viviendo? ¿Para agradar a la gente o a Dios? Si vives para agradar a la gente, no puedes agradar a Dios. ¿Por qué? Porque lo que aprueba el mundo no es lo que aprueba Dios.

Ustedes son la luz del mundo. Una ciudad asentada sobre un monte no se puede esconder. Tampoco se enciende una lámpara y se pone debajo de un cajón, sino sobre el candelero, para que alumbre a todos los que están en casa. De la misma manera, que la luz de ustedes alumbre delante de todos, para que todos vean sus buenas obras y glorifiquen a su Padre, que está en los cielos.

MATEO 5:14-16

Saber cuál es nuestro llamado es algo que nos preocupa mucho. Buscamos alguna carrera para estudiar, en qué empresa trabajar, hacia dónde ir. Algo que he aprendido y aplicado en mi vida es enfocarme en lo que debo ser siempre y en lo que Dios me llama a hacer siempre. Cuando caminamos con ese enfoque, inevitablemente todo lo demás termina acomodándose.

Este pasaje nos dice que somos la luz del mundo siempre, no es algo que viene con condiciones. Somos la luz del mundo por Cristo. Esta es una identidad, un llamado y una tarea que a todas nos corresponde. También dice que esta luz es para alumbrar a los que están alrededor, no es para que nos vean brillar o ser exaltadas. Después nos dice para qué es esa luz: para que los demás vean nuestras buenas obras, y así se glorifique nuestro Padre que está en los cielos.

Muchas veces, estamos tan enfocadas en nuestros sueños, anhelos, pasiones y sentimientos que se nos olvida que fuimos creadas, rescatadas y adoptadas para glorificar a Dios. Entonces, en la vida que tienes, en la temporada en la que te encuentres, en el trabajo, la escuela y donde sea que estés, eres llamada a ser luz. ¿Y cómo ser luz? Con buenas obras. ¿Cómo llevarlo a la práctica? Obedeciendo a Dios. Recuerda que esto no es para que tú seas vista, sino para dar la gloria a Dios.

No acumulen ustedes tesoros en la tierra, donde la polilla y el óxido corroen, y donde los ladrones minan y hurtan. Por el contrario, acumulen tesoros en el cielo, donde ni la polilla ni el óxido corroen, y donde los ladrones no minan ni hurtan. Pues donde esté tu tesoro, allí estará también tu corazón.

MATEO 6:19-21

Todas tenemos cosas que amamos y deseamos, sean sueños de una carrera, de casarte, tener hijos o una casa. La verdad es que no tiene nada de malo tener sueños y anhelos en esta tierra; el problema está cuando nuestro corazón se vuelve obsesionado con estas cosas y quita la prioridad de Dios y lo eterno. A veces se nos olvida la eternidad, porque pensamos meramente en esta vida y se nos escapa lo venidero.

Lo cierto es que al morir, sigue una vida eterna. Pero como se nos olvida la eternidad, comenzamos a vivir únicamente para esta tierra. Entonces, trabajar, tener sueños, amistades y salir no son cosas que tengan nada de malo en sí, pero muchas veces se vuelven nuestro tesoro y comenzamos a descuidar nuestros tiempos de leer la Palabra de Dios, de vivir para Cristo, de predicar el evangelio, de hacer tesoros en el cielo y trabajar para lo que es realmente importante a la luz de la eternidad, porque estamos tan enfocadas en las cosas de esta tierra.

Algo muy importante que dice este pasaje y que siempre llama mi atención, es que donde está tu tesoro, ahí está tu corazón. Lo que tú atesoras, lo que crees que es lo más valioso, ahí está tu corazón. Tantas veces los miedos de perder tesoros en esta tierra nos limitan de hacer la obra para Dios, de invertir nuestro tiempo, ingresos, sueños, anhelos y cada respiro para la obra de Cristo. Te pregunto: ¿dónde está tu tesoro?

Un leproso se acercó a Jesús, se arrodilló ante él y le dijo: «Si quieres, puedes limpiarme». Jesús tuvo compasión de él, así que extendió la mano, lo tocó y le dijo: «Quiero. Ya has quedado limpio»... Le dijo: «Ten cuidado de no decírselo a nadie. Más bien, ve y preséntate ante el sacerdote, y ofrece por tu purificación lo que Moisés mandó, para que les sirva de testimonio».

MARCOS 1:40-41, 44

Para entender el verdadero significado de este pasaje, es necesario aclarar algunos datos. En aquellos tiempos, las personas con lepra eran consideradas impuras. Esto provocaba que fueran alejadas de todo, incluso de sus familias, y que vivieran a las afueras de la ciudad debido a su impureza. Muchos duraban con lepra toda su vida, lo que quiere decir que vivían sin esperanza, rechazados y alejados. En esta historia, un leproso le pide a Jesús que lo sane, y Él lo hace. Pero Jesús le pide que no le cuente a nadie, en el versículo 45 leemos: «Pero una vez que aquel hombre se fue, dio a conocer ampliamente lo sucedido, y de tal manera lo divulgó que Jesús ya no podía entrar abiertamente en ninguna ciudad».

En cierto sentido, tú y yo éramos como ese leproso. Debido a nuestro pecado, éramos consideradas impuras delante de Dios, eso causaba que estuviéramos sin esperanza y alejadas de Dios. No había nada en nosotras que pudiéramos hacer para lograr ser limpias delante del Dios santo. Pero Dios en Su misericordia nos ha redimido mediante el sacrificio de Jesús. ¡Ha sucedido un milagro!

¿Cuál es tu respuesta a lo que Dios hizo por ti? ¿Actúas como ese leproso que no pudo quedarse callado y les dijo a todos lo que Jesús había hecho por él, o te quedas callada? No olvides el gran milagro de tu salvación, ¡y no te quedes callada con las grandes noticias de salvación mediante el sacrificio de Jesús!

El hermano pobre debe sentirse orgulloso cuando sea exaltado; el rico debe sentirse igual cuando sea humillado, porque las riquezas pasan como las flores del campo: en cuanto sale el sol, quemándolo todo con su calor, la hierba se marchita y su flor se cae, con lo que su hermosa apariencia se desvanece. Así también se desvanecerá el rico en todas sus empresas.

SANTIAGO 1:9-11

Antes de comenzar, quiero aclarar que esto no significa que el dinero sea malo. La Biblia enseña que la raíz de todos los males es el amor al dinero. Sin embargo, el dinero en sí es moralmente neutro; el problema es externo a él. Una persona mala puede usar el dinero para cosas pecaminosas y alguien puede usar su dinero de manera buena, ayudando al más necesitado. Por lo tanto, el dinero en sí no es malo; lo que hacemos con el dinero determina si es bueno o malo, todo está en la postura del corazón. Si leemos la carta de Santiago entera, este pasaje va más allá de únicamente si tienes dinero o no. Hay personas que malinterpretan pasajes como estos y piensan que Dios quiere que vivas en la miseria, y que entre más pobre seas, más cerca estarás de Él.

A veces damos tanto valor e importancia a las cosas de esta tierra que se nos olvida que todo esto va a pasar, que todo esto realmente no importa. Y no digo esto para tomar una postura de que no vale la pena vivir y que nada importa en un sentido pesimista, sino que las cosas materiales no añaden ni quitan a tu vida, a tu salvación, o a lo que Cristo te ha dado. Muchas personas, cuando tienen bienes económicos, tienden a pensar que no necesitan de Dios, y nosotras en ocasiones llegamos a envidiar el estilo de vida de esas personas. No debemos sobrevalorar lo material sino entender que tenemos todo en Cristo.

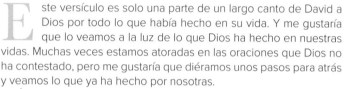

> *Por eso alabo al Señor entre los pueblos,*
> *y canto salmos a su nombre.*
>
> 2 SAMUEL 22:50

E ste versículo es solo una parte de un largo canto de David a Dios por todo lo que había hecho en su vida. Y me gustaría que lo veamos a la luz de lo que Dios ha hecho en nuestras vidas. Muchas veces estamos atoradas en las oraciones que Dios no ha contestado, pero me gustaría que diéramos unos pasos para atrás y veamos lo que ya ha hecho por nosotras.

Él ya envió a Su Hijo a esta tierra a vivir la vida que éramos incapaces de vivir, tomó nuestro lugar en la cruz y murió por nosotras. Se volvió pecado por nosotras, cargó con lo que nos correspondía. A través de eso nos reconcilió consigo mismo y podemos tener una relación con Él, ser adoptadas, llamarlo Padre, comunicarnos con Él y tener la seguridad de que nos escucha, que nos ama, y que cuando nuestra era sobre la tierra termine tenemos esperanza de una eternidad con Él. ¡Eso es algo que Dios ya ha hecho!

La salvación es mucho más impresionante que la sanidad de una persona, porque alguien puede ser sano en esta tierra pero después morir, y si no tiene una salvación eterna, esa sanidad solo fue útil para esta tierra. Pero ¿qué pasa en la eternidad? Alguien puede estar pidiendo dinero a Dios y se le puede dar todo el dinero en esta tierra, pero tarde o temprano esa persona morirá y ese dinero ya no servirá para nada, y si no tiene salvación eterna enfrentará la condenación eterna. Entonces, lo más grande, poderoso y suficiente es el regalo de la salvación, y es algo que Dios ya nos dio. ¿Cuál es tu respuesta a esa salvación. ¿Es de alabanza como David, o una respuesta pecaminosa que se basa en demandas?

En tus momentos más débiles no intentes luchar tú sola, porque ciertamente tu carne es débil, CORRE A DIOS y permite que Él sea perfeccionado en ti.

Así es la lengua. Aunque es un miembro muy pequeño, se jacta de grandes cosas. ¡Vean qué bosque tan grande puede incendiarse con un fuego tan pequeño! Y la lengua es fuego; es un mundo de maldad. La lengua ocupa un lugar entre nuestros miembros, pero es capaz de contaminar todo el cuerpo; si el infierno la prende, puede inflamar nuestra existencia entera.

SANTIAGO 3:5-6

Es difícil controlar lo que hablamos, la crítica y el chisme, pero tenemos que ser conscientes del gran daño que podemos hacer con nuestra lengua. Muchas veces, con un corazón totalmente egoísta hablamos sin considerar a las otras personas. Hablamos con amargura, odio, crítica y mentira, y a veces decimos que la otra persona lo merece, o alguien hace algo malo y sentimos el derecho de ofenderlo, de apuntar algo negativo, de hacerlo sentir mal, y esto no está bien.

Cuántas veces hablamos mal a espaldas de una persona o criticamos a alguien. A veces simplemente dejamos que la lengua se desenfrene y decimos lo que queremos porque lo vemos como algo natural. Lo cierto es que se nos ha dado dominio propio, y eso aplica a todas las áreas de nuestra vida. No podemos hablar desenfrenadamente, pensando que así manifestamos santidad. Si las Escrituras nos hablan del tema, debemos tomarlo con seriedad y cuidado.

Es importante ser intencionales en la manera en la que hablamos, porque no podemos por un lado usar nuestras palabras para bendecir a Dios y luego voltearnos y hacer lo contrario con las personas. ¿Qué está saliendo de nuestra boca? Sé que a veces vamos a batallar con esto, pero sin importar la dificultad, debemos ser intencionales y darnos cuenta de lo que estamos diciendo. ¡Busquemos glorificar a Dios con nuestras palabras siempre!

Dios mío, ¡tú eres mi Dios! Yo te buscaré de madrugada. Mi alma desfallece de sed por ti; mi ser entero te busca con ansias, en terrenos secos e inhóspitos, sin agua, con deseos de ver tu poder y tu gloria, como los he mirado en el santuario.

SALMO 63:1-2

En este pasaje podemos ver cómo David veía y anhelaba a Dios. Lo primero que podemos notar es que no solamente reconoce que Dios es Dios, sino que lo reconoce como *su* Dios. Al momento de leer y meditar en estas palabras, deberíamos preguntarnos qué tanto anhelamos a Dios. Podemos decir que amamos a Dios, que lo adoramos, que vamos los domingos a la iglesia, servimos, vamos a un grupo, escuchamos música cristiana, que vemos videos cristianos, pero ¿realmente estamos anhelando a Dios? ¿Realmente deseamos pasar tiempo con Él? ¿Lo buscamos con ese deseo de saber que no hay nada más que nos pueda satisfacer?

Nunca debemos conformarnos con nuestro amor por Dios. Recordemos que el primer mandamiento es amar a Dios con todo lo que somos, y debemos admitir que fallamos en esto con regularidad. Por lo tanto, nunca debemos quedarnos cómodas con nuestra situación, sino buscar crecer en ese amor y deseo por Dios. David dice que, en medio de terrenos sin agua, lo que más anhelaba no era una provisión física sino experimentar el poder y la gloria de Dios.

Podemos pasar todo el día y tristemente no pensar en Dios; podemos hacer nuestras actividades aun dentro de la iglesia sin genuinamente buscar una intimidad con Él. Creo que muchas cristianas podemos batallar en ese aspecto porque estamos muy llenas de otras cosas. Necesitamos apagar el ruido de nuestro alrededor para estar sedientas de Él.

Quiero retarte a que cada día lo vivas con intencionalidad. Busca maneras prácticas de mantener tu mirada en Dios. Esto puede ser desde escuchar música, prédicas, *podcasts,* establecer horarios para leer la Biblia y orar. ¡Toma decisiones cada día que te acerquen a tu Padre!

Pero pongan en práctica la palabra, y no se limiten sólo a oírla, pues se estarán engañando ustedes mismos. El que oye la palabra pero no la pone en práctica es como el que se mira a sí mismo en un espejo: se ve a sí mismo, pero en cuanto se va, se olvida de cómo es.

SANTIAGO 1:22-24

Un día me puse a observar mi cara detenidamente sin maquillaje. Volteé hacia mi esposo y le dije que cuando estaba en la casa y sin maquillaje, me gustaba cómo me veía, que me sentía cómoda y segura; pero que en cuanto salía de la casa se me olvidaba eso y llegaban las comparaciones y las inseguridades. Mientras le decía eso, este pasaje vino a mi mente y cobró mucho sentido.

Nos dice que si oímos la Palabra pero no la practicamos, es justamente como esa persona que se está viendo en el espejo, pero cuando se va, se le olvida cómo es. Aunque oír la Palabra de Dios es importante y parte de nuestra vida como creyentes, no es suficiente. Oír y no hacer nada con esa información es totalmente inútil. Este principio se aplica aun en un ámbito laboral o escolar. La práctica es parte fundamental de todo lo que hacemos, especialmente en nuestro caminar con Dios.

Si tú y yo escuchamos la Palabra de Dios un domingo, pero en cuanto salimos de la iglesia se nos olvida todo y vivimos como si no conociéramos a Cristo, ¡algo anda mal! Justamente este es un factor que afecta a todas esas personas que tambalean en su fe y constantemente dudan de su salvación, del amor y el perdón de Dios. Cuando no ponemos en práctica lo que escuchamos, quiere decir que no lo estamos viviendo. Así que te quiero retar a que no seas simplemente una oidora de la Palabra, sino también una hacedora.

> *Con esto David entendió que el Señor lo confirmaba como rey, y que por causa de su pueblo Israel había engrandecido su reino.*

2 SAMUEL 5:12

Cuando hablamos de los planes y los propósitos de Dios, tendemos a pensarlos desde nuestra perspectiva. Es decir, pensamos a la luz de los anhelos de nuestro corazón y todo aquello que creemos que nos hará felices. Tenemos una lista extensa de sueños que en sí no son malos, pero pocas veces nos ponemos a pensar qué rol juegan en el plan de redención de Dios para la humanidad.

A lo que me refiero es a que, en ocasiones, vemos historias como la de David, José el soñador, Ester y algunos otros personajes de la Biblia que de algún modo fueron exaltados en esta tierra y las interpretamos de manera personal, buscando ese éxito. Lo que a veces no notamos es cómo la vida de ellos, incluyendo lo bajo y lo alto, era parte del plan de Dios para la redención de la humanidad. Por ejemplo, en este pasaje dice que David entendió que su reinado no era para que él fuera grande o porque fuera el mejor y Dios le quisiera dar la mejor vida posible, sino que fue por causa de Israel, el pueblo elegido del cual vendría el Mesías.

Nuestra carne tiende a inclinarse a las cosas de la carne. Nos distraemos con regularidad y nos obsesionamos con nuestra vida terrenal, que terminamos olvidando que fuimos creadas para algo mucho más grande. Recordemos que, aunque Dios no nos necesitaba, quiso escogernos para usarnos como voceras de Sus buenas nuevas en esta tierra. No desperdicies tu vida buscando sueños meramente temporales, sino que recuerda que toda esta tierra y todo lo que existe fue creado por Dios con un propósito mayor y eterno.

Produzcan frutos dignos de arrepentimiento, y no crean que pueden decir: «Tenemos a Abrahán por padre», porque yo les digo que aun de estas piedras Dios puede levantar hijos a Abrahán.

MATEO 3:8-9

Estas palabras fueron dirigidas a judíos que pensaban que por ser descendientes de Abrahán ya tenían la salvación asegurada. Creían que por ser nacidos del pueblo escogido por Dios ya no tenían que hacer ni preocuparse por nada. Sin embargo, la salvación no se hereda ni está limitada a un grupo étnico específico. Quizá puedas ver este pasaje como algo muy ajeno a tu vida, pero lo cierto es que muchas veces pensamos así.

La realidad es que hay gente dentro de la iglesia hoy en día que no es salva. Me atrevería a decir que existen pastores y líderes que no son salvos. ¿Cómo puede ser? Recordemos que la salvación nos es dada por gracia, es decir, no hay nada en nosotras que lo merezca o lo pueda ganar, y se obtiene únicamente por fe, creyendo en lo que Jesús hizo. Esa fe genuina en el sacrificio de Jesús nos lleva a un arrepentimiento, a dar frutos que reflejan la salvación. Pero hay personas que creen que porque sus padres son cristianos, porque vienen de una familia de pastores, porque han crecido toda su vida en la iglesia o porque van los domingos y sirven ya son salvas, pero esto no funciona así.

Comparto esto contigo porque muchas veces vivimos nuestra fe de una manera tan superficial, sin entender que si no estamos dando fruto, si no hay evidencia de nuestra salvación, ¡algo anda mal! Te quiero retar a que no vivas tu fe según lo que hacen las personas a tu alrededor, sino que solo mires a Cristo. Si notas que estás viviendo de manera apática y superficial, ¡pídele ayuda a Dios! Él es quien hace la obra y quien nos capacita.

Porque si ustedes aman solamente a quienes los aman, ¿qué recompensa tendrán? ¿Acaso no hacen lo mismo los cobradores de impuestos? Y si ustedes saludan solamente a sus hermanos, ¿qué hacen de más? ¿Acaso no hacen lo mismo los paganos?

MATEO 5:46-47

La santidad de Dios es impresionante y mucho más alta de lo que podríamos comprender. Y esa santidad es la medida en la que quedamos cortas debido a nuestro pecado; por eso era necesario que Jesús viniera y viviera la vida que éramos incapaces de vivir. Él es ese Cordero sin mancha, el sacrificio perfecto. Esto nos ayuda a entender que Dios no nos mide a la luz de las otras personas, sino a la luz de Él mismo y de Su santidad.

Ahora que estamos en Cristo, tenemos paz de que hemos sido reconciliadas con Dios y que nos ve a la luz de la justicia, la santidad y el sacrificio de Cristo. Pero eso no significa que vivimos una vida perezosa, sino que comprendemos que ya el pecado no tiene dominio sobre nosotras y somos llamadas a vivir en obediencia a la luz de Cristo y Su Palabra. Como podemos ver en este pasaje, no se trata de hacer lo *bueno* a la luz del mundo, porque hay acciones que todos como seres humanos podemos hacer y que a nuestros ojos son *buenas,* pero *insuficientes* comparadas con la santidad de Dios. El estándar que tenemos es mucho más alto que lo que el mundo enseña.

En este caminar somos débiles en nuestra carne, pero Dios nos ha dejado a Su Espíritu para capacitarnos y ayudarnos en nuestra debilidad; no es algo que debamos hacer en nuestras fuerzas. No se trata de mantener nuestra salvación como si la fuéramos a perder según nuestra obediencia; ¡es por gracia! Nuestra forma de vivir debe ser el resultado y una evidencia de esa fe en Cristo.

Pero cuando David los vio hablar entre sí, se dio cuenta de que el niño ya había muerto, así que les preguntó: «¿Ya ha muerto el niño?». Aquellos le respondieron: «Sí, señor; ya ha muerto». Entonces David se levantó del suelo, y se bañó y se perfumó, y se puso ropa limpia; luego fue a la casa del Señor, y lo adoró. Después regresó a su casa y pidió de comer, y comió.

2 SAMUEL 12:19-20

Aunque David fue alguien admirable, grandemente usado por Dios y que tenía una fe increíble, fue un humano como nosotras que lidiaba con el pecado y necesitaba un Salvador. A pesar de todas las virtudes y victorias que conocemos de David, hubo un punto en su vida en el cual deseó la mujer de otro hombre, tuvo relaciones con esa mujer y mandó a matar al esposo para quedarse con ella. Aunque era el escogido por Dios, eso no lo eximió de ser confrontado por Dios por su pecado y sufrir consecuencias. La mujer con la que tuvo relaciones sexuales terminó embarazada, pero como consecuencia de su pecado, ese niño murió.

Ante esa situación, se podría creer que Dios es malo por terminar con la vida de un inocente, pensar que realmente no perdonó a David porque no perdonó la vida del niño, y muchas otras ideas y opiniones más. Sin embargo, en esta historia aprendemos la manera en la que David reaccionó al enterarse que su hijo había muerto, después de haber estado ayunando y rogándole a Dios que sobreviviera. El pasaje dice que se levantó, se alistó, y fue a adorar a Dios. ¡Impresionante!

En cada momento debemos reconocer que Dios siempre sigue siendo Dios, sigue siendo bueno y digno de toda nuestra alabanza. No permitas que tu corazón se vuelva demandante hacia Dios, sino que, en humildad, corre a Él a cada instante.

> *Decía: «¡Abba, Padre! Para ti, todo es posible.*
> *¡Aparta de mí esta copa! Pero que no sea lo*
> *que yo quiero, sino lo que quieres tú».*

MARCOS 14:36

¿Cómo podemos saber la voluntad de Dios? Estoy de acuerdo en que todo sería mucho más fácil si Dios nos hablara de forma audible, si escribiera en la pared con Su dedo o apareciera algo escrito en el cielo, pero no es así. Lo que sí tenemos es acceso a Él mediante la oración, Su Palabra y el Espíritu Santo, y eso es más que suficiente.

Voy a poner como ejemplo mi vida porque, como tú, he batallado con esto. Por mucho tiempo mi mentalidad estuvo atorada en que Dios cumpliera los anhelos de mi corazón. Siempre mi manera de orar era pedir lo que quería y añadir: «Pero que se haga tu voluntad», como si fueran palabras mágicas. Mi corazón no estaba dispuesto a aceptar la voluntad de Dios; yo quería lo que le pedía, pero pensaba que decir las palabras correctas haría que Dios me diera mis peticiones. ¡Claramente, estaba mal!

Veamos a Jesús como ejemplo. Aunque estaba orando una cosa, Su corazón genuinamente deseaba obedecer al Padre aun si esto significaba hacer algo opuesto a Su petición. Cuando oramos, debemos ir a Él en humildad, reconociendo que muchas veces la voluntad de Dios será distinta a nuestros planes.

Los apóstoles salieron del concilio felices de haber sido dignos de sufrir por causa del Nombre. Y todos los días, no dejaban de enseñar y de anunciar en el templo y por las casas las buenas noticias acerca de Cristo Jesús.

HECHOS 5:41-42

El tema del sufrimiento siempre será controversial, porque va en contra de lo que deseamos en nuestra carne. Soy la primera en levantar la mano y decir que me encanta la comodidad y no me gusta ningún tipo de sufrimiento, ni por más pequeño que sea. Lo cierto es que aun en eso, Dios me ha estado confrontando, porque el sufrimiento en manos de Dios también es de beneficio. Es mediante el sufrimiento que nuestra fe es probada, nuestro carácter forjado, y como lo dice aquí, hasta es un privilegio cuando se trata del reino.

Cuando dejamos que el miedo al sufrimiento rija nuestras vidas, corremos el riesgo de modificar el evangelio para evadir la persecución. Si ponemos atención, la mayoría de las iglesias ha dejado de hablar del infierno, del pecado, de la ira de Dios, del arrepentimiento y la obediencia. La iglesia se ha vuelto un tipo de club social donde te puedes quedar cómoda en tu pecado si te hace feliz, y vas a recibir un mensaje motivacional que te haga sentir empoderada.

Lo cierto es que predicar a Cristo crucificado y resucitado, y todo lo que implica la salvación, va a incomodar a las personas. Vivir y hablar del evangelio, de la Biblia y de la obediencia puede traer sufrimiento a tu vida, pero ¡qué privilegio! Es una señal de que estamos haciendo lo correcto. Cuando el mundo está de acuerdo con tu postura bíblica y aplaude tu manera de vivir, es hora de preguntarte si realmente estás viviendo para Cristo.

Amigos, ¿por qué hacen esto? Nosotros somos unos simples mortales, lo mismo que ustedes. Hemos venido a decirles que se vuelvan al Dios de la vida, al creador del cielo, la tierra y el mar, y de todo lo que hay en ellos, y que se aparten de todo esto, que para nada sirve.

HECHOS 14:15

Estas palabras son la respuesta de Pablo y Bernabé al ver la actitud de la gente en Listra, que comenzó a decir que ellos eran dioses. Este pasaje lo podemos ver desde dos perspectivas: podemos analizar cómo vemos a las personas y cómo nos debemos comportar ante ciertas situaciones.

Por un lado, podemos ver cómo el corazón humano tiende a irse a la idolatría. Aunque esas personas eran paganas y estaban acostumbradas a los dioses, lo cierto es que eso sigue sucediendo hoy dentro de ciertas iglesias y denominaciones. A simples humanos se los eleva a otro punto, venera y se les da una admiración extrema. No se trata de no admirar a otra persona, sino que a veces, dentro de las iglesias, las personas cambian su actitud con pastores y líderes y los tratan como si fueran superiores, en lugar de entender que eso es únicamente el reflejo del poder de Dios a través de ellos.

Por otro lado, cuando a Pablo y Bernabé los trataron de esta manera exagerada no se gloriaron, sino que reconocieron que ellos eran hombres tal como ellos y los instaron a convertirse de esas idolatrías.

Quizá lleguen momentos donde personas puedan admirar o aplaudir tu vida, y es ahí donde debes tener cuidado y humildad, porque la carne, que pervierte todo, puede llevarte a sentirte superior, en lugar de reconocer que todo es únicamente por la gracia de Dios.

Pero hay otros, que son como lo sembrado en buena tierra. Son los que oyen la palabra y la reciben, y rinden fruto; ¡dan treinta, sesenta y hasta cien semillas por cada semilla sembrada!

MARCOS 4:20

Te recomiendo leer este pasaje desde el versículo 3 para que puedas entenderlo en profundidad. Este es solo el final de una parábola que relató Jesús y que explicó a Sus discípulos. Nos habla sobre una semilla que la Biblia presenta como la Palabra de Dios. Hay personas que se sienten atoradas y sin crecimiento en su vida espiritual, y todo tiene que ver con esa semilla de la que vamos a hablar.

A lo largo de estos versículos se nos dan diversos resultados al momento de sembrar la semilla. Algunos la reciben; pero rápidamente viene Satanás y se la lleva. Hay otros que la reciben con gozo; pero no tienen raíz, entonces termina siendo algo temporal. Otros, aunque reciben la semilla, enfrentan preocupaciones, aflicciones y engaños del mundo, y la semilla termina siendo infructífera. Pero hay otros que son buena tierra y son aquellos que oyen, reciben y dan fruto.

Cuando llega la Palabra de Dios, no solamente debemos escuchar, sino realmente escudriñar la Palabra. Todos los días debemos alimentarnos espiritualmente. No es suficiente con sentarse en la iglesia los domingos, sin Biblia, cuaderno, sin el mínimo interés por entender y aprender, y después irse y olvidar lo recibido y no volver a abrir la Biblia en la semana. Debe ser algo que hagamos todos los días, porque entre más aprendas de la Palabra, a interactuar con ella y apliques lo que aprendes cada día, más crecerá esa raíz. Te quiero retar a que leas este pasaje, ores y te preguntes qué está pasando con tu semilla.

El escriba le dijo: «Bien, Maestro; hablas con la verdad cuando dices que Dios es uno, y que no hay otro Dios fuera de él, y que amarlo con todo el corazón, con todo el entendimiento y con todas las fuerzas, y amar al prójimo como a uno mismo, es más importante que todos los holocaustos y sacrificios».

MARCOS 12:32-33

Si llevamos este mensaje a la luz de las Escrituras, específicamente al Antiguo Testamento, aprendemos que antes de que Jesús viniera a esta tierra era necesario para el pueblo de Israel hacer sacrificios y que hubiera derramamiento de sangre para el perdón de pecados. Dios había establecido esa necesidad de sacrificios y holocaustos que eran agradables a Él para pagar por ese pecado. Esto se repetía una y otra vez porque la gente continuaba pecando, y esos sacrificios eran insuficientes para pagar la deuda permanentemente.

El sacrificio de Cristo fue el último sacrificio. El Señor derramó Su sangre por nuestros pecados, pero a diferencia de los sacrificios pasados, este fue suficiente para siempre. Nosotras ya no tenemos que derramar sangre ni hacer algo para obtener ese perdón. Entonces, debido a esa gracia, misericordia y redención, nosotras no queremos vivir como antes, porque entendemos el peso del pecado y buscamos vivir de una manera distinta. Sin embargo, a veces luchamos al ver nuestra insuficiencia, todo lo que no merecemos, pero perdemos el enfoque de la manera en la que realmente deberíamos vivir.

Este pasaje está hablando de aquello en lo que nos debemos enfocar. Primeramente, tenemos que reconocer que solo hay un Dios, amarlo con todo el corazón, entendimiento, alma y fuerza, y amar al prójimo como a nosotras mismas. ¡Eso vale más que cualquier otra cosa que podríamos dar! Muchas veces nos encerramos tanto en lo que *creemos* que le va a agradar a Dios, que hacemos a un lado lo que ya nos ha dicho que le es agradable. ¡No busques agradar a Dios a tu manera!

«Por tanto, vayan y hagan discípulos en todas las naciones, y bautícenlos en el nombre del Padre, y del Hijo, y del Espíritu Santo. Enséñenles a cumplir todas las cosas que les he mandado. Y yo estaré con ustedes todos los días, hasta el fin del mundo». Amén.

MATEO 28:19-20

El mundo está buscando un propósito, y como cristianas no somos la excepción. Con tanta regularidad escuchamos sobre la voluntad, los propósitos y los planes de Dios que resulta inevitable querer saber cuál es nuestro propósito. Lo cierto es que necesitamos descubrir este propósito a la luz de la Biblia y no del mundo.

Desde pequeñas comenzamos a soñar, vamos desarrollando gustos, intereses y talentos, y tratamos de buscar nuestro propósito por ahí. Claro que Dios nos ha dado dones y talentos, todo lo que tenemos proviene de Él; pero el propósito no se encuentra en ellos sino que son un instrumento para ese plan que Dios tiene para nuestras vidas. Teniendo eso en mente, podemos ir a la Biblia y aprender que fuimos creadas para la gloria de Dios, para conocerlo y darlo a conocer. Este pasaje es conocido como la Gran Comisión, porque nos dice exactamente lo que debemos hacer.

Como podemos ver, no se trata de un trabajo o carrera específicos, sino que en donde sea que estemos debemos llevar las buenas nuevas de Jesús y hacer discípulos. Me gustaría retarte a que analices en dónde estás buscando tu propósito. Si lo buscas en el mundo o en la Palabra de Dios eso hará una gran diferencia en tu manera de encontrarlo. No se trata de construir tu propio destino, sino de permitir que tu Creador y Salvador te lo revele.

Cuando Felipe se acercó y lo oyó leer al profeta Isaías, le preguntó: «¿Entiendes lo que lees?» El etíope le respondió: «¿Y cómo voy a entender, si nadie me enseña?» Y le rogó a Felipe que subiera al carro y se sentara con él... Entonces Felipe le empezó a explicar a partir de la escritura que leía, y le habló también de las buenas noticias de Jesús.

HECHOS 8:30-31, 35

Ayer hablamos de la Gran Comisión, ese gran llamado que tenemos de llevar las buenas nuevas de Jesús. Quizás podamos pensar que ya hay muchas iglesias y pastores, y por eso creemos que debemos hacer otra cosa. Pero lo cierto es que, lo creamos o no, aún hay lugares en esta tierra a los cuales no ha llegado el evangelio, al igual que hay personas a nuestro alrededor que tampoco lo han escuchado. Es diferente que escuchen que existe un Dios, a que escuchen el plan de salvación mediante el sacrificio de Cristo.

Me encantan estos versículos porque revelan justamente eso. Hay un hombre que está leyendo las Escrituras pero no las puede comprender porque no conoce el evangelio. Entonces, podemos ver que, aunque tenía acceso a las Escrituras, no tenía un entendimiento, y su respuesta es sorprendente: «¿Y cómo voy a entender, si nadie me enseña?». Ahí Felipe tuvo la oportunidad de explicarle la buena noticia de Jesús a la luz de lo que el hombre leía.

No menospreciemos el trabajo de compartir las buenas nuevas de Cristo. Como bien dijo Pablo: «¿Y cómo predicarán si no son enviados? Como está escrito: "¡Cuán hermosa es la llegada de los que anuncian la paz, de los que anuncian buenas nuevas!"» (Rom. 10:15). Tienes el privilegio de conocer el plan de redención de Dios para la humanidad. ¡No te quedes callada!

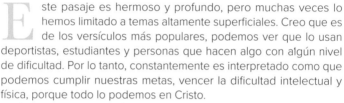

¡Todo lo puedo en Cristo que me fortalece!

FILIPENSES 4:13

Este pasaje es hermoso y profundo, pero muchas veces lo hemos limitado a temas altamente superficiales. Creo que es de los versículos más populares, podemos ver que lo usan deportistas, estudiantes y personas que hacen algo con algún nivel de dificultad. Por lo tanto, constantemente es interpretado como que podemos cumplir nuestras metas, vencer la dificultad intelectual y física, porque todo lo podemos en Cristo.

Aunque no tiene nada de malo someter todo lo que hacemos a Cristo, porque así debería ser, este pasaje va más allá. Esto fue lo que dijo Pablo después de exponer cómo había aprendido a contentarse en abundancia y necesidad, cómo había pasado por hambre y saciedad, había aprendido a estar en lo más alto y lo más bajo, porque todo lo podía en Cristo que lo fortalecía. Pablo estaba viviendo una vida totalmente entregada a la obra de Cristo y su vida no era fácil, pero en medio de todo sabía quién lo sostenía. Por lo tanto, podemos ver que este pasaje no es un canto para recibir victoria sobre nuestros sueños y anhelos, sino una fe y una confianza profundas de saber que podemos pasar por el valle más sombrío y atravesarlo porque Cristo nos fortalece.

Te quiero retar a que dejes de evitar la dificultad en tu vida y aprendas a descansar en Cristo, sabiendo que Él te fortalece en cada instante. Hay algo impresionante en poder tener seguridad de que Dios está presente siempre, sin importar en dónde te encuentres. Esa es la clase de fe que revela el conocimiento del carácter de Dios y que te lleva a vivir una vida de contentamiento, aun en las peores situaciones. ¡Reconoce quién es tu Dios!

Señor, tú me has examinado y me conoces; tú sabes cuando me siento o me levanto; ¡desde lejos sabes todo lo que pienso! Me vigilas cuando camino y cuando descanso; ¡estás enterado de todo lo que hago! Todavía no tengo las palabras en la lengua, ¡y tú, Señor, ya sabes lo que estoy por decir!

SALMO 139:1-4

No sé si recuerdas lo que sucedió en el Edén después de que Adán y Eva pecaron. En su vergüenza, tuvieron miedo y se escondieron de Dios, y Él le preguntó a Adán: «¿Dónde estás?». Esa pregunta era retórica, porque Dios ya sabía lo que habían hecho y que se estaban escondiendo. Quise utilizar este ejemplo porque en muchas ocasiones actuamos de esa manera. Nos sentimos insuficientes, sentimos que batallamos mucho, que no somos merecedoras de Dios y buscamos escondernos.

Debo admitir que, por un tiempo, así era mi vida. No lograba mantener una relación constante con Dios porque la vergüenza me frenaba, ya sea porque estaba batallando con un pecado o porque se me hacía ilógico acudir a Dios con mis emociones y problemas que se veían tan insignificantes ante Él. Pero llegó un punto en el que entendí pasajes como estos y me di cuenta de que Dios sabe todo de mí, no hay nada que yo pudiera esconder de Él y aun así Su amor y Su gracia permanecían por la obra de Cristo en mi vida.

¡No dejes que las mentiras y los miedos te impidan experimentar ese amor impresionante de Dios! Él ya ha dicho que no hay nada que te pueda separar de Su amor. No hay nada que te deba detener de correr a Él porque ya fuiste reconciliada para siempre. No se trata de qué tan bien te puedes portar, sino de la impresionante gracia y misericordia que Él ya ha extendido sobre tu vida. ¡Puedes acercarte confiadamente a Él!

Entonces Dios el Señor hizo que Adán cayera en un sueño profundo y, mientras éste dormía, le sacó una de sus costillas, y luego cerró esa parte de su cuerpo. Con la costilla que sacó del hombre, Dios el Señor hizo una mujer, y se la llevó al hombre. Entonces Adán dijo: «Ésta es ahora carne de mi carne y hueso de mis huesos; será llamada "mujer", porque fue sacada del hombre». Por eso el hombre dejará a su padre y a su madre, y se unirá a su mujer, y serán un solo ser.

GÉNESIS 2:21-24

No está de más reafirmar que, como cristianas, debemos buscar someternos a lo que dice la Biblia. Si no reconocemos que la Biblia es la Palabra de Dios, poco a poco comenzamos a crear nuestra propia religión. Muchas iglesias el día de hoy se han inclinado ante la cultura, han abrazado el progreso de la sociedad y han buscado modificar y adaptar lo que la Biblia dice para no confrontar el pecado de nadie.

Sin embargo, al creer en Dios, el Creador del universo, debemos saber que Él es quien revela lo que ha creado y para qué. Ante diversas discusiones con el tema de la sexualidad, debemos entender que Dios desde un comienzo fue específico con Su creación y eso va más allá del progreso de la sociedad. En estos pasajes, claramente podemos ver que Dios creó hombre y mujer y dio la definición; no fueron ellos los que escogieron. Estableció la unión entre un hombre y una mujer para formar un matrimonio y una familia. ¡Esa es la verdad!

Te quiero desafiar a que, ante tantos movimientos, no te dejes llevar por la corriente. Prioriza en tu vida el conocer lo que Dios ha establecido y hacerlo tu verdad. No hay nada más triste que ver a alguien llamarse cristiana e inclinarse ante las ideologías de este mundo. ¡Seamos cristianas radicales!

> *La tierra estaba desordenada y vacía, las tinieblas cubrían la faz del abismo, y el espíritu de Dios se movía sobre la superficie de las aguas.*
>
> GÉNESIS 1:2

Hace un tiempo, en la iglesia hablaban de este pasaje y el pastor mencionó algo que voló mi cabeza. Dijo que las tinieblas siempre han sido una herramienta en las manos del Creador. Esto se refiere a cómo siempre la oscuridad termina siendo la oportunidad de que Dios brille con Su luz, al igual que nos llama la luz del mundo para alumbrar a los demás. De la misma manera, podemos ver que las pruebas y los momentos difíciles que parecen ser de oscuridad, son el momento donde vemos la mano y el poder de Dios con mayor intensidad.

Aunque suene raro, me gusta hablar sobre la dificultad y el pecado, porque me he dado cuenta de que, cuanto más soy consciente de mi incapacidad, menos dejo de intentar poder sola y más aprendo a descansar en Dios. Solo piensa en cómo a veces, ante ansiedades, miedos, dificultades, malas noticias, pérdidas y necesidad perdemos la esperanza, nos sentimos abrumadas y sentimos la necesidad de poder con todo y solucionarlo. Pero qué diferencia es si pasamos por esas mismas situaciones pero llenas de paz y contentamiento, sabiendo que Dios nos sostiene en la oscuridad para poder atravesarla junto a Él. Imagínate pasar por lo inimaginable con paz, sabiendo que un Dios bueno y soberano es quien sostiene tu vida.

Es tiempo de romper nuestros patrones de pensamiento y aferrarnos a quién es nuestro Dios. Así como el Espíritu de Dios se movía cuando las tinieblas cubrían la faz del abismo, también nos cubre y acompaña siempre. Que en tu vida sea una prioridad conocer a Dios y aprender a depender de Él en medio de la oscuridad.

Entonces el Señor le dijo a Caín: «¿Por qué estás enojado? ¿Por qué ha decaído tu semblante? Si haces lo bueno, ¿acaso no serás enaltecido? Pero, si no lo haces, el pecado está listo para dominarte. Sin embargo, su deseo lo llevará a ti, y tú lo dominarás».

GÉNESIS 4:6-7

Vuelve a leer estos versículos y pon especial atención a lo que dicen con respecto al pecado. Afirman que el pecado está listo para dominar, sin embargo, nosotros debemos dominar al pecado. Por verdades como estas no podemos ir por la vida ignorando la realidad de la tentación que enfrentamos todos los días. Si ignoramos que tenemos una lucha con el pecado, viviremos dominadas por él.

Recordemos que mediante Jesús somos libres del pecado. Esto no significa que todas nuestras acciones y actitudes pecaminosas desaparezcan o que ya nunca más enfrentemos tentaciones. Lo que sí significa es que el pecado ya no tiene dominio sobre nosotras. Antes vivíamos en esclavitud del pecado, en nuestra carne no teníamos la libertad de hacer lo recto ante los ojos de Dios y nuestras acciones eran totalmente pecaminosas debido a ese dominio. Pero en Cristo, ese dominio ya no está, entonces ahora, mediante Su Espíritu, nos capacita para dominar al pecado y vivir en rectitud.

Si ponemos atención, podemos ver que esta lucha no es pasiva, sino que requiere acción de nuestra parte todos los días para resistir. Esto va a requerir estar atentas a nuestra manera de vivir y listas para correr a Dios con nuestras debilidades. No niegues tu pecado ni te conformes con él, sino que esfuérzate por agradar a Cristo y recuerda que no es en tus fuerzas, sino mediante Su Espíritu. Vive cada día intencionalmente, busca obedecer y glorificar a Dios. ¡No dejes que el pecado te domine cuando se te ha librado de él!

Te encargo delante de Dios y del Señor Jesucristo,
quien juzgará a los vivos y a los muertos en su
manifestación y en su reino, que prediques la palabra;
que instes a tiempo y fuera de tiempo; redarguye,
reprende, exhorta con toda paciencia y doctrina.

2 TIMOTEO 4:1-2

Algo que he notado cada vez con más regularidad es que las personas quieren minimizar la importancia de la doctrina con tal de que haya «unidad». Es decir, se permite usar de manera equivocada las Escrituras, aun si esto pone en riesgo lo que es verdad. Como creyentes que tenemos acceso y conocimiento de Dios, también tenemos la responsabilidad de aplicar e interpretar las Escrituras correctamente.

Estas son las palabras que Pablo le dijo a Timoteo y lo que le encargó. Vemos que la tarea es predicar la Palabra, y esto no a la ligera, sino de manera responsable, lo cual incluye redargüir, reprender y exhortar con paciencia y doctrina. Lo cierto es que, como la Biblia es extensa y compleja, si no la estudiamos y somos responsables, es muy fácil darle mil interpretaciones y sacar pasajes fuera de contexto. Por eso es importante la doctrina y que sea sana.

Hay mucho caos dentro de la Iglesia y de la vida de los creyentes por falta de conocimiento de la Palabra. No seas perezosa cuando se trata de estudiar la Palabra de Dios. Aunque tenemos pastores, líderes y personas a nuestro alrededor que nos enseñan, también nosotras tenemos acceso a la Palabra y la responsabilidad de escudriñar todo lo que se nos enseña. No te acomodes y quieras dejar esa tarea a los demás, tampoco tengas miedo de estar equivocada, ¡así es como aprendemos! No caigas en la mentalidad de que la doctrina no importa, porque la Biblia claramente nos habla de falsas doctrinas, falsos evangelios y falsos maestros, pero no podremos reconocer esto si no conocemos lo que sí dice la Biblia.

*Regocíjense en el Señor siempre. Y otra vez les digo,
¡regocíjense! Que la gentileza de ustedes sea conocida de
todos los hombres. El Señor está cerca. No se preocupen
por nada. Que sus peticiones sean conocidas delante de
Dios en toda oración y ruego, con acción de gracias, y
que la paz de Dios, que sobrepasa todo entendimiento,
guarde sus corazones y sus pensamientos en Cristo Jesús.*

FILIPENSES 4:4-7

Decimos creer en el Dios viviente, Creador del universo, Todopoderoso, pero a veces vivimos como si no tuviéramos
esperanza alguna. Pongamos atención a cómo este pasaje
dice que estemos gozosas siempre, que nuestra gentileza sea conocida delante de todos y que vivamos sin preocupaciones. En muchas
ocasiones he oído a personas decir que todos los cristianos siempre
están sufriendo o viviendo en forma mediocre, y no explícitamente
en cuanto al dinero. Pero más allá de la opinión de otras personas,
dentro del grupo de creyentes podemos llegar a ver tanta hipocresía
y crítica. Solo hace falta meterse a cuentas de cristianos en las redes
sociales y leer la sección de comentarios.

Lo cierto es que no somos responsables del comportamiento de
otras personas, pero sí del nuestro. Se nos llama a ser más como
Cristo, y lo hacemos al obedecer lo que se nos dice en Su Palabra.
Pon atención a que no solo se nos dan mandatos, sino que van acom-
pañados de instrucciones prácticas para poder ejecutar lo que se nos
ha mandado. Por ejemplo, vemos cómo no solo dice que no nos preocupemos, sino también que llevemos nuestras inquietudes en oración,
ruego y acción de gracias, y entonces la paz de Dios nos guardará.

¡Imagínate vivir cada día con gozo, con gentileza y sin preocupaciones! Así es como Dios quiere que vivamos, no siendo arrastradas
por nuestro pecado y emociones. Cada día busca alinearte con las
Escrituras y vivir en obediencia. Descubre una manera distinta de vivir
al someterte a Cristo y Su verdad.

> *Por lo demás, hermanos, piensen en todo lo que es verdadero, en todo lo honesto, en todo lo justo, en todo lo puro, en todo lo amable, en todo lo que es digno de alabanza; si hay en ello alguna virtud, si hay algo que admirar, piensen en ello. Lo que ustedes aprendieron y recibieron de mí; lo que de mí vieron y oyeron, pónganlo por obra, y el Dios de paz estará con ustedes.*

FILIPENSES 4:8-9

Lo que pensamos es sumamente importante. Esto no lo digo por los movimientos de nuestra sociedad que hablan de la ley de la atracción o de manifestar lo que quieres, e ideas por el estilo. Lo digo porque la Palabra de Dios nos ha dado instrucciones de lo que debe ocupar nuestras mentes. A veces se nos olvida que todo nuestro ser es para la gloria de Dios y eso involucra nuestros pensamientos.

Me he encontrado en momentos donde parece que no puedo callar mi cerebro y solo estoy pensando en cosas pasadas o futuras y termino ansiosa, preocupada o hasta enojada. En esos momentos comienzo a preguntarme si en lo que estoy pensando es verdad. La mayoría de las veces, la respuesta es no; entonces debo someter mis pensamientos a la obediencia a Cristo y recordar que lo que dice este versículo es en lo que debo pensar.

Aunque entiendo que hay temas de salud mental que abarcan un aspecto clínico, muchas veces nuestras ansiedades e inseguridades vienen de estar pensando en temas que están fuera de nuestro control o no son ciertos. Quiero retarte a que cada vez que notes que tu mente está dispersa, comiences a analizar si lo que estás pensando se alinea con lo que Dios dice que debes pensar. Si la respuesta es *no,* ve en oración a Dios, entrégale tus preocupaciones y pídele ayuda para glorificarlo con tus pensamientos.

L a vida se va a poner cada vez más complicada para los creyentes. El mundo se irá poniendo mucho más liberal y retará y empujará nuestras creencias, y llegará el punto en el que ya no nos dejen hablar libre y abiertamente de nuestra fe, o incluso reunirnos. No importa qué nivel de persecución lleguemos a enfrentar a causa de nuestra fe, debemos mantenernos firmes. Esto es mucho más fácil decirlo que vivirlo, pero respecto a ese tema, podemos aprender en la Biblia.

La primera vez que leí este versículo quedé impresionada, porque claramente los discípulos estaban enfrentando amenazas mientras hacían la obra de Dios, pero no pidieron ser libres de ellas, que dejaran de suceder o que la vida se pusiera más fácil, sino que pidieron la valentía para seguir hablando sin ningún temor, ¿no es eso impresionante? Me llama la atención porque creo que la reacción natural sería que se quitara cualquier tipo de amenaza, pero ellos entendían que era algo necesario y que no iba a parar; por lo tanto, pidieron lo que necesitaban para poder seguir predicando.

No sé en qué momento o a qué nivel llegaremos a enfrentar persecución; sin embargo, muchas veces incluso por la crítica y el rechazo nos asustamos y no hablamos. Te quiero retar a que tengas una mentalidad de guerrera y que, en lugar de pedirle a Dios que haga tu vida más fácil, le pidas que te dé valentía para proclamar Su Palabra sin ningún temor. Nuevamente, en eso podemos ver cómo Él nos capacita para lo que nos ha llamado y que no nos deja solas ante la adversidad.

Dios es constante, ÉI NO CAMBIA; se mantiene FIEL A QUIÉN DICE ser y CUMPLE SU PALABRA.

Este mandamiento que hoy te ordeno cumplir no es demasiado difícil para ti, ni se halla lejos. No está en el cielo, como para que digas: «¿Quién subirá por nosotros al cielo, y nos lo traerá, para que lo escuchemos y lo cumplamos?». Tampoco está al otro lado del mar, como para que digas: «¿Quién cruzará el mar por nosotros, y nos lo traerá, para que lo escuchemos y lo cumplamos?». A decir verdad, la palabra está muy cerca de ti: está en tu boca y en tu corazón, para que la cumplas.

DEUTERONOMIO 30:11-14

Estas palabras son un tanto desafiantes, ¿no lo crees? A veces tenemos muchas excusas sobre por qué no tenemos una relación con Dios, por qué vivimos de cierta manera o por qué no vivimos en total obediencia. Esas excusas con regularidad nacen de no saber lo que está bien o mal, qué pide Dios de nosotras o cómo debemos vivir. Pero es tiempo de desenmascarar estas cosas, porque no son verdad.

Mientras leía este pasaje no pude dejar de pensar cuán cierto es lo que dice ahí. Tenemos acceso a la Palabra de Dios *para que la cumplamos.* Hay países en los cuales el cristianismo es ilegal, las personas se tienen que reunir en lugares secretos y no tienen acceso a Biblias. Nosotras tenemos el privilegio de poder tener cuantas Biblias queramos, en diversas versiones e idiomas, tenemos acceso a la iglesia y miles de recursos para estudiar en más profundidad. ¡Somos privilegiadas al tener tal libertad!

Reconozcamos el gran regalo de tener ese acceso a la verdad y aprovechémoslo. No dejes que tu Biblia se empolve de lunes a sábado, sino que haz uso de ella para que cumplas con todo lo que Dios ya ha hablado. ¡No tenemos excusas ante esta realidad!

Tenemos un Dios grande, fiel y misericordioso. Sin embargo, muchas veces nuestras limitaciones humanas y nuestra carne nos llevan a dudar de Su fidelidad debido a lo que experimentamos en este mundo caído. Por eso es tan importante conocer cada vez más el carácter de Dios, porque eso es lo que nos ayuda a confiar en Él ciegamente en esos momentos de incertidumbre.

Este versículo es parte de una historia extensa del pueblo de Israel. Por mucho tiempo su provisión diaria de comida caía del cielo. Fue una provisión sobrenatural que no fue únicamente en una ocasión, sino que fue un período de tiempo en el cual debían confiar en que Dios continuaría enviando maná día a día hasta llegar a la tierra de Canaán. Una vez en esa tierra de la cual podían obtener provisión para alimentarse, el maná dejó de caer. Vemos cómo Dios sostuvo a Su pueblo a cada paso, Su fidelidad nunca falló, aun cuando ellos constantemente fallaban.

En pasajes como estos vemos el carácter de Dios y cómo Su fidelidad descansa en Él y no en nosotras. Si te cuesta confiar en Dios y tienes dudas de Su fidelidad, probablemente es porque conoces muy poco de quién es Él, pero lo maravilloso es que nos ha dejado Su Palabra y tenemos acceso a ella. Que la Biblia sea tu pan diario, porque cuanto más conozcas de Dios, más vas a confiar en Él.

Y ésta es la promesa que él nos hizo, la vida eterna.

1 JUAN 2:25

E l tema de las promesas es uno que no debemos dejar para después. Lo cierto es que por alguna razón muchos creyentes tienen ciertas «promesas» que aseguran que vienen de parte de Dios, porque así lo sienten o piensan. Esto ocasiona que se aferren a esas supuestas promesas, y terminan mal por dos razones. Por un lado, se pierden de planes que Dios tiene por aferrarse a sus propios anhelos y, por otro, si no se cumplen, culpan a Dios por no darles lo prometido.

Si ponemos atención a las Escrituras, vemos que las promesas de Dios ya están escritas, están ahí y son reales. Esas promesas no son un esposo, una carrera, una oportunidad de trabajo, viajes o prosperidad económica. Aun si estas llegan a tu vida y por Su gracia Dios te las da, esas no son Sus promesas. Las promesas que tenemos de parte de Dios tienen que ver con Su cuidado de nosotras, con cómo se relaciona con nosotras y con la gran promesa de vida eterna. ¡Esa es la mayor promesa que tenemos! Si entendemos eso, podemos navegar por esta vida con la mira en la eternidad, sabiendo que tenemos esa promesa a la cual aferrarnos.

Te quiero retar a que no llames promesas a los anhelos de tu corazón. Recuerda que sí hay promesas de Dios para tu vida, pero estas se encuentran únicamente en las Escrituras. Entender la diferencia entre promesa y sueños es súper importante para no vivir frustradas y aferradas a ideas que Dios nunca prometió. Descubre las verdaderas y eternas promesas que Dios ya ha hablado mediante Su Palabra. Esas promesas son la mayor verdad en la que puedes confiar, aun cuando el mundo parezca ser un caos.

Por lo tanto, hagan morir en ustedes todo lo que sea terrenal: inmoralidad sexual, impureza, pasiones desordenadas, malos deseos y avaricia. Eso es idolatría. Por cosas como éstas les sobreviene la ira de Dios a los desobedientes. También ustedes practicaron estas cosas en otro tiempo, cuando vivían en ellas. Pero ahora deben abandonar también la ira, el enojo, la malicia, la blasfemia y las conversaciones obscenas.

COLOSENSES 3:5-8

Aunque no tendemos a escuchar mucho sobre la ira de Dios, es totalmente real. Como Dios es santo, no puede estar entre el pecado. De hecho, si vamos al Antiguo Testamento, podemos ver la ira de Dios hacia un pueblo desobediente. Aprendemos sobre Su santidad, lo que espera de Su pueblo y la ira hacia el pecado. También aprendemos de Su gracia y misericordia que excedían la maldad y el pecado de Su pueblo. Pero eso no borra la ira que existe hacia el pecado.

En este pasaje vemos que la ira de Dios sobreviene a los desobedientes. ¡Por eso era necesario que Jesús tomara nuestro lugar! Debido a nuestra condición pecaminosa, la ira de Dios apuntaba a nuestras vidas, pero Jesús tomó nuestro lugar y pagó lo que nos correspondía. Este pasaje da una lista de algunas acciones pecaminosas a las cuales nos llama a morir. Claramente nos dice que en algún punto nosotras también practicábamos ese pecado, porque vivíamos en nuestra iniquidad, pero ahora debemos abandonar eso y morir al pecado.

Recuerda que fuiste crucificada juntamente con Cristo y ya no puedes vivir en tu vieja naturaleza. Se te ha dado una nueva vida para vivirla de manera diferente. Estabas muerta en pecado y se te ha dado vida eterna. Entonces, ¿por qué regresar a aquello que te condenaba a la muerte? Cada día recuerda lo que Cristo hizo por ti en aquella cruz y mantente firme.

En nuestra humanidad, es fácil que seamos engañadas. Tenemos demasiadas emociones, pensamientos, sueños, inseguridades, influencias y toda una sociedad que nos dice lo que debemos hacer, y de manera natural, lo seguimos. Desde pequeñas vamos creciendo con ciertas ideas y opiniones de lo que tiene valor y lo que vale la pena. Pero lo cierto es que todo está basado en lo vano, superficial y temporal. Sin embargo, como hemos crecido de esa manera, nos cuesta ver la vida desde una perspectiva diferente.

En este mundo, hay cosas a las cuales les hemos dado valor, como el oro, los diamantes, el dinero, los autos, las casas, las marcas, la ropa, los viajes, y la lista continúa. Muchas personas invierten todo su tiempo y esfuerzo para lograr obtener eso a lo que le asignan valor. Pero nosotras, como hijas de Dios, debemos tener la mira en las cosas del cielo, debemos comprender que aunque todo eso tiene valor en esta tierra, no tiene ningún valor o impacto en la eternidad. Lo asombroso de este pasaje es que hace una pregunta que nos ayuda a ver el riesgo de vivir para esta tierra. ¿De qué le serviría a una persona ganar todas las riquezas, fama, influencia y la mejor vida en esta tierra, si al final le espera una condenación eterna en el infierno?

Nuestro corazón será tentado con regularidad a querer vivir para los placeres de esta tierra. Incluso habrá momentos donde nos afanaremos por lograr y alcanzar todo lo que tiene valor en esta tierra, pero es ahí donde debemos recordar la verdad. Ya no valoramos lo que valora el mundo, ya no vivimos como vive el mundo, porque tenemos la verdad del evangelio y sabemos que no hay nada más valioso que nuestra salvación. ¡No te deslumbres por lo que brilla temporalmente!

Luego Jesús fue llevado por el Espíritu al desierto, para ser tentado por el diablo. Después de haber ayunado cuarenta días y cuarenta noches, tuvo hambre. El tentador se le acercó, y le dijo: «Si eres Hijo de Dios, di que estas piedras se conviertan en pan». Jesús respondió: «Escrito está: No sólo de pan vive el hombre, sino de toda palabra que sale de la boca de Dios».

MATEO 4:1-4

La narración de las tentaciones de Jesús nos revela varios puntos que vale la pena analizar para aprender a lidiar con la tentación. Como hemos hablado anteriormente, tenemos una lucha presente en nuestras vidas. La diferencia es que antes de Cristo vivíamos en derrota y arrastradas por el pecado, y ahora, mediante Su Espíritu, podemos resistir, y a la luz de este pasaje lo podemos aprender.

Primero es importante notar cómo el enemigo no tentó a Jesús con miedo o con mentiras abiertas. A veces pensamos que el enemigo y la tentación vienen de una manera evidente, pero lo cierto es que vienen de manera sutil. Tanto en el jardín del Edén como en esta ocasión, podemos ver cómo el diablo desafía la Palabra de Dios y la manipula a su conveniencia, es decir, que muchas veces puede usar hasta la misma Palabra de Dios para tentar. No esperes que venga a tu vida con cuernos y cola; debes estar alerta para reconocer los ataques.

La gran diferencia entre la tentación en el Edén y la de Jesús es que Adán y Eva se dejaron confundir y no se mantuvieron firmes en lo que Dios había hablado. Por otro lado, Jesús conocía la Palabra de Dios y con ella misma peleó contra los ataques del enemigo. Es crucial que conozcas la Palabra de Dios porque esa siempre será tu arma para combatir las tentaciones y resistir al enemigo.

¡Qué hermosa seguridad y esperanza tenemos en el sacrificio de Jesús! Su sacrificio es profundo y poderoso, pero en ocasiones dejamos de aprender y asombrarnos. Tantas veces nos conformamos con pensar que ya no nos iremos al infierno y hasta ahí lo dejamos. Aunque es cierto que Cristo nos rescata de esa condenación eterna en el infierno, hay mucho más detrás de eso que es importante aprender y entender.

Una vez que creemos que Jesús es el Hijo de Dios que murió y resucitó, ahí sucede el acto más impresionante de reconciliación con Dios. Somos adoptadas en Su familia, somos injertadas en Su pueblo, Él se vuelve nuestro Dios, Rey y Salvador. Desde ese momento hasta la eternidad seguirá reinando sobre nuestras vidas. Aunque Dios siempre está reinando y sentado en Su trono, recordemos que no todas las personas serán salvas, no todas enfrentaremos el mismo juicio ni tenemos el mismo acceso aun estando en esta tierra. Saber nuestra situación delante de Dios es lo que nos debe dar paz para vivir y para morir, porque sabemos lo que tenemos hoy pero también lo que nos espera por la eternidad.

En este mundo hay mucha incertidumbre, todo está en constante movimiento y cambia, porque no tenemos control de nada y nos es imposible saber el resultado de nuestras acciones o el porvenir. Pero en Cristo hay ciertas verdades de las cuales podemos tener total seguridad que sucederán, sin importar cómo se desenvuelve nuestra historia en esta tierra. Así que día a día recuerda quién es tu Dios y Salvador. No vivas en la desesperanza de esta tierra, sino en la esperanza del sacrificio de Jesús.

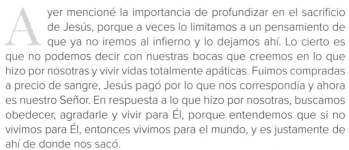

El corazón del hombre pondera su camino,
pero el Señor le corrige el rumbo.

PROVERBIOS 16:9

Ayer mencioné la importancia de profundizar en el sacrificio de Jesús, porque a veces lo limitamos a un pensamiento de que ya no iremos al infierno y lo dejamos ahí. Lo cierto es que no podemos decir con nuestras bocas que creemos en lo que hizo por nosotras y vivir vidas totalmente apáticas. Fuimos compradas a precio de sangre, Jesús pagó por lo que nos correspondía y ahora es nuestro Señor. En respuesta a lo que hizo por nosotras, buscamos obedecer, agradarle y vivir para Él, porque entendemos que si no vivimos para Él, entonces vivimos para el mundo, y es justamente de ahí de donde nos sacó.

Esto es de suma relevancia para nuestras vidas, porque afecta cómo vivimos y planeamos nuestro futuro. Tantas veces nos enfocamos en nuestros planes y lo que anhelamos en esta tierra que dejamos a Dios totalmente a un lado, y cuando pensamos en Él es solo para pedirle que cumpla esos sueños. En esos momentos no reconocemos que Él es Dios, nuestro Dios, quien nos ha rescatado, dado esperanza, una vida nueva, un propósito y un ministerio en esta tierra.

Es crucial que día a día sometamos nuestros anhelos en humildad delante de Dios, porque solo Él es soberano y omnisciente. Su voluntad es la que se cumple, no la nuestra, sin importar cuántos planes y proyectos podamos tener. Nosotras nos podemos equivocar y planear pensando solo en esta tierra, cuando ni siquiera sabemos cuántos días de vida tenemos, pero actuamos en nuestra carne permitiendo que el *yo* reine en lugar de Cristo. Te quiero retar a que reconozcas que Dios es Dios, y que sea Él quien corrija tu rumbo y te alinee a Su voluntad.

Pues todos ustedes son hijos de Dios por la fe en Cristo Jesús. Porque todos ustedes, los que han sido bautizados en Cristo, están revestidos de Cristo.

GÁLATAS 3:26-27

Entender nuestra identidad en Cristo es de suma importancia para nuestras vidas. Tantas veces queremos encontrar o formar nuestra identidad a la luz de esta tierra, pero nada de eso llena realmente, sino que nos deja vacías y sin esperanza. Buscar identidad a la luz de este mundo nos deja encadenadas a la aprobación de la sociedad, porque implica vivir de una manera aceptada por otros, cumplir con los estereotipos y comportarse según lo que establecen.

Cada vez que llegaba a un punto donde lidiaba con la ansiedad social, me daba cuenta de que venía de un miedo al rechazo y a la burla. Por eso me daba ansiedad lidiar con personas y salir de mi casa, porque en mi mente luchaba con todas las inseguridades que me perseguían. Pero llegué a un punto donde entendí que no podía depender de mi autoestima o de la seguridad en mí misma para encontrar paz y tranquilidad. El mundo constantemente está cambiando y no podía depender de eso. Todo cambió cuando me empecé a aferrar a la verdad de que soy hija de Dios, ¡esa es mi identidad! Nadie me puede quitar ese privilegio y no es afectado por mi peso, por cómo me veo o por lo que piensen las personas de mí.

Si las inseguridades o esa necesidad de aprobación llegan a tu vida, ¡fija tus ojos en la cruz! Lo que Dios ya te ha dado y hablado sobre tu vida no debe verse afectado por ningún elemento terrenal. Cuando abrazamos nuestra identidad en Cristo aprendemos a descansar en esa verdad y a encontrar satisfacción en eso, y dejamos de perseguir la aprobación de los demás.

Yo me acuesto, y duermo y despierto,
porque tú, Señor, me sostienes.

SALMO 3:5

¿Cuántas veces nos vamos a dormir con la seguridad de que vamos a despertar? Admito que cuando amanezco, muchas veces lo veo como algo normal, como si fuera algo garantizado. Llevo años tratando de disciplinarme a que mi primer pensamiento cada mañana sea: «Gracias, Dios», y a que eso me lleve a reconocer que es gracias a Él que despierto cada día. Suena loco, pero si ni siquiera al despertar reconocemos la grandeza de Dios, ¿cómo lo haremos en las cosas más cotidianas de la vida?

Reconocer que Dios es quien sostiene nuestra vida completa nos debería llevar a una paz sorprendente. Pero como se nos olvida que Él nos sostiene, nos llenamos de ansiedades y preocupaciones porque creemos que nuestras vidas dependen de nosotras mismas. Es muy diferente vivir sabiendo que tu vida está en manos de Dios, que te conoce, que tiene tus días numerados y que tiene control de absolutamente todas las cosas. Entiendo que mantener esa mentalidad es complicado porque constantemente estamos distraídas, por eso la necesidad de permanecer en Su Palabra.

Te quiero retar a que comiences a disciplinar tu mente a recordar quién te sostiene. Es necesario que como hijas de Dios vivamos en esa dependencia total y con la humildad de reconocer que el Dios del universo es quien sostiene cada latir de nuestro corazón. Es tiempo de reconocer que vivir en ansiedad, preocupación y estrés constante es evidencia de una falta de confianza en nuestro Salvador. Seamos intencionales en vivir plantadas en la Palabra de Dios para recordar la verdad en esos momentos en los que nuestros corazones quieren ser tentados a descansar en nosotras mismas.

Señor, tú has sido propicio a tu tierra: has hecho volver a Jacob de su cautividad, has perdonado la iniquidad de tu pueblo, has perdonado todos sus pecados... ¿Acaso no volverás a darnos vida, para que este pueblo tuyo se regocije en ti?

SALMO 85:1-2, 6

La fidelidad de Dios es constante e inigualable. Sin embargo, en nuestra humanidad tendemos a olvidarla cuando viene la adversidad. Cuando enfrentamos alguna situación o luchamos con nuestras emociones, si todo no se resuelve pronto comenzamos a dudar de Dios al no saber si nos escucha, y de Su fidelidad hacia nosotras.

Una y otra vez podemos notar en el Antiguo Testamento pasajes como este, en el cual las personas recuerdan todo lo que Dios había hecho por ellas en algún momento. Puede ser liberación de los enemigos, rescate de sus vidas, provisión sobrenatural o perdón de pecados, entre muchas otras cosas que Dios hacía por Su pueblo. De la misma manera, nosotras tenemos una lista de situaciones en las cuales hemos podido ver la fidelidad de Dios, comenzando por nuestra salvación. La salvación es el mayor ejemplo porque no la merecíamos y aun así nos la dio, y no solo eso, sino que seguimos fallando, pero Su gracia permanece. Fuera de eso, cada una de nosotras tiene historias que puede contar donde hemos visto la mano y la fidelidad de Dios en nuestras vidas, ¿cierto?

Quiero retarte a que si te cuesta recordar la fidelidad de Dios, hagas una lista donde apuntes todos esos momentos en los cuales la has experimentado. Así, cuando lleguen momentos complicados donde tu corazón quiere comenzar a dudar, puedes ir a esa lista y recordar las obras maravillosas de Dios. Y más que eso, puedes abrir tu Biblia y ver la fidelidad de Dios desde el inicio de la humanidad, porque esa evidencia está por todas partes.

Hace unos días, vimos que donde esté nuestro tesoro, ahí estará también nuestro corazón. Lo cierto es que lo que más valoramos en nuestra vida dicta cómo nos comportamos. Lo podemos ver cuando caemos en la presión social porque no queremos ser rechazadas, porque queremos ser parte de algún grupo de personas, o simplemente tenemos el deseo de ser aceptadas. Dependiendo de lo que más deseemos, vamos a tomar ciertas decisiones, riesgos y sacrificios.

Esto se aplica en todas las áreas de nuestra vida, y puede ser desde algo pequeño hasta grande. Abarca decisiones sobre cómo valorar tu salud y sacrificar ciertos alimentos, sobre el tiempo de descanso para ir al gimnasio, e incluso hay personas que valoran tanto la belleza que arriesgan su vida sometiéndose a cirugías plásticas. Sea lo que sea que más ames, lo cierto es que esos tesoros solo pueden nacer de dos fuentes: de Dios o del pecado, y de ahí surge todo lo demás. Si lo que más anhelamos es la gloria de Dios, a la luz de eso viviremos, buscando Su Palabra, Su presencia, vivir en obediencia y darlo a conocer. Si lo que más amamos es la gloria de los hombres, entonces viviremos esclavizadas a lo que el mundo desea y menguaremos en nuestra fe con tal de encajar.

¿Amas más la gloria de los hombres que la gloria de Dios? La respuesta a esa pregunta debe verse reflejada en tu modo de vivir. Si en este momento te das cuenta de que batallas para dejar de amar la aprobación del mundo, corre a Dios, solo Él puede hacer esa obra en nuestros corazones. Cuando hay convicción de pecado en nosotros, entonces podemos arrepentirnos y comenzar a vivir de una manera distinta.

Pero por la gracia de Dios soy lo que soy, y su gracia para conmigo no ha sido en vano, pues he trabajado más que todos ellos, aunque no lo he hecho yo, sino la gracia de Dios que está conmigo.

1 CORINTIOS 15:10

Caminar en humildad incluye reconocer que todo lo que somos es por gracia. La humildad no deja espacio para jactarnos de nada, porque todo lo vemos como resultado de la gracia, la misericordia y la bondad de Dios hacia nosotras. Debido a que hay un esfuerzo, decisiones, dedicación y perseverancia de nuestra parte, podemos caer en el error de enorgullecernos y negar la soberanía de Dios sobre nuestras vidas.

En este pasaje podemos leer las palabras de Pablo al explicar la razón de su trabajo. Recordemos que Pablo tiene una historia impresionante. Plantó iglesias, fue misionero, escribió la mayor parte del Nuevo Testamento y vivió una vida apasionada por Cristo, pero entendía que todo eso era solo el resultado de la gracia de Dios en su vida. Con esa misma humildad debemos vivir y actuar cada día de nuestra vida. Para ser sincera, este es un tema con el que Dios me ha confrontado en diversas ocasiones, porque mi corazón a veces se quería gloriar en lo buena que pensaba que era o en lo merecedora que era de lo que tenía, en lugar de reconocer que solo era un reflejo de la gracia de Dios.

La humildad debe ser una característica en nuestras vidas, y debemos estar pendientes de no crecer en orgullo. Quizás no somos orgullosas como otras personas, pero eso no quita que tengamos orgullo a la luz de las Escrituras. No contemplar a Dios y reconocerlo en todo lo que somos y hacemos es una señal de orgullo. ¡Vivamos en humildad, reconociendo Su gracia!

> *El Señor ha dicho: «Yo los amo». Ustedes objetan: «¿Cómo puedes decir que nos amas?». Y el Señor ha dicho: «¿Acaso no es Esaú el hermano de Jacob? Sin embargo, a Jacob lo he amado».*

MALAQUÍAS 1:2

Sabemos que la definición que tiene Dios del amor no es la misma que la nuestra. Incluso me atrevo a decir que nosotras no sabemos lo que es el amor en nuestra humanidad, porque si lo analizamos, demasiado depende de lo que sentimos, pensamos, de nuestro humor, de quién es la otra persona, de las acciones de los demás; en fin, es un amor condicional. Por otro lado, aprendemos que el amor de Dios es sin condiciones y totalmente dependiente de Él.

El tema de la elección y la predestinación es complejo, profundo y uno con el cual muchas personas no están de acuerdo. Sin embargo, ya que la Biblia está llena del tema, lo quiero mencionar brevemente porque nos llena de esperanza. Este pasaje es solo un ejemplo de muchos en los cuales vemos que Dios escoge a ciertas personas sobre otras. Él escogió a Israel sobre todos los demás pueblos; en este caso, a Jacob sobre Esaú; a David sobre Saúl, y todo el Nuevo Testamento está lleno de pasajes que nos dicen que si creímos en Jesús es porque Él ya nos había elegido.

Entender que fui elegida por Dios me ha traído un descanso increíble, porque como dice Romanos 5:8: «Pero Dios muestra su amor por nosotros en que, cuando aún éramos pecadores, Cristo murió por nosotros». Debemos comprender que el amor de Dios depende totalmente de Él, por lo tanto no tenemos que sentir presión, como si dependiera de nosotras. Te invito a que tomes unos minutos para meditar en lo que acabamos de hablar, a que contemples la clase de amor que Dios ha tenido por ti y la manera en la que puedes responder a ese amor.

También ustedes ahora están tristes; pero yo
los volveré a ver, y su corazón se alegrará,
y nadie les arrebatará su alegría.

JUAN 16:22

El gozo que el mundo ofrece es temporal. Lo podemos ver en la mentalidad de que el dinero compra la felicidad. Si eso fuera cierto, no habría personas ricas infelices; sin embargo, las hay. Las personas con dinero pasan por pérdidas, divorcios, insatisfacción, depresión, suicidio, y siguen sintiendo los mismos vacíos. Eso es porque el dinero no trae gozo duradero, solo momentáneo. No sé si alguna vez lo has hecho, pero en ocasiones, cuando me llegaba a sentir triste o insatisfecha, me daban muchas ganas de ir de compras, y cuando lo hacía, lograba sentirme feliz por el tiempo que durara la emoción de la compra, pero después regresaba a la emoción original. Porque nada fuera de Dios puede traer verdadera satisfacción.

La alegría que traen la salvación en Cristo y la esperanza venidera no puede ser arrebatada ni afectada por las situaciones de nuestro alrededor. Por eso es importante que entendamos el valor de nuestra salvación y el impacto que tiene en nuestras vidas. Si lo olvidamos o lo hacemos a un lado, terminamos persiguiendo satisfacciones momentáneas y vivimos frustradas al sentir que Dios no está presente.

Es importante que recordemos que el mundo es pasajero; es decir, las tristezas, las desilusiones y las pérdidas de esta tierra son temporales, pero nos espera una alegría eterna. Es ahí donde vemos la importancia de tener nuestras prioridades en el lugar correcto. Si tenemos presente esa esperanza y ese gozo, será más fácil atravesar las adversidades de esta tierra. Las personas que no tienen a Cristo buscan aferrarse a esperanzas finitas porque no tienen la esperanza que nosotras tenemos. ¡No olvides el gozo de tu salvación!

> *Yo anuncio desde un principio lo que está por*
> *venir; yo doy a conocer por anticipado lo que*
> *aún no ha sucedido. Yo digo: «Mi consejo*
> *permanecerá, y todo lo que quiero hacer lo haré».*

ISAÍAS 46:10

Debemos recordar siempre que Dios creó el mundo. Todo lo que vemos, conocemos, sabemos y siquiera pensamos proviene de Dios. No hay nada fuera de Él que podamos inventar o pensar. Entender eso nos lleva a reconocer Su poder y autoridad por sobre todas las cosas. Nos lleva a un punto de humildad de reconocer que Él es Dios y nosotras no. Por lo tanto, son Sus planes y Su voluntad las que son establecidas sobre la tierra y nuestras vidas.

Muchas veces, aun cuando no nos damos cuenta, negamos la realidad de lo que significa que Dios sea Dios y no vivimos alineadas con nuestras creencias y perspectivas. Esto es algo natural y obvio para las personas no cristianas, pero como hijas de Dios ya no podemos vivir en tal ignorancia y pecado. Únicamente al reconocer que somos meramente una creación y que hemos sido redimidas, podemos caminar en humildad. Como lo dice este pasaje, es Su consejo el que permanece y lo que desea hacer, hace; por lo tanto, no debemos vivir tratando de trazar nuestro camino, sino someternos a Él.

Quiero desafiarte a no olvidar la magnitud de quién es Dios. Esto lo logramos al pasar tiempo en Su Palabra diariamente. Mediante esos tiempos con Él vamos creciendo en conocimiento y entendimiento. Con base en ello, lograremos ir cambiando nuestra forma de pensar mediante la ayuda del Espíritu Santo. No sigas viviendo en tu orgullo y reconoce quién es Dios. Si no cambiamos nuestra manera de pensar, desafortunadamente terminaremos actuando como el resto del mundo.

Pero José les respondió: «No tengan miedo. ¿Acaso estoy en lugar de Dios? Ustedes pensaron hacerme mal, pero Dios cambió todo para bien, para hacer lo que hoy vemos, que es darle vida a mucha gente».

GÉNESIS 50:19-20

Por mucho tiempo, yo interpretaba este pasaje como si Dios de alguna manera no supiera lo que le pasaría a José, pero que Él iba juntando las piezas y usándolas para bien. Creo que muchas podemos verlo de ese modo y, en cuanto a nuestras vidas, pensar que nuestras piezas rotas pueden ser usadas para algún propósito bueno. Sin embargo, pensar de este modo es negar la soberanía y la omnisciencia de Dios.

Lo cierto es que Dios no va recogiendo las piezas de nuestra vida para hacer algo bueno y con propósito, sino que Sus planes se van cumpliendo a lo largo de cada suceso de nuestra vida. Por ejemplo, en la mente de los hermanos de José, ellos le estaban haciendo un daño, pero Dios ya tenía un plan que requería que José llegara a Egipto. En ese momento, ni José ni sus hermanos tenían la menor idea de esto, pero el plan de Dios estaba en curso y ellos simplemente eran parte de él. Por lo tanto, lo que los hermanos creyeron que le estaban haciendo a José como un daño, lo cierto es que Dios lo estaba usando como parte de Su plan de redención para la humanidad.

Sé que en momentos de adversidad es difícil pensar que Dios tiene un plan, por lo que es crucial conocer Su Palabra, porque aprendemos que nada se sale de Su control. Cuando todo parece estar perdido, Su voluntad siempre permanece. En cada momento, sin importar qué tan difícil sea, recuerda que Dios tiene el control absoluto.

¡Y ya estaba yo ahí! Mientras él formaba los cielos y trazaba el arco sobre la faz del abismo, mientras afirmaba las nubes en las alturas, mientras reforzaba las fuentes del abismo, mientras establecía los límites del mar para que las aguas no traspasaran su cauce, ¡mientras afirmaba los fundamentos de la tierra! Yo estaba a su lado, ordenándolo todo, danzando alegremente todos los días, disfrutando siempre de su presencia, regocijándome en la tierra, su creación; ¡deleitándome con el género humano!

PROVERBIOS 8:27-31

Como seres humanos no nos gustan los límites. Los vemos como un enemigo, como una manera de privarnos de nuestra libertad de decidir. Esta es la razón por la que el mundo quiere dictar su propio camino, incluso cancelar la Biblia y el cristianismo porque es una manera de atentar contra la verdad, contra nuestra felicidad y plenitud.

Me encanta este pasaje que menciona los límites del mar para que las aguas no traspasaran. El mar sigue sorprendiéndome todo el tiempo. Me vuela la cabeza que no se salga de su lugar, y la razón de eso es por los límites que Dios ha establecido. Más allá de que nuestra carne quiera librarse de los límites, lo cierto es que Dios los ha creado con un buen propósito. Esto no solo aplica a la creación, sino también a todas aquellas instrucciones que nos ha dado sobre cómo vivir.

Te quiero retar a que en esos momentos que sientas que de algún modo te enoja lo que dice la Biblia, busques la razón. Obedecer a Dios y Su Palabra nos lleva a morir a nosotras y a no cruzar esos límites establecidos, sin importar qué tanto lo deseamos. Si notamos este patrón en nuestras vidas, podremos ver con claridad el problema y su raíz, para pedirle ayuda a Dios.

Él es el resplandor de la gloria de Dios. Es la imagen misma de lo que Dios es. Él es quien sustenta todas las cosas con la palabra de su poder. Después de llevar a cabo la purificación de nuestros pecados por medio de sí mismo, se sentó a la derecha de la Majestad, en las alturas, y ha llegado a ser superior a los ángeles, pues ha recibido un nombre más sublime que el de ellos.

HEBREOS 1:3-4

Tal como lo dice este pasaje, Jesús es la imagen de lo que Dios es. A pesar de que no podemos ver a Dios, sí podemos conocer de Él mediante Su Palabra y la vida de Jesús. Recordemos que la Biblia la debemos leer en su contexto y tomando en cuenta su totalidad. A lo que me refiero es a que muchas veces dejamos el Antiguo Testamento a un lado, como si no tuviera relevancia a nuestra fe el día de hoy.

Aprender a leer la Biblia a la luz de la Biblia nos ayudará a entender mucho mejor y correctamente lo que nos está tratando de enseñar. Claramente podemos notar que un grave error que muchas personas cometen es ver la vida de Jesús separada de Dios. Aunque digan que Jesús es Dios, muchas veces lo ven como un humano perfecto, pero no a la luz de Su divinidad, de cómo no empezó a existir desde Su nacimiento terrenal, sino que esa fue únicamente Su encarnación.

Como lo he mencionado en días pasados, es crucial que aprendamos más de quién es Dios, y no hay otro lugar para aprender eso más que la Biblia. Si tienes preguntas, luchas con tu fe, y tienes dudas sobre Dios, esas son señales de que es necesario estudiar más las Escrituras. Dios, en Su bondad y misericordia, ha decidido revelarse a nosotras. ¡No lo tomemos en vano!

«Por tanto, vayan y hagan discípulos en todas las naciones, y bautícenlos en el nombre del Padre, y del Hijo, y del Espíritu Santo. Enséñenles a cumplir todas las cosas que les he mandado. Y yo estaré con ustedes todos los días, hasta el fin del mundo». Amén.

MATEO 28:19-20

Hace unos días hablamos de este pasaje y nos enfocamos en el propósito de nuestras vidas. En esta ocasión me gustaría profundizar desde otro ángulo que también nos afecta. Cuando se trata de identidad y propósito muchas veces tenemos ciertas ideas de que eso debe ir acompañado de sucesos externos para que se cumplan.

Como mujeres condicionamos nuestro llamado y propósito en función de nuestro esposo o hijos. Aunque ambas cosas son hermosas y provienen de Dios, no necesariamente forman parte de las promesas de Dios para nuestra vida. Tener esposo o hijos no son requisitos para estar bajo la voluntad de Dios. En Génesis 1:28 podemos leer sobre la bendición y el mandato que Dios le dio a Adán y Eva de multiplicarse y llenar la tierra. ¿Sabes algo? ¡También podemos multiplicarnos al hacer discípulos en todas las naciones! Esa es una manera en que también nos multiplicamos aparte de la reproducción natural humana. Es una multiplicación que Dios nos ha encomendado y que trasciende nuestro estado marital y la cantidad de hijos que tengamos o no tengamos.

Quiero retarte a que no estés esperando ciertos anhelos de tu vida para cumplir con los propósitos de Dios, porque nada de lo que nos ha llamado a hacer está sujeto a los tiempos de esta tierra o a nuestros anhelos. ¡No vivas esperando a tener un esposo o hijos para ser usada por Dios! Comienza el día de hoy a vivir para Cristo, y que eso continúe en cada temporada de tu vida.

Por la fe entendemos que Dios creó el universo por medio de su palabra, de modo que lo que ahora vemos fue hecho de lo que no se veía.

HEBREOS 11:3

Varias personas luchan con creer en Dios, ya que hay demasiadas incógnitas que parecen no tener respuesta. Incluso dentro de la iglesia, aunque creemos firmemente en Dios, hay muchas cosas que no sabemos y que quedan en el aire. Por eso se hace un gran énfasis en tener fe. Lo cierto es que nunca nos graduamos de la fe, porque es parte esencial de todo nuestro caminar.

Me encanta cómo este pasaje apunta a que por fe entendemos que Dios creó el universo por medio de Su Palabra; es decir, por fe creemos que todo lo que narra Génesis es real. No solo aplica esto a cuestiones de la creación, sino que por fe creemos que Jesús vino a esta tierra, que lo que nos promete se cumple y que nos espera vida eterna. Aunque sí hay evidencias que podemos usar para respaldar nuestra fe en Jesús, Su sacrificio y la Biblia, la fe sigue siendo parte esencial de nuestro cristianismo.

Cuando tengas dudas existenciales, recuerda que nunca dejarás de necesitar la fe, porque tampoco llegarás a ese punto donde entiendas y sepas todo. Aun las personas más ateas no tienen todas las respuestas a sus preguntas y afirmaciones. Como somos seres finitos debemos aceptar y entender que la fe es parte de nuestras vidas de cualquier manera. Pero, por supuesto que nuestra fe es diferente a la del mundo. En la Biblia nos dice que la fe viene por el oír la palabra de Dios. Entonces, si encuentras huecos en tu fe, ¡comienza a llenarte más de la palabra de Dios!

Por lo tanto, ustedes ya no son extranjeros ni advenedizos, sino conciudadanos de los santos y miembros de la familia de Dios, y están edificados sobre el fundamento de los apóstoles y profetas, cuya principal piedra angular es Jesucristo mismo. En Cristo, todo el edificio, bien coordinado, va creciendo para llegar a ser un templo santo en el Señor; en Cristo, también ustedes son edificados en unión con él, para que allí habite Dios en el Espíritu.

EFESIOS 2:19-22

Es impresionante todo lo que transforma el sacrificio de Jesús una vez que creemos en Él. ¿No se te hace una locura que ahora tenemos ciudadanía celestial y que somos miembros de la familia de Dios? ¿No se te hace una locura que ahora somos consideradas parte del pueblo de Dios, el mismo pueblo de Abraham, Isaac y Jacob? Todo lo que somos fue transformado mediante la fe en Cristo Jesús.

No solo eso, sino que también nos dice este pasaje que en Cristo somos edificadas en unión con Él para que habite en nosotras el Espíritu de Dios. Vuelvo a preguntarte: ¿no se te hace una locura? Tendemos a encerramos en las mismas frases que repetimos una y otra vez sobre nuestra salvación, pero no nos tomamos el tiempo para meditar y profundizar en lo que eso implica en nuestras vidas. Debo admitir que cuanto más estudio, más entiendo y más me sorprendo del gran milagro que ha sucedido en mi vida.

No dejes tu salvación a un lado. Creo que ese es uno de los errores más graves dentro de la vida de muchas creyentes. Relegan su salvación a algo de una vez en el pasado, ignorando la realidad de todo lo que eso implica en su diario vivir. Debemos comprender que la salvación la vivimos todos los días, aguardando un futuro con el Señor.

Una problemática con la que nos encontramos en el Nuevo Testamento es que algunos judíos creían que la salvación del Mesías era únicamente para los judíos, para los descendientes de Abraham y no para los gentiles. Para entender esto un poco más, tú y yo somos gentiles, ya que no venimos de la descendencia de sangre directa de ese pueblo escogido por Dios. Por lo tanto, somos extranjeras para ese pueblo. Sin embargo, Jesús una y otra vez hizo énfasis en los *injertados* al pueblo escogido, y esas somos todas las de otras naciones.

A Dios le ha placido salvar a todo aquel que invoque Su nombre, y esto va más allá de un pueblo específico. Por eso hay algunos pasajes que suenan como si la salvación fuera para todo el mundo, pero la Biblia no es universalista; es decir, no nos enseña que el mundo entero será salvo, sino que Dios no hace acepción de personas al momento de la salvación, como creían los judíos. Esto es importante de entender, tanto para no caer en doctrinas del universalismo, ya que eso contradeciría la Palabra de Dios, como para ver la importancia de llevar el mensaje del evangelio a todas las naciones.

Recuerda que tú ya tuviste el privilegio de escuchar sobre Cristo y Su sacrificio, y ahora, mediante la fe, crees en esa gracia que Dios ha extendido a tu vida. Pero todavía hay personas a tu alrededor que no han tenido ese privilegio de conocer el evangelio y no hay otra manera de obtener salvación más que invocando el nombre del Señor. Nadie puede ganarse el cielo por obras, sino únicamente mediante la fe, así que seamos intencionales en llevar ese mensaje hasta los confines de la tierra.

Nuestras cartas son ustedes mismos, y fueron escritas en nuestro corazón, y son conocidas y leídas por todos. Es evidente que ustedes son una carta escrita por Cristo y expedida por nosotros; carta que no fue escrita con tinta sino con el Espíritu del Dios vivo, y no en tablas de piedra sino en las tablas de corazones que sienten.

2 CORINTIOS 3:2-3

En los trabajos se acostumbra presentar cartas de recomendación. En todo pedimos recomendaciones para saber qué tal es el trabajo. Estas recomendaciones nos ayudan a ver cómo son realmente las personas, si tienen la ética de trabajo que dicen tener y de alguna manera generan confianza.

Aunque en el cristianismo no existen cartas de recomendación, en las Escrituras leemos que nosotras mismas somos esas cartas escritas por Cristo. Es decir, nuestras vidas deben ser esa carta que refleje la obra redentora de Cristo en nosotras. Hay personas que se llaman creyentes y que creen que con incluir «primeramente Dios» o «gracias a Dios» en su vocabulario y poner en sus biografías de redes sociales un versículo, es suficiente. Aún peor, hay creyentes que creen que necesitan la influencia y los contactos adecuados para tener esa credibilidad y recomendación. Pero a la luz de la Palabra, vemos que eso se encuentra en nuestras vidas y corazones.

Si alguien leyera tu vida como una carta, ¿qué encontraría? Recordemos que aunque las personas pueden ser engañadas por lo que ven, Dios ve nuestros corazones y lo más profundo de nuestro ser. Sé intencional en vivir una vida que genuinamente refleje a Cristo, porque las apariencias no sirven de nada. No te dejes llevar por lo que tus ojos pueden ver, ni busques impresionar con lo que llama la atención de los ojos. ¡Vive para Cristo con sinceridad!

Ustedes, las casadas, honren a sus propios esposos, como honran al Señor; porque el esposo es cabeza de la mujer, así como Cristo es cabeza de la iglesia, la cual es su cuerpo, y él es su Salvador. Así como la iglesia honra a Cristo, así también las casadas deben honrar a sus esposos en todo. Esposos, amen a sus esposas, así como Cristo amó a la iglesia, y se entregó a sí mismo por ella.

EFESIOS 5:22-25

El tema de los roles en el matrimonio es extenso, y claramente no puedo desarrollarlo en su totalidad en este espacio. Sin embargo, vale la pena comenzar a explorarlo y ser intencionales en este tema. Si eres soltera, no te saltes esto o pienses que no se aplica a ti, porque es justo en la soltería donde nos debemos estar preparando para ese momento en que llega nuestro esposo, si así Dios lo desea.

El pecado ha afectado la humanidad por completo, por lo tanto, el mundo que tenemos es el reflejo de la caída y el pecado. Eso ha dañado el diseño de Dios para el matrimonio, ha causado machismo, feminismo y tensiones dentro del matrimonio. Como creyentes, no podemos vivir bajo ese dominio del pecado, sino que debemos transformar nuestra manera de pensar, morir a nuestra carne y someternos en obediencia a la Palabra de Dios. Debido al pecado, a veces nos da miedo pensar en la sumisión y en que el hombre sea la cabeza del hogar, porque lo interpretamos a la luz del mundo y no a la luz de Dios.

Si ponemos atención a este pasaje, claro que se nos dan instrucciones, pero también se instruye al hombre a que ame a la mujer como Cristo amó a la Iglesia. Es decir, se les ha dicho a los esposos que nos amen con ese amor profundo y sacrificial con el que Cristo nos ha amado. Debido al pecado del mundo, ¡no te pierdas la bendición de un matrimonio tal como Dios lo diseñó!

Dicen conocer a Dios, pero con los hechos
lo niegan, pues son odiosos y rebeldes,
reprobables en cuanto a toda buena obra.

TITO 1:16

C reo que este pasaje es muy claro. Hay personas que dicen conocer a Dios, pero la forma en la que viven es contraria, y como menciona este versículo, sus hechos niegan sus palabras. Me gustaría que no consideremos este pasaje de manera muy drástica, pensando en personas que viven en pecados evidentes como la homosexualidad, el adulterio, la embriaguez, etc.

Como hemos visto anteriormente, tenemos a un Dios santo y Él es el estándar de cómo debemos vivir. En Su Palabra nos ha dicho claramente todo lo que espera de nosotras en obediencia. Por eso digo que no lo veamos a la luz de pecados extremos, sino en las acciones pequeñas como el chisme, la música explícita, la crítica, la queja, el enojo, la mentira, la envidia, los celos, los malos pensamientos, y creo que puedes pensar también en las batallas de tu vida. Lo cierto es que somos llamadas a morir a nuestro pecado y vivir para Cristo. Esta manera de vivir debe reflejar lo que profesamos creer.

No te conformes con no ser tan mala como otras personas o con medir tu santidad a la luz del pecado de los demás, porque corres el riesgo de negar tu fe con tus hechos. Aunque todas seguimos en esa lucha con el pecado, no debemos vivir en él, sino ser renovadas día a día. Debemos estar en constante crecimiento. Ese crecimiento sucede cuando vamos madurando en conocimiento y convicción e identificamos aquellas áreas de nuestra vida que necesitan ser rendidas a Dios para cambiar nuestra manera de vivir. Recuerda que a quien buscamos imitar es a Cristo y no a las personas, así que no mires a tu alrededor sino a las Escrituras.

> *Pretenden ser doctores de la ley, aunque no entienden lo que dicen ni lo que afirman.*
>
> 1 TIMOTEO 1:7

Escudriñar las Escrituras debe ser una tarea que todas ejerzamos como creyentes. Lo cierto es que hay demasiada ignorancia y falta de conocimiento cuando se trata de la Palabra de Dios. Hemos valorado las opiniones personales y de otros, al igual que de la cultura por encima de la Biblia, y eso nos ha hecho manejarnos de manera incorrecta. Creo que de alguna manera debemos desaprender mucho de nuestra sociedad, para poder aprender lo que realmente dice la Biblia.

Podemos ver en este pasaje que hay personas que aparentan tener un alto conocimiento cuando, en realidad, no entienden lo que dicen. ¡No seamos esas personas! A veces nuestra fe está fundada en lo que escuchamos que alguien más dijo sin realmente comprobarlo y estudiarlo a la luz de la Biblia. Admito que en varias ocasiones me he encontrado repitiendo frases que me suenan correctas, pero al momento de ser cuestionada y analizar lo que digo, me doy cuenta de que para la cultura o la sociedad suena bien, pero a la luz de las Escrituras no es totalmente bíblico.

A diferencia de otros países, tenemos el privilegio del acceso a la Palabra de Dios, y no sé si porque es tan accesible hemos perdido ese asombro. Pero te quiero retar a que te familiarices con la Biblia, llévala los domingos a la iglesia, busca los pasajes, subraya, haz preguntas cuando escuches sermones o frases, analiza todo a la luz de la Palabra. Que tu enfoque no sea sonar elocuente al hablar, sino en realmente procesar y entender lo que lees, porque un conocimiento hueco no sirve de nada. Aunque la gente a tu alrededor no lo haga, escudriña las Escrituras y crece en conocimiento al igual que en entendimiento.

Se reviste de fuerza y de honra, y no le preocupa lo que pueda venir. Habla siempre con sabiduría, y su lengua se rige por la ley del amor. Siempre atenta a la marcha de su hogar, nunca come un pan que no se haya ganado. Sus hijos se levantan y la llaman dichosa; también su esposo la congratula: «Muchas mujeres han hecho el bien, pero tú las sobrepasas a todas».

PROVERBIOS 31:25-29

Hoy en día hay muchas opiniones sobre lo que la mujer debe ser, y se está tratando de redefinir lo que significa ser mujer y el papel que juega en la sociedad y en el hogar. Lo cierto es que debido al pecado, a las mujeres se nos ha tratado de manera denigrante en ocasiones, quizá hemos sido el blanco de burlas, menosprecios y una infinidad de acciones que han dañado nuestro corazón, por eso ahora hay una lucha para salir de eso.

Como hijas de Dios no nos podemos dejar llevar por esos movimientos. Con esto no me refiero a que se nos maltrate ni mucho menos, sino a no dejar que el orgullo invada nuestros corazones y nos impida vivir el diseño de Dios. Recordemos que somos creación de un Dios perfecto, y nos ha creado de maneras específicas y maravillosas que solo como mujeres podemos ser. Este es uno de muchos pasajes que hablan sobre la mujer, y podemos ver que la Biblia siempre habla de nosotras con honra, valor y propósito.

Te quiero desafiar a que dejes que la Biblia sea lo que defina tu feminidad y tu rol como mujer. No busques vivir y cumplir los estereotipos del mundo porque van en contra de la verdad de Dios. Sin miedo, acércate a las Escrituras y confía en que Aquel que te ha creado con valor. Es un Dios bueno, perfecto, santo y justo.

Aunque deba yo pasar por el valle más sombrío, no temo sufrir daño alguno, porque tú estás conmigo; con tu vara de pastor me infundes nuevo aliento.

SALMO 23:4

¿Sabías que puedes encontrar paz en medio de la incertidumbre? Lo cierto es que lo desconocido nos aterra, nos paraliza y nos ocasiona ansiedad. Todo esto sucede especialmente cuando las circunstancias son opuestas a lo que esperábamos o cuando parece que pasamos por el valle más sombrío. Sin embargo, como hijas de Dios, no debemos vivir en ese constante estado de miedo y ansiedad.

En este salmo vemos cómo David tenía confianza y paz al punto de afirmar que aun si debía pasar por lo peor, no tenía miedo de sufrir ningún daño. Es decir, tenía total seguridad de que su vida estaba a salvo en las manos de Dios porque Él lo acompañaba. Imagínate la clase de relación y conocimiento que David tenía de Dios para poder pasar por las peores circunstancias y aun así mantenerse firme en la seguridad que sentía. ¡Eso mismo lo podemos experimentar nosotras! Esa fe y esa confianza increíbles son el resultado de una relación íntima con Dios, a la cual tienes acceso.

No esperes hasta estar en crisis para confiar en Dios, eso es algo que se construye y empieza cuando todo va bien. Es importante entender que Dios nos sostiene en lo alto y en lo bajo, en las buenas y en las malas, en la luz y en la oscuridad. No hay ni una ocasión en la cual no estemos a Su cuidado. Así que comienza desde el día de hoy a establecer esa relación con Dios y a conocer quién es. Verás que si tienes una relación estable con Él, cuando llegue la dificultad lograrás aferrarte a Su carácter y a Su Palabra, porque los conocerás.

> *Sé que tu bondad y tu misericordia me*
> *acompañarán todos los días de mi vida, y que*
> *en tu casa, oh Señor, viviré por largos días.*

SALMO 23:6

Cuando me siento triste o simplemente enfrento situaciones de las que no sé cómo salir y me cuesta mantenerme firme, recuerdo estas palabras y las repito hasta que mi corazón las cree. Estas palabras vienen de un lugar de certeza de que así será, sin importar lo que pase alrededor. Entonces, en medio de la adversidad recuerdo estas grandes palabras de verdad que traen esperanza a mi corazón.

Como he mencionado antes, vivir para Cristo no nos garantiza una vida perfecta. Por ningún lugar en la Biblia encontramos promesas que nos digan que tendremos una vida libre de dolor, desilusión o aflicción. Lo que sí encontramos son promesas como esta, en las que podemos descansar en la bondad de Dios. Estas palabras dicen que tengamos la certeza de que la bondad y la misericordia de Dios nos acompañarán todos los días de nuestras vidas. Esas palabras no están condicionadas a lo que suceda a nuestro alrededor. De igual manera, apuntan a la esperanza más grande de nuestra morada eterna, que tampoco es afectada por el caos de esta tierra.

Te quiero retar a que tengas presentes las promesas que Dios ha hablado mediante Su Palabra. Llena tu mente de toda esa esperanza que se encuentra en Cristo y así caminarás confiadamente hacia lo desconocido. No hay mayor paz que conocer a nuestro Salvador y poder vivir en tranquilidad todos los días, con la seguridad de que Él nos acompaña y de que conocemos nuestra victoria final. Así que, día a día, prioriza pasar tiempo en la Palabra y en oración, conociendo cada día más a tu Creador y Salvador.

Si venimos con un *corazón arrepentido*, podemos acercarnos con la certeza de que nos recibirá CON LOS BRAZOS ABIERTOS.